Väter frühgeborener Kinder

Ergebnisse einer Pilotstudie

Norbert Heinen, Miriam Husseini, Angela Kribs (Hrsg.)

Väter frühgeborener Kinder

Ergebnisse einer Pilotstudie

verlag selbstbestimmtes leben

Bibliografische Information Der Deutschen Bibliothek
Die Deutsche Bibliothek verzeichnet diese Publikation in der Deutschen Nationalbibliografie;
detaillierte bibliografische Daten sind im Internet über http://dnb.ddb.de abrufbar.

Väter frühgeborener Kinder
Ergebnisse einer Pilotstudie
Norbert Heinen, Miriam Husseini, Angela Kribs (Hrsg.)
Düsseldorf: verlag selbstbestimmtes leben; 2006
ISBN 3-910095-63-1

Impressum

Väter frühgeborener Kinder
Ergebnisse einer Pilotstudie
Herausgeber: Norbert Heinen, Miriam Husseini, Angela Kribs

Titelentwurf: Cornelia Pasch, Krefeld
Satz und Herstellung: reha gmbh, Saarbrücken

Der verlag selbstbestimmtes leben ist Eigenverlag
des Bundesverbandes für Körper- und Mehrfachbehinderte e.V.
Brehmstr. 5-7, 40239 Düsseldorf
Tel.: 0211/64004-0, Fax: 0211/64004-20
E-Mail: info@bvkm.de
www.bvkm.de

€ 14,90

Inhalt

Vorwort

Die Beiträge dieses Bandes basieren auf den Ergebnissen einer Studie *Zur Lebens- und Belastungssituation von Vätern frühgeborener Kinder vom Zeitpunkt der Entlassung des Kindes aus der Klinik bis zur Vollendung seines ersten Lebensjahres*, die in Kooperation der Medizinischen und der Heilpädagogischen Fakultät der Universität zu Köln durchgeführt wurde.

Der Untersuchung vorausgegangen war eine mehrjährige interdisziplinäre Zusammenarbeit in der Ausbildung von Studierenden der Heilpädagogischen Fakultät, in der die Auseinandersetzung mit der Situation der Eltern einen Schwerpunkt bildete. Eine ausgiebige Recherche der Literatur deckte auf, dass die Situation der Väter nur nachrangig – meist in Analogie zu der der Mutter – beschrieben und diskutiert wird. Hieraus entwickelte sich schließlich eine Projektidee, die dann in der Studie konkretisiert und umgesetzt wurde.

Die Realisierung war allerdings nur möglich, weil von vielen Seiten Unterstützung gewährt wurde. Danken möchten wir allen Vätern, die sich bereit erklärt haben, an den Interviews teilzunehmen und in einer für sie schwierigen Lebenssituation uns ihre Zeit zu schenken. Sodann gilt unser Dank den Ärztinnen, Ärzten und Hebammen der beteiligten Kliniken*, die die Väter angesprochen und für die Teilnahme motiviert haben. Hilde Christ – Mitarbeiterin im Institut für Medizinische Statistik, Informatik und Epidemiologie – danken wir für die zuverlässige und kompetente Betreuung und Beratung bezüglich der statistischen Bearbeitung, Brigitte Paffenholz für die Verwaltung der Finanzmittel und Christel Metke für ihr kritisch-konstruktives Lektorat.

Ohne die großzügige finanzielle Förderung wäre das Projekt nicht realisierbar gewesen. Hier gilt unser Dank der Carl Richard Montag Stiftung in Bonn, der D. Ludwig Schlaich Stiftung in Waiblingen, den Freunden und Förderern der Universität zu Köln sowie der Heilpädagogischen und Medizinischen Fakultät der Universität zu Köln.

Köln, im Februar 2006

Norbert Heinen   Miriam Husseini   Angela Kribs

* Neonatologische Abteilungen
  der Kinderkliniken
– der RWTH Aachen
– der Universität zu Köln
– Amsterdamer Straße in Köln
– der Universität Essen
– des St.-Marien-Hospitals in Bonn
– der Heinrich-Heine-Universität
  in Düsseldorf
– der Städtischen Klinik Leverkusen

* Gynäkologische Abteilungen
– des Vincenz-Palotti-Hospitals in Bensberg
– des Marienkrankenhauses in Bergisch
  Gladbach
– der Frauenklinik der Universität zu Köln
– des Kölner Geburtshauses
– des Heilig-Geist-Krankenhauses
  in Köln-Longerich

Norbert Heinen, Miriam Husseini, Angela Kribs

Projektstudie zur Lebens- und Belastungssituation von Vätern frühgeborener Kinder

Jedes Jahr werden in Deutschland ca. 50.000 Kinder zu früh geboren, d.h., ca. 6% aller Säuglinge werden vor der 37. Schwangerschaftswoche oder mit einem Geburtsgewicht unter 2500 g entbunden. Der relative Anteil der Frühgeborenen hat in den letzten Jahren noch ständig zugenommen. Frühgeborene mit einem Geburtsgewicht unter 1800 g benötigen in der Regel intensivmedizinische Behandlung und werden mehrere Wochen oder Monate stationär betreut.

Die Rate der Kinder mit einer Behinderung ist annähernd konstant geblieben, was vor allem auf den zunehmenden Anteil extrem unreifer Frühgeborener (Geburtsgewicht < 1000 g) zurückzuführen ist. Eltern müssen sich mit den vielfältigen Bedrohungen, denen ihr Kind ausgesetzt ist bzw. ausgesetzt sein kann, auseinander setzen. In dieser schwierigen Zeit brauchen sie fachliche Hilfe und menschliche Begleitung. Eine über den Klinikaufenthalt hinausreichende Betreuung ist erst neuerdings gegeben (siehe den Beitrag von Norbert Müller-Fehling in diesem Band).

Zur Situation des Vaters bei einer Frühgeburt

Die zu frühe Geburt eines Kindes stellt nicht nur ein Risiko für die Entwicklung des Neugeborenen dar, sondern geht weiterhin mit einer hohen emotionalen Belastung für die Eltern einher, die Auswirkungen auf das gesamte Familiensystem haben kann (vgl. Himmelreich 1996, 123).

Wird ein sehr unreifes Baby geboren, erleben die Eltern dies in den seltensten Fällen als eine „normale Geburt". Zunächst wird die Schwangerschaft und damit ein Prozess der inneren Vorbereitung auf das Kind abrupt unterbrochen. Die eigentliche Phase der psychischen Verarbeitung der pränatalen Zeit ist noch nicht abgeschlossen (vgl. Gloger-Tippelt 1985, 72).

Die Entbindung selbst ist häufig durch eine „Notfallatmosphäre" geprägt. Sie erfolgt aufgrund des niedrigen Gestationsalters in der Regel per Kaiserschnitt. Hierbei dürfen die Väter oft nicht anwesend sein und müssen allein

vor dem Kreißsaal warten. Den Müttern fehlt das direkte bewusste Geburtserleben, da sie zumeist unter Vollnarkose entbinden. Betroffene Väter
berichten von zum Teil vorher nie gekannten Ohnmachtsgefühlen sowie
von massiven Verlustängsten, da zum Zeitpunkt der Geburt sowohl die Mutter als auch das Kind vom Tod bedroht sein können (vgl. Köhntop u.a.
1995, 106).

Während die Mütter nach der Geburt mit ihrer seelischen Belastung in der
Frauenklinik oder sogar auf der Intensivstation verbleiben, kommt dem
Mann die Aufgabe zu, den ersten Kontakt zu seinem Kind aufzunehmen, es
zu sehen, zu streicheln oder – wenn der Zustand des Kindes es zulässt – es
auf den Arm zu nehmen. Für den Vater ist dieser Erstkontakt mit seinem
Kind häufig ein schockierendes Erlebnis. Die Schläuche der Beatmungsma-
schine, die Magensonde, das Monitoring, der gesamte unreife Zustand seines Kindes führen zu einer großen emotionalen Belastung.

In dieser postnatalen Phase muss sich der Vater verschiedenen Aufgaben
gleichzeitig widmen. Während er sich zum einen an die völlig fremde, hoch
technisierte und häufig auch recht hektische Atmosphäre auf der Intensivstation gewöhnen muss, um seinem Kind seine ganze Aufmerksamkeit
schenken zu können, versucht er gleichzeitig für seine Partnerin da zu sein.
Indem er der Mutter über das Befinden des Kindes berichtet, Fotos mit-
bringt und über Arztgespräche informiert, hilft er ihr, die erste Phase der
Trennung vom Kind durchzustehen. Neben der emotionalen Unterstützung
der Mutter, z.B. bei der Verarbeitung von Trauer- und Schuldgefühlen,
begleitet der Vater seine Partnerin auch häufig zur ersten Kontaktaufnahme
mit dem Kind (vgl. Köhntop u.a. 1995, 106).

Weiterhin muss er sich meist auch noch um den Haushalt und eventuell
weitere Kinder kümmern. Zudem versucht er, den Ansprüchen seines
Arbeitsplatzes gerecht zu werden (vgl. Löhr 1999, 84f.).

Insbesondere in den ersten Tagen nach der Geburt bleibt für die Eltern des
Kindes nur wenig Raum für eine Privatsphäre. Der gesamte Ablauf verlangt
ein Funktionieren jedes Einzelnen, so auch des Vaters. Untersuchungen
belegen, dass der Vater sich nach den ersten Besuchen der Mutter langsam
aus der Versorgung des Kindes zurückzieht, was ihm die Möglichkeit gibt,
sich seinen übrigen Aufgaben zu widmen (vgl. Himmelreich 1996, 131).

Mit der Entlassung des Kindes aus der Klinik beginnt für die Eltern ein neuer
Lebensabschnitt, der durch weitere Probleme und Belastungen der Intensivbetreuung geprägt ist. Vielen Eltern fällt es schwer, sich von der Sicherheit
und Kontrolle der Krankenhausumgebung zu lösen (vgl. Hunziker u.a.
1986, 249). Durch die ständige Überwachung ihres Kindes sind sie sehr sensibel für dessen Reaktionen geworden und registrieren jede Veränderung

im Wachstum und der weiteren Entwicklung sehr genau. Insbesondere die Betreuung von Kindern, die apparativer Hilfen bedürfen, belastet die betroffenen Familien (vgl. Sarimski 2000, 143).

Frühgeborene Babys gelten generell als irritierbarer und schwieriger zu beruhigen als termingerecht geborene. Sie haben größere Schwierigkeiten im Schlafverhalten und beim Füttern, was dazu führt, dass die Eltern oft angespannt und unsicher sind, ob ihr Umgang mit dem Kind angemessen ist (vgl. Gloger-Tippelt 1988, 133).

Inwiefern diese besonderen Anforderungen Einfluss auf die psychosoziale Situation des Vaters haben, ist bisher kaum erforscht worden. Erste Ergebnisse einer Pilotstudie von Krapf und Wondrak „Zur Situation von Vätern frühgeborener Kinder während des stationären Aufenthaltes ihres Kindes" (2002), an der 150 Väter teilgenommen haben, zeigen, dass Väter frühgeborener Kinder die Vaterschaft anders erleben, da sie sich nicht ausreichend mit ihrer Vateridentität und Rollenübernahme auseinander setzen können und durch die zu frühe Geburt und deren Folgen verstärkt emotionalen und organisatorischen Belastungen ausgesetzt sind, die sich vor allem in ihrer Beziehung zum Kind, zu ihrer Partnerin und zu ihrem sozialen Umfeld zeigen.

Projektbeschreibung

Im Rahmen eines gemeinsamen Projektes der Heilpädagogischen Fakultät der Universität zu Köln und der Universitätskinderklinik wurde in der hier vorgestellten prospektiven Studie die Lebens- und Belastungssituation von Vätern frühgeborener Kinder vom Zeitpunkt der Entlassung des Kindes aus der Klinik bis zur Vollendung des ersten Lebensjahres des Kindes untersucht.

Die Eingrenzung des Zeitraumes auf die Zeit zwischen der Entlassung des Kindes aus der Klinik bis zur Vollendung des ersten Lebensjahres ist dadurch begründet, dass sich dieser Lebensabschnitt als besonders kritisch erweist, da nun die Verantwortung für das Kind alleine den Eltern übertragen wird und mit erheblichen Anpassungsproblemen des Kindes an die neue Lebenswelt zu rechnen ist, die sich meist über das erste Lebensjahr erstrecken. In dieser Phase werden den Vätern nur in Ausnahmefällen unterstützende Maßnahmen angeboten, so dass sie sich in dieser neuen Situation alleine zurechtfinden müssen, wodurch häufig zusätzliche Belastungen für die Familie entstehen.

Gegenstand der Studie sind die vielfältigen Belastungen von Vätern frühgeborener Kinder und deren Auswirkungen auf das familiäre System. Dazu sind insbesondere Daten zur Familiensituation, zur Partnerschaft, zum phy-

siologischen und psychischen Zustand des Kindes sowie soziodemographische Faktoren zu berücksichtigen.

Ziel der Untersuchung ist neben einer Situationsanalyse, Aufgabenfelder
der Heilpädagogik aufzuzeigen, Unterstützungsangebote zu entwickeln
bzw. vorhandene Ressourcen (Frühförderung, Frühberatung, Familienentlastende Dienste usw.) zu verstärken, um den besonderen Bedürfnissen der
Väter gerecht zu werden.

Ein Ansatz der Studie besteht darin, die erhobenen Informationen im Quer-
schnitt zu betrachten und multivariate Verknüpfungen der Datengruppen
nachzuweisen. Darüber hinaus ist eine längsschnittliche Analyse der väterlichen Auskünfte angezeigt, da die Erhebung sich in drei zeitlich gestaffelte
Befragungsphasen gliedert. Dadurch ist es möglich, Veränderungen aufzuzeigen, die sich im Laufe des Erhebungsprozesses ergeben können.

❏ *Erhebungszeitpunkt T1*: Die erste Erhebung fand etwa eine Woche nach
   der Entlassung des Kindes aus der Klinik statt.

❏ *Erhebungszeitpunkt T2*: Die zweite Befragung folgte drei Monate nach
   der Entlassung aus der Klinik.

❏ *Erhebungszeitpunkt T3*: Die dritte Erhebung fand nach Ablauf des ersten
   Jahres seit der Entlassung statt.

Es sollten jedoch nicht nur Väter frühgeborener Kinder untersucht werden,
sondern auch Väter termingerecht geborener Kinder, welche die Kontrollgruppe darstellen. Um an eine ausreichende Anzahl an Probanden zu
gelangen, wurden diverse Kliniken der Umgebung gefragt, ob sie an einer
Mitarbeit interessiert seien und Väter früh- und termingerecht geborener
Kinder dazu motivieren könnten, an der Untersuchung teilzunehmen. Viele
Kliniken äußerten ein hohes Interesse. Beteiligt haben sich schließlich die
Kinderklinik der Universität zu Köln, die Kinderklinik Amsterdamer Straße
in Köln, die Kinderklinik der Universität Essen, die neonatologische Abtei-
lung des St.-Marien-Hospitals in Bonn, das Vincenz-Palotti-Krankenhaus in
Bensberg, die Frauenklinik der Universität zu Köln, das Geburtshaus Köln,
das Heilig-Geist-Krankenhaus Köln-Longerich, das Marienkrankenhaus
Bergisch Gladbach, das Kinderklinikum der RWTH Aachen, das Klinikum
Leverkusen und die Kinderklinik der Heinrich-Heine-Universität Düsseldorf.

Die Probanden wurden nach folgenden Kriterien ausgewählt: Die Bedin-
gung für die Teilnahme von Vätern frühgeborener Kinder war, dass die Kinder in oder vor der 32. Schwangerschaftswoche geboren wurden. Dieser
Termin wurde ausgewählt, da diese Kinder als sehr bis extrem frühgeboren
gelten und die Entwicklungssituation stark von termingerecht geborenen

Kindern abweicht. Die Klientel der Väter termingeborener Kinder wurde so definiert, dass die Kinder ein Gestationsalter von mindestens 37 Wochen aufwiesen, um Überschneidungen zu vermeiden. Für die Väter beider Gruppen galt weiterhin die Prämisse, dass sie über gute Deutschkenntnisse verfügen und seit mindestens fünf Jahren in Deutschland leben. Außerdem durfte während der Klinikzeit bei Mehrlingen kein Kind verstorben sein, da dies wiederum eine spezielle Situation darstellen würde.

Als Erhebungsinstrument diente der Studie ein standardisiertes, stark strukturiertes Interview, in denen die Fragen zu sinnkohärenten Komplexen[1] zusammengefasst wurden. Die Entscheidung hierfür liegt zum einen in der Objektivität und zum anderen in der Ökonomie der Handhabung dieses Verfahrens begründet, da der hier bearbeitete Untersuchungsgegenstand hinsichtlich seiner Intimität Themen berührt, die eine persönliche Erhebung der Datenlage erschwert. Die Interviews wurden persönlich durchgeführt.

Die Datenerhebung begann Anfang Mai 2002 mit einer vierwöchigen Pretestphase, in der etwaige Mängel in der Fragenkonstellation behoben wurden. Die darauf folgende Hauptuntersuchung mit der ersten Interviewstaffel schließt den Zeitraum von Juni 2002 bis Februar 2003 ein. Die Daten zur Erhebung des zweiten Befragungstermins betreffen die Zeit von September 2002 bis Mai 2003. Die letzte Untersuchungsperiode erstreckte sich von Juni 2003 bis Februar 2004.

Die erhobenen Daten wurden mithilfe des Statistikprogramms SPSS Version 11.0 ausgewertet.

Beschreibung der Stichprobe

Angaben zu den Vätern

Insgesamt nahmen 189 Väter an der Studie „Zur Lebens- und Belastungssituation von Vätern frühgeborener Kinder" teil.

Davon verließen nach der ersten Untersuchung 23 (12,2%) und nach der zweiten Untersuchung 49 Väter (25,9%) die Studie. 6 Väter (3,2%) nahmen an der ersten und dritten Untersuchung teil. Insgesamt waren somit 111 Personen (58,7%) an allen drei Erhebungen beteiligt.

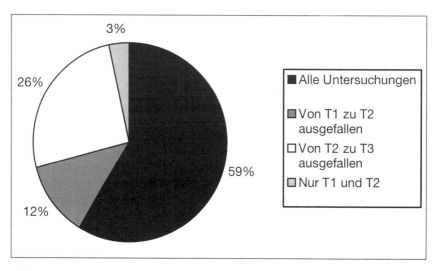

Abb. 1: Teilnehmer der Untersuchung

27,5% (n=52) der befragten Väter sind Väter frühgeborener Einlinge, 8,5% (n=16) frühgeborener Mehrlinge, 60,8% Väter termingerecht geborener Einlinge und bei 3,2% (n=6) handelt es sich um Väter termingerecht geborener Mehrlinge.

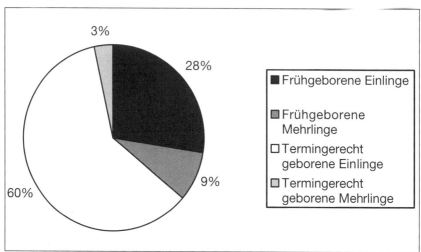

Abb. 2: Geburtsstatus der Kinder der Teilnehmer

Im Durchschnitt waren die Väter zum Zeitpunkt der ersten Befragung 35,67 Jahre alt (± 5,27). Das Alter des jüngsten Vaters betrug 21 Jahre und das des ältesten Vaters 58 Jahre.

Die Mütter der Kinder wiesen ein durchschnittliches Alter von 32,71 Jahren (± 4,62) auf. Zum Zeitpunkt des ersten Interviews war die jüngste Mutter 19 und die älteste 43 Jahre alt. Die Mütter waren im Durchschnitt 4 Jahre jünger als die Väter.

79,4% (n=150) der Väter waren zum Zeitpunkt der ersten Befragung mit der Mutter des Kindes verheiratet. Bei 20,6% (n=39) galt sie als feste Partnerin.

Zum Zeitpunkt der zweiten Erhebung waren 81,9% (n=131) der Väter mit der Mutter der Kinder verheiratet und 18,1% (n=29) befanden sich mit ihr in einer festen Partnerschaft.

Bei der dritten Erhebung waren schließlich 88% (n=103) der Väter mit ihrer Partnerin verheiratet, 11,1% (n=13) lebten in einer festen Beziehung und ein Vater (0,5%) hatte sich bereits von seiner Partnerin getrennt.

Zum Zeitpunkt der zweiten Erhebung gaben 5% der Väter (n=8), bei der dritten Erhebung 4,3% (n=5) an, bereits Kinder aus einer anderen Beziehung zu haben.

Im Durchschnitt bestand die Beziehung zur Partnerin 7,78 Jahre (± 4,84). Der Minimalwert lag bei einem Jahr, während die längste Beziehung bereits seit 24 Jahren bestand. Die meisten Beziehungen dauerten beim ersten Interview 4 Jahre.

Die meisten Väter (48,1%) absolvierten einen Hoch- bzw. Fachhochschulabschluss. 22,8% (n=43) gaben als Bildungsabschluss Abitur bzw. Fachabitur an, 23,3% (n=44) Mittlere Reife und lediglich 4,8% machten einen Hauptschulabschluss. 2 Väter (1,1%) machten zu dieser Frage keine Angabe.

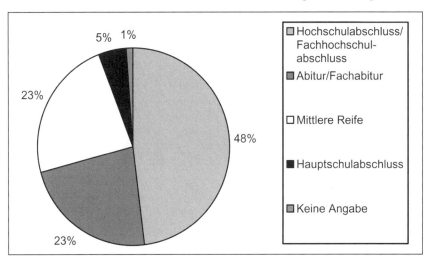

Abb. 3: Bildungsabschluss des Vaters

2,6% der befragten Väter waren zum Zeitpunkt der ersten Erhebung arbeitslos (n=6), 1% (n=2) arbeitete als ungelernter Arbeiter, 8,2% (n=17) als Facharbeiter, 39,1% (n=81) als Angestellter oder Beamter und 21,7% (n=45) als
leitender Angestellter bzw. Beamter. 5 Väter (2,4%) gaben an, Hausmann zu
sein, ebenso viele befanden sich noch in der Ausbildung bzw. im Studium.
18,4% (n=38) waren selbstständig und 3,9% (n=8) der Väter gaben „Sonstiges" an.

Während der zweiten Befragung waren 2,9% (n=5) der Väter arbeitslos.
1,2% (n=2) arbeiteten als ungelernter Arbeiter, 7,6% (n=13) als Facharbeiter,
38,6% (n=66) als Angestellter bzw. Beamter, 22,8% (n=39) als leitender
Angestellter oder Beamter und 1,8% (n=3) als Hausmann. 3,5% (n=6) der
befragten Väter befanden sich noch in der Ausbildung bzw. im Studium,
während 17,5% (n=30) selbstständig waren. 4 Väter (2,3%) gaben „Sonstiges" an und 3 befanden sich im Erziehungsurlaub.

Zum Zeitpunkt der dritten Erhebung war kein Vater mehr arbeitslos. 6,6%
(n=8) arbeiteten als Facharbeiter, 49,2% (n=60) als Angestellter bzw. Beamter, 18% (n=22) als leitender Angestellter oder Beamter und 0,8% (n=1) als
Hausmann. 4 Väter (3,3%) befanden sich noch in der Ausbildung bzw. im
Studium und 19,7% (n=24) waren selbstständig. 2 (1,6%) Väter befanden
sich im Erziehungsurlaub und einer (0,8%) gab „Sonstiges" an.

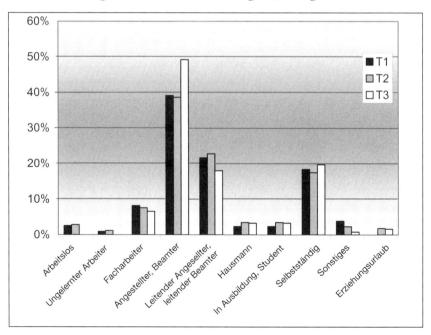

Abb. 4: Berufliche Stellung der Väter über alle drei Erhebungszeitpunkte

Auch bei den Müttern der Kinder fällt ein relativ hohes Bildungsniveau auf. 38,6% (n=73) absolvierten einen Hochschul- bzw. Fachhochschulabschluss. 29,6% (n=56) machten Abitur oder Fachabitur, 22,8% (n=43) die Mittlere Reife und 7,4% (n=14) einen Hauptschulabschluss. 2 Mütter (1,1%) hatten keinen Abschluss und ein Vater machte bezüglich des Bildungsabschlusses seiner Partnerin keine Angabe.

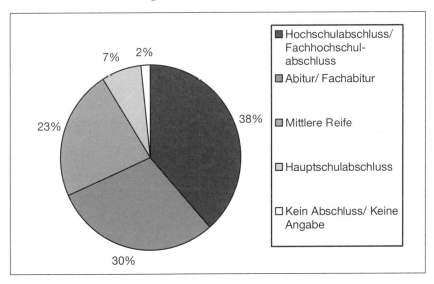

Abb. 5: Bildungsabschluss der Mutter

Von den Müttern waren vor der Schwangerschaft 1% (n=2) arbeitslos, 3% (n=6) arbeiteten als ungelernte Arbeiterin und 5,5% (n=11) als Facharbeiterin. 51,5% (n=103) hatten die berufliche Stellung der Angestellten oder Beamten und 10% (n=20) waren leitende Angestellte bzw. Beamte. Als Hausfrau waren 10,5% (n=21) der Mütter tätig, 5,5% (n=11) befanden sich noch in der Ausbildung bzw. im Studium und 8,5% (n=17) waren selbstständig. Bei 4,5% (n=9) der Mütter wurde „Sonstiges" angegeben.

Von den Müttern befanden sich zum Zeitpunkt der zweiten Erhebung 41,2% (n=84) im Erziehungsurlaub. Weitere 26% (n=53) waren Hausfrau und 1% (n=2) arbeitslos. Eine Mutter (0,5%) arbeitete als ungelernte Arbeiterin und 2 (1%) als Facharbeiterin. 18,1% (n=37) der Mütter waren als Angestellte oder Beamte tätig, 4,4% (n=9) als leitende Angestellte oder Beamte, 2% (n=4) befanden sich noch in der Ausbildung bzw. im Studium, 3,8% (n=8) waren selbstständig und für 4 Mütter (2%) wurde „Sonstiges" angegeben.

Während der dritten Untersuchung waren 2,2% der Mütter (n=3) arbeitslos, 9% (n=12) selbstständig und 37,3% im Erziehungsurlaub. 1,5% (n=2) arbeiteten als Facharbeiterin, 13,4% (n=18) als Angestellte oder Beamte, 3,7% (n=5) als leitende Angestellte oder Beamte, 27,6% (n=37) als Hausfrau und 3,7% befanden sich in der Ausbildung bzw. im Studium. 2 Väter (1,5%) gaben bezüglich der beruflichen Stellung ihrer Partnerin „Sonstiges" an.

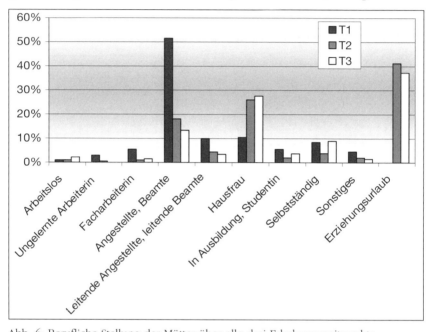

Abb. 6: Berufliche Stellung der Mütter über alle drei Erhebungszeitpunkte

Bei der ersten Erhebung gaben die Väter im Durchschnitt an, 45,08 Stunden pro Woche zu arbeiten (± 12,42). Die Mehrzahl arbeitete 40 Stunden. Der Minimalwert betrug 0, während der Maximalwert 75 Arbeitsstunden in der Woche umfasste.

Zum Zeitpunkt des zweiten Interviews lag der Mittelwert bei 44,78 Wochenarbeitsstunden (±11,84). Alle anderen Maßzahen blieben unverändert.

Während der dritten Erhebung lag der Mittelwert bei 44,68 Stunden pro Woche. Der Modalwert lag wieder bei 40 Stunden, der Minimalwert bei 0 und der Maximalwert bei 80 Arbeitsstunden.

Bezüglich der Frage nach dem Nettofamilieneinkommen gab lediglich ein Vater (0,5%) ein Einkommen von unter 800 Euro an. Bei 5,3% (n=10) lag es zwischen 801 und 1500, bei 22,2% (n=42) zwischen 1501 und 2500 und bei 30,7% aller Väter lag es zwischen 2501 und 3500 Euro. Weiterhin gaben 37,6% (n=71) der Väter ein Einkommen von über 3501 Euro an und 3,7% (n=7) machten keine Angabe.

Während der zweiten Erhebung gab erneut nur ein Vater ein Nettofamilieneinkommen von weniger als 800 Euro an. Bei 9,4% (n=15) lag es zwischen 801 und 1500, bei 30,8% zwischen 1501 und 2500 und bei 35,2% (n= 56) zwischen 2501 und 3500 Euro. 23,9% der befragten Väter gaben ein Nettofamilieneinkommen von über 3501 Euro an.

Zum Zeitpunkt der dritten Befragung gaben 5,2% (n=6) ein Nettofamilieneinkommen von 801 bis 1500 Euro an, bei 26,1% (n=30) der Väter lag es zwischen 1501 und 2500, bei 45,2% (n=52) zwischen 2501 und 3500 Euro und 23,5% (n=27) gaben ein Nettofamilieneinkommen von über 3501 Euro an.

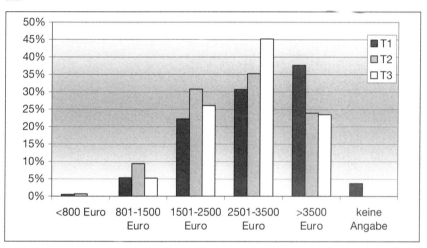

Abb. 7: Nettofamilieneinkommen über alle drei Erhebungszeitpunkte

Fast alle interviewten Väter waren deutsch (95,1%). Lediglich 2,1% (n=4) der Väter gaben eine italienische Nationalität an und 2 Väter waren türkisch (1,1%). Weiterhin waren jeweils ein spanischer, ein belgischer und ein Vater aus der Schweiz vertreten (jeweils 0,5%). Bei insgesamt 2,1% (n=4) der Väter gibt es hierzu keine Angaben.

Die Wohnumgebung war während der ersten Erhebung bei 37,6% (n=71) der Väter eher ländlich und bei 62,4% (n=118) eher städtisch.

Zur zweiten Erhebung hin hat sich die Wohnumgebung bei jeweils zwei Vätern (jeweils 2,5%) von ländlich nach städtisch bzw. von städtisch nach ländlich geändert.

1,1% (n=2) der Väter wechselten zum Zeitpunkt der dritten Erhebung ihre Wohnumgebung von ländlich nach städtisch und 2,6% (n=3) wechselten sie von städtisch nach ländlich.

Angaben zu den Kindern

Die meisten Schwangerschaften sind spontan zustande gekommen (85,7%), 4,2% (n=8) durch hormonelle Stimulation bzw. Zeitoptimierung, 3,2% (n=6) durch In-vitro-Fertilisation (IVF) und 6,9% (n=13) durch Intrazytoplasmatische Spermieninjektion (ICSI).

Es waren hauptsächlich Väter frühgeborener Kinder, die angaben, dass die Schwangerschaft durch die Methoden der IVF (5,9% im Vergleich zu 1,7%) und der ICSI (10,3% im Vergleich zu 5%) zustande gekommen ist.

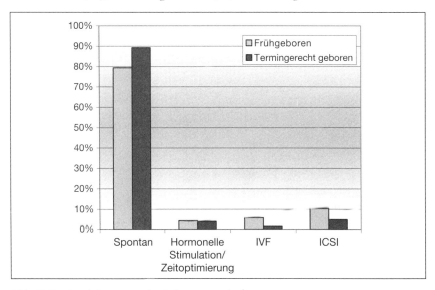

Abb. 8: Zustandekommen der Schwangerschaft

99,5% aller Kinder wurden in der Klinik geboren. Nur ein Vater eines termingerecht geborenen Kindes gab an, dass das Kind zu Hause entbunden wurde.

Die meisten frühgeborenen Kinder kamen per Kaiserschnitt (44,8%) oder Notkaiserschnitt (46%) zur Welt. Lediglich 4,6% (n=4) wurden spontan und ebenso viele durch eine eingeleitete Geburt geboren.

Dahingegen wurden 32,9% (n=48) aller termingerecht geborenen Kinder spontan geboren, 19,9% (n=28) durch eine eingeleitete Geburt, 34,2% (n=50) per Kaiserschnitt und 6,2% (n=10) per Notkaiserschnitt. Bei 6,8% (n=10) handelte es sich um eine Zangen- bzw. Saugglockengeburt. Ein Vater (0,7%) machte die Angabe „eingeleitete Geburt und Kaiserschnitt".

49,5% der Kinder (n=105) waren weiblich und 50,5% (n=107) männlich.

Bei den meisten Kindern handelte es sich um Erstgeborene. So hatten 66,6% (n=125) keine Geschwister, 25,4% (n=48) hatten bereits ein Geschwister- kind, 5,3% (n=10) zwei Geschwister, 2,1% (n=4) drei Geschwister, 0,5% (n=1) vier und ebenfalls 0,5% (n=1) fünf Geschwister.

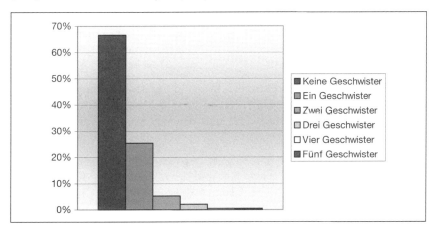

Abb. 9: Geschwister

Auf die Frage, ob es bereits vorangegangene Fehl- oder Totgeburten gab oder Kinder bei der Geburt gestorben sind, antworteten 18,5% der Väter (n=35) mit „ja" und 81,5% (n=154) mit „nein".

Hierbei fällt auf, dass hauptsächlich bei Vätern frühgeborener Kinder bereits Fehl- oder Totgeburten vorangegangen oder Kinder bei der Geburt gestorben sind (25% im Vergleich zu 14,9% bei den Vätern termingerecht Geborener).

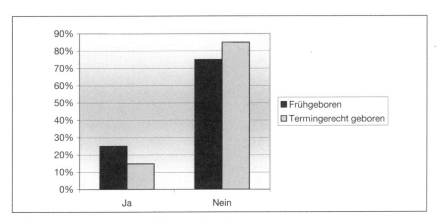

Abb. 10: Vorangegangene Fehl- oder Totgeburten

Das durchschnittliche Geburtsgewicht der frühgeborenen Kinder betrug bei Einlingen und ersten Mehrlingskindern (Kind 1) 1195,75 g (± 368 g), beim 2. Mehrling (Kind 2) 1272,19 g (± 289 g) und beim 3. Mehrlingskind (Kind 3) 1360 g. Das leichteste Kind wog 450 g, während das Höchstgeburtsgewicht bei den frühgeborenen Kindern bei 1830 g lag.

Bezüglich des Geburtsgewichtes der termingerecht geborenen Kinder lag der Mittelwert bei 3485 g (±481 g) (Kind 1) bzw. 2553 g (± 326 g) (Kind 2). Hier wog das leichteste Kind 2430 g und das schwerste 4840 g.

Die meisten frühgeborenen Kinder wurden in der 31. Schwangerschaftswoche geboren. Der Mittelwert lag hier bei 29,13 Schwangerschaftswochen (± 2,285). Der Minimalwert lag bei 24 und der Maximalwert bei 32 Schwangerschaftswochen.

Währenddessen betrug der Modalwert bei den termingerecht geborenen Kindern 39 Schwangerschaftswochen und der Mittelwert 39,51. Hier wurde das früheste Kind in der 37. und das am spätesten geborene Kind in der 43. Schwangerschaftswoche geboren.

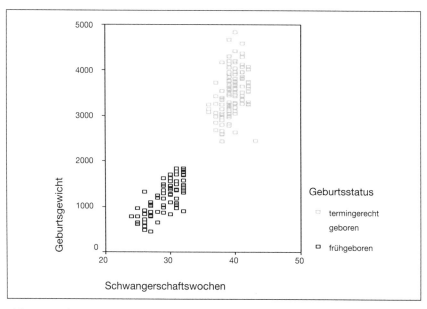

Abb. 11: Geburtsgewicht in Abhängigkeit vom Gestationsalter

Auf die Frage, ob bei ihrem Kind bzw. ihren Kindern gesundheitliche Störungen vorliegen, die eine Behinderung erwarten lassen, antworteten zum Zeitpunkt T1 8,3% (n=7) der Väter frühgeborener Kinder und 1,6% (n=2) der Väter termingerecht geborener Kinder mit „ja".

Bei den termingerecht geborenen Kindern bestand bei einem Kind eine Lippenkieferspalte und bei einem weiteren eine Zystenniere.

Zwei frühgeborene Kinder hatten Probleme mit der Atmung, eins einen definitiven Lungenschaden und bei einem Kind wurde eine Zirkulationsstörung des Hirnwassers als Ursache für eine mögliche Behinderung genannt. Für fünf Kinder wurde „Sonstiges" (Zyste im Gehirn, Hirnblutungen, Sehprobleme, Krämpfe, Fehlbildung der Speiseröhre, Gelbsucht, Wasser in der Lunge, Hydrozephalus) angegeben.

Ein Jahr später antworteten auf die Frage, ob bei ihren Kindern gesundheitliche Störungen vorliegen, die eine Behinderung erwarten lassen, 94,3% der Väter frühgeborener und 98,7% der Väter termingerecht geborener Kind mit „nein". Bei einem termingerecht geborenen Kind wurde Stottern angegeben. Bei zwei frühgeborenen Kindern (3,8%) lag eine Augenkrankheit vor und ein Vater gab „Sonstiges" an.

Auf die Frage, ob die Kinder eine Entwicklungsverzögerung oder Behinderung haben, antworteten 97,5% (n=77) der Väter termingerecht geborener, aber nur 63% (n=34) der Väter frühgeborener Kinder mit „nein". Bei 25,9% (n=14) der frühgeborenen Kinder lag eine motorische und bei 3,7% (n=2) eine geistige Entwicklungsverzögerung vor. Außerdem gaben zwei Väter eine Sehbehinderung und zwei Väter (jeweils 3,7%) eine andere Behinderung an.

Bei den termingerecht geborenen Kindern handelt es sich in einem Fall um eine motorische Behinderung und in dem anderen Fall um eine sonstige Behinderung (jeweils 1,3%).

Für die nachfolgenden Beiträge wurden aus diesem Gesamtkollektiv aufgrund unterschiedlicher weiterer Ausschlusskriterien neue individuelle Stichproben gebildet. Dies kann zu unterschiedlichen Ergebnissen führen, die gegebenenfalls sogar widersprüchlich sind. Eine genaue Berücksichtigung des jeweils beschriebenen Klientels ist daher notwendig.

Methoden- und Kollektivkritik

Kritisch an der Untersuchungsmethode ist anzumerken, dass die Befragungen von ungeschulten Interviewern durchgeführt wurden. Weiterhin wurde im Vorhinein nicht bedacht, dass es geschlechtsspezifische Unterschiede gibt. So zeigte sich, dass die Väter, die durch männliche Interviewer befragt wurden, offener vor allem bzgl. intimer Fragestellungen antworteten. Außerdem wurde eine Reihe von offenen Fragen gestellt, die erst im Nachhinein kategorisiert wurden.

Das befragte Kollektiv dieser Studie kann nicht als repräsentativ angesehen werden, da die Väter im Allgemeinen über einen überdurchschnittlich

hohen sozioökonomischen Status verfügen. Dies fällt besonders hinsichtlich ihres Alters, des Bildungsabschlusses und des Nettofamilieneinkom-
mens auf. Gründe hierfür sind zum einen in den (jedoch notwendigen) Ausschlusskriterien und zum anderen in dem allgemein höheren Interesse von
Personen mit einer akademischen Ausbildung an wissenschaftlichen Studi-
en zu sehen.

Somit können die Ergebnisse nicht verallgemeinert werden, sondern gelten
lediglich für das hier dargestellte Kollektiv.

---

[1] Fragebogen 1: Angaben zum Kind, Die Zeit vor der Geburt, Die Geburt des Kindes, Erste
Reaktionen des Vaters, Die Zeit in der Klinik, Entlassung, Ihre Vaterrolle heute, Soziodemo-
graphische/-ökonomische Daten

Fragebogen 2: Angaben zur gegenwärtigen Situation, Entlassung des Kindes aus der Klinik,
Reaktionen des Vaters auf die Entlassung, Die Zeit seit der Entlassung zu Hause, Die Vaterrolle seit der Entlassung, Soziodemographische/-ökonomische Daten

Fragebogen 3: Angaben zur allgemeinen gegenwärtigen Situation, Soziale Situation der
Familie, Situation des Vaters, Situation des Kindes, Partnerschaft, Die Vaterrolle und Bezie-
hung zum Kind, Interfamiliäre Beziehungen, Bewertung der Lebenssituation durch den
Vater, Soziodemographische/-ökonomische Daten

Hagen Gärtner, Norbert Heinen, Nicolas Wiemeyer

Väter gestern und heute – eine Zwischen-bilanz zum Stand der Väterforschung

Der Vater in der Vaterforschung

Als Vaterforschung wird im Allgemeinen die interdisziplinäre Erforschung des Vaters bezeichnet. So befassen sich vor allem die Psychologie, die Psychiatrie und die Soziologie mit der Rolle des Vaters und seiner Bedeutung für die Entwicklung von Kindern (vgl. Matzner 1998, 17).

Begriff und Bild des Vaters

Sozialwissenschaftlich kann der Begriff *Vater* in drei Dimensionen gesehen werden: Im Blickpunkt stehen das *Vaterbild* auf der gesellschaftlichen Ebene, die *Vateridentität* auf der individuellen Ebene des Mannes und die *Vaterrolle* auf der Gruppenebene, bezogen auf die Familie als Gruppe (vgl. Schneider 1989, 16).

Das *Bild des Vaters* lässt sich definieren als ein sich auf gesellschaftlicher Ebene konstituierendes Leitbild im Sinne einer kollektiven Idealvorstellung, das mit seiner normativen Kraft sowohl die Identität des männlichen Individuums als auch die familiale Struktur beeinflusst. Dieses impliziert wiederum, dass sich die individuellen Vorstellungen über die Wahrnehmung der Vaterrolle sowie deren alltagspraktische Lebensgestaltung nur innerhalb des jeweiligen bestehenden kulturellen und historischen Rahmens bewegen können, also auch von den bestehenden Norm- und Wertvorstellungen abhängig sind (vgl. Fuchs, 1978, 456).

Die *Vateridentität* beschreibt als Rollenidentität einen Teil des Selbstkonzeptes des männlichen Individuums, dessen Voraussetzung in der Konstituierung einer Ich-Identität liegt und in dem das eigentliche Selbst mit seinen individuellen Dispositionen, Fähigkeiten und Eigenschaften integriert ist.

Die *Vaterrolle* schließlich wird als ein Komplex von Erwartungen und Verhaltensweisen in ihrer Wahrnehmung durch ihren Geschlechtsdeterminismus in soziokulturell vorgegebenen Grenzen determiniert (vgl. Schneider 1989, 23f).

Entwicklung und gegenwärtiger Stand der Vaterforschung

Lange Zeit wurde der Fokus der Familienforschung auf die Beziehung zwischen Mutter und Kind gerichtet (vgl. Kallenbach 1996, 80). Die Mutter galt aus wissenschaftlicher und gesellschaftlicher Sicht als die primäre Bezugsperson für das Kind und maßgebliche Repräsentantin der Elternschaft. Ursachen für die wissenschaftliche Abstinenz des Vaters in der Familienforschung werden in stereotypen Konzepten über die Rollenteilung in der Familie, im Vorherrschen von sich ausschließlich auf den mütterlichen Einfluss in der Mutter-Kind-Beziehung konzentrierenden Entwicklungstheorien, in der Kluft zwischen Theorien, welche die partnerschaftliche Beziehung betreffen, und solchen, welche die Eltern-Kind-Beziehung betreffen, im Mangel an Konzepten zur Untersuchung kindlicher Interaktionsprozesse sowie in der Ignoranz bezüglich kindlicher Kompetenzen bei der Erstellung wissenschaftlicher Untersuchungspläne gesehen (vgl. Pedersen, zit. nach Fthenakis 1985, 20).

Erst Mitte der Siebzigerjahre lassen sich erste Ansätze einer systematischen Vaterforschung erkennen. Gesellschaftliche Veränderungen weckten das Interesse am Vater (vgl. Kallenbach 1997). Im Zuge der Emanzipationsbewegung änderten sich die Vorstellungen über das traditionelle Rollenbild und die Aufgaben innerhalb der Familie mussten neu überdacht werden. So entwickelten sich durch die zunehmende Gleichberechtigung auch innerhalb der Partnerschaft zwischen Mann und Frau neue Leitvorstellungen für das Zusammenleben im System Familie, die vor allem für den Mann zu einer Neubewertung von Erwerbstätigkeit und Familientätigkeit führten. Vätern bot sich dadurch die Möglichkeit zu einer verstärkten Zuwendung zur Familie, die sich hauptsächlich in der Erhöhung der Intensität im Kontakt mit den Kindern widerspiegelt (vgl. Adler u.a. 1994, 10). Durch die vermehrte Teilhabe der Frauen an der Arbeitswelt fand eine Neuverteilung der familiären Aufgaben zwischen den beiden Elternteilen statt (vgl. Schülein 1994, 91). Zuvor als „naturgegeben", „geschlechtsspezifisch" und „typisch männlich" deklarierte Verhaltensmuster wurden hinterfragt und Gegenstand von Forderungen, mit denen sich vor allem die Männer unserer Gesellschaft auseinander setzen müssen (vgl. Buchholtz u.a. 1984, zit. nach Kallenbach 1996, 78).

Der gegenwärtige Forschungsstand weist hinsichtlich der besonderen Anforderungen, denen sich die Eltern frühgeborener Kinder stellen müssen (z.B. Schwierigkeiten beim Aufbau der Eltern-Kind-Bindung, erlebte Angst um das Leben des Kindes, erfahrene soziale Isolation durch die Frühgeburt des Kindes usw.), Desiderate auf. Insbesondere die Situation von betroffenen Vätern ist bisher nicht systematisch erforscht, sodass keine verlässlichen Aussagen über ihre psychosoziale Belastung existieren.

Über die Rolle des Vaters von Risikokindern liegen bis heute nur wenige und zum Teil widersprüchliche Untersuchungen vor. Angaben zum System Familie werden häufig durch Aussagen über die Mütter generalisiert (vgl. Kallenbach 1997, 24). Jedoch darf nicht übersehen werden, dass es einzelne Untersuchungen und Forschungsberichte gibt, die versuchen, dieses Defizit aufzuarbeiten. Im deutschsprachigen Raum sind u.a. wissenschaftliche Studien von Hinze (1992; 1993) oder Kallenbach (1994; 1997) besonders aufschlussreich.

Wandel der Vaterfunktionen

Leben wir heute vielfach in der Überzeugung, dass die Eltern-Kind Beziehung völlig „natürlich" ist, so beweist doch ein Blick auf die historische Entwicklung, dass insbesondere die Vater-Kind-Beziehung einem erheblichen Wandel unterzogen war und noch ist (vgl. Fthenakis 1999, 17ff.; von Canitz 1982, 63f.). Die Beziehung des Vaters zum Kind war früher vor allem durch eine strenge Haltung bestimmt (vgl. Fthenakis 1985b, 9). Erst durch das Entstehen des bürgerlichen Familienideals entwickelte sich innerhalb der Familie eine Atmosphäre, die von Liebe und Vertrautheit geprägt war, in der allerdings der Vater als eine alles bestimmende, allgegenwärtige Autorität eher den patriarchalen Gegenpol zu der als emotional charakterisierten Mutter darstellte (vgl. Fthenakis 1985b, 14). Die im letzten Jahrhundert einsetzende Urbanisierung und Industrialisierung führte allerdings zu einer immer deutlicheren Rollenteilung zwischen Mann und Frau. Ausschlaggebend war hier vor allem die arbeits- und später auch kriegsbedingte Abwesenheit der Väter. Die Mutter übernahm in vielerlei Hinsicht die Vaterfunktionen und die Alleinverantwortlichkeit für die Familie (vgl. Kallenbach 1996, 79). In der Gegenwart erkennen wir, dass sich in der Regel bei der Geburt von Kindern übergangsweise wieder traditionelle Strukturen etablieren, sich aber hinsichtlich der klassischen Vaterfunktionen einiges getan hat: So hat sich die einstmals so wichtige, jedoch sehr einseitig gewichtete *biologische Funktion* des Vaters als Erzeuger zugunsten einer bewussten und kontrollierten Elternschaft gewandelt, was laut Werneck (vgl. 1998, 8) in einer inzwischen untergeordneten Bedeutung des Kinderwunsches als Motiv für eine Partnerschaft begründet liegt. Auch die *Beschützerfunktion* des Vaters im Sinne einer körperlichen Verteidigung gegen Gefahren der Außenwelt existiert in der herkömmlichen Form nicht mehr (vgl. Kallenbach 1996, 79). An ihre Stelle sind Anforderungen und Erwartungshaltungen an die Väter getreten, insbesondere „hinsichtlich ihrer Welterfahrung, Weltgewandtheit, aber auch ihres Fachwissens und -könnens sowie ihrer sozialen Stellung" (Werneck 1998, 9). Die *Ernährer- und Versorgerfunktion* des Vaters hat nach wie vor einen hohen Stellenwert in der Familie (vgl. Kallenbach 1996, 79). Zieht man zur Quantifizierung dieser Rolle als Kriterium die Erwerbstätigkeit heran, so ergibt sich nach einer Studie des Österreichischen Statistischen Zentralamtes im Jahre 1992 ein Verhältnis von durchschnittlich 5 Stunden und 9 Minuten täglich bei den Männern zu 2 Stunden und 26 Minuten bei den Frauen. Interessant dabei ist, dass im Vergleich zu einer 1981 durchgeführten Studie der in Erwerbsarbeit investierte Zeitanteil bei Männern durchschnittlich nur um 2 Minuten, bei Frauen aber um 16 Minuten anstieg (vgl. Bundesministerium für Jugend und Familie 1998, 7).

Da die Erwartungen an Lebensstandard, Status und Einkommen ständig steigen, kommt der Versorger- und Ernährerfunktion des Vaters inzwischen eine immer größere Rolle zu. Nicht wenige Väter sind heutzutage gezwungen, zusätzlich einen Nebenjob anzunehmen. Allerdings wehren sich besonders engagierte Väter gegen eine Überbetonung ihrer Ernährerfunktion und Versorgerrolle im gesellschaftlichen Bewusstsein, da sie sich durch eben diese Überbetonung im innerfamiliären Bereich als „randständig und inkompetent erleben" (Kallenbach 1996, 79). Auch die den Vätern zugedachte bzw. zugebilligte *Erziehungsfunktion* erfuhr in den letzten Jahrzehnten einige Modifikationen. Während sich die Bindungsforschung in den Sechzigerjahren noch überwiegend auf die Mutter-Kind-Beziehung konzentrierte und dem Vater eher die Rolle der „Unterstützung der Mutter" (Bowlby 1972, 13) zudachte, kamen schon Studien in den Siebziger- und Achtzigerjahren zu der Erkenntnis, dass Mutter und Vater prinzipiell gleichrangig am Erziehungsprozess beteiligt sein sollten (vgl. z.B. Fthenakis 1985b; Wenzel 1987). Allerdings wurde parallel dazu festgestellt, dass eine mangelnde Bereitschaft der Väter vorliegt, Erziehungsfunktionen auch tatsächlich zu übernehmen (vgl. Lamb 1997, 43). So verbringen Väter noch immer deutlich weniger Zeit mit ihren Kindern und engagieren sich bisher auch nur in Teilbereichen elterlichen Handelns stärker (vgl. Laucht 2003, 235). Bei der Einfindung in die Geschlechtsrolle wie auch in soziale Rollen bietet der Vater seinen Kindern allerdings in gleicher Weise wie die Mutter Anregungen für das Selbstkonzept und die eigene Identität, hier insbesondere für die Söhne (vgl. Petzold 1994, 62). Insofern übernimmt er die *Funktion eines Identifikationsobjekts* für seine Kinder.

Die Bedeutung des Vaters für die Kindesentwicklung

Die Vater-Kind-Bindung

Die „neuere" Väterforschung vertritt grundsätzlich – entgegen den traditionellen Vorstellungen der Psychoanalyse und der Bindungstheorie, die den Vätern lediglich für die spätere Entwicklung ihrer Kinder einen Einfluss zugestanden – die These, dass Väter in Bezug auf den Umgang mit Säuglingen und Kleinkindern durchaus interessierte, sensible und kompetente

Verhaltensweisen zeigen und genauso wie Mütter in der Lage sind, ein Kind von Geburt an mit der notwendigen Sensibilität angemessen zu betreuen (vgl. Fthenakis 1985b, 157). Nach Petzold (vgl. 1994, 64) bestätigt die „neuere" Vaterforschung, dass Väter erstens bei der Interaktion mit Neugeborenen und Säuglingen nicht nur im Verhalten, sondern auch auf physiologischer Ebene äußerst sensibel reagieren und dass zweitens die Väter – ähnlich wie die Mütter – über bestimmte biologische Prädispositionen als Bezugsperson verfügen. Matzner (vgl. 1998, 19) merkt jedoch kritisch an, dass in der herkömmlichen Bindungsforschung vorwiegend in quantitativer Ausrichtung isoliert die Mutter-Kind-Beziehung und die Vater-Kind-Beziehung untersucht wird und Faktoren wie die Paarbeziehung in ihren Auswirkungen auf das Bindungsverhalten des Kindes, familiäre Organisationsformen, Grad der Verfügbarkeit des Vaters und der Mutter sowie Kontextvariablen wie Familiengröße und Zahl der Geschwister usw. vernachlässigt werden. Erst neuere Studien schaffen hier Abhilfe durch differenzierte Forschungspläne, in denen davon ausgegangen wird, dass die Einflüsse in einer Familie weder einseitig von der Mutter bzw. vom Vater noch bidirektional, d.h. vom Vater zum Kind bzw. vom Kind zum Vater, sondern transaktional zwischen den Familienmitgliedern verlaufen (vgl. Schülein 1994, 89ff.; Werneck 1997, 276ff.). Darüber hinaus muss berücksichtigt werden, dass das System Familie in weitere außerfamiliäre Systeme eingebunden ist, wodurch eine wechselseitige Beeinflussung von Familie und Gesellschaft erfolgt (vgl. Schmidt-Denter 1984, 39).

Heute geht man davon aus, dass Säuglinge über eine Reihe von charakteristischen Verhaltensweisen verfügen, die als Signale gegenüber der jeweiligen Bezugsperson dienen, mit der Funktion, eine enge Bindung herzustellen. Es hängt nun von der Kompetenz, Sensitivität und Empathie der jeweiligen Betreuungsperson ab, eine angemessene Reaktion zu zeigen, um somit den Aufbau eines Kommunikationssystems zu ermöglichen (vgl. Petzold 1994, 63). Es stellt sich die Frage, ob Väter diese von den Kindern gesendeten Signale genauso oder anders wahrnehmen, realisieren und umsetzen als Mütter. Hier zeigen verschiedene Studien und Untersuchungen, dass Väter auf Signale von Säuglingen und Kleinkindern durchaus sensibel reagieren, der Unterschied aber darin liegt, dass Väter im Allgemeinen vorsichtiger mit dem Kind umgehen. Die Väter in diesen Studien erwiesen sich nicht nur als emphatisch und feinfühlig, sondern sie waren zugleich auch kompetent und erfolgreich (vgl. Werneck 1998, 15).

Laut Dodson (vgl. 1991, 18f.) ist es unbedingt notwendig, die Vater-Kind-Bindung unmittelbar nach der Geburt zu entwickeln und zu fördern, da der entscheidende Faktor bei der Formierung der Persönlichkeit des Kindes sein Selbstverständnis[1] ist, dessen Grundlagen im Wesentlichen im ersten

Lebensjahr entwickelt und vom Kind selbst erlernt werden. Die Anbahnung und Entwicklung der Vater-Kind-Beziehung wird begünstigt durch engen körperlichen Kontakt, der starke Gefühle verursachen kann, und durch die Beteiligung des Vaters an der Pflege und Betreuung des Kindes.

Zudem zählen die ersten fünf Jahre des Kindes insgesamt zu den wichtigsten und bedeutsamsten bezüglich der Entfaltung seines Persönlichkeitsbildes[2].

Bereits ein intensives Miterleben der Schwangerschaft ermöglicht es dem Vater, schon vor der Geburt einen Kontakt zum Kind aufzubauen, der sich positiv auf die direkte Beziehungsanbahnung nach der Geburt auswirkt (vgl. Richter und Verlinden 2000, 13).

Der Einfluss des Vaters auf die kognitive Entwicklung des Kindes

Aktuelle Forschungsergebnisse belegen, dass einem männlichen Rollenmodell in der häuslichen Umgebung eine wichtige Bedeutung bei der Entwicklung kognitiver Kompetenzen zukommt (vgl. Biller und Kimpton 1997, zit. nach Laucht 2003, 237). Fthenakis zufolge ist generell „das Ausmaß väterlichen Engagements positiv mit den kognitiven Leistungen des Kindes verknüpft" (1985b, 320). Einen bedeutenden Einfluss hat der Vater dabei auf die intellektuelle Entwicklung seines Sohnes. Das größere Ausmaß dieses Einflusses im Fall männlicher Kinder wird durch eine stärkere Identifikation von Söhnen mit ihren Vätern erklärt, während für Mädchen in erster Linie die Mutter diese Rolle einnimmt (vgl. Schneider 1989, 85).

Bei Töchtern sind in diesem Zusammenhang keine eindeutigen Ergebnisse zu beobachten, was „in der ambivalenten Haltung der Väter gegenüber ihren Töchtern im Leistungsbereich begründet sein könnte" (Schneider 1989, 86). Ein Zuviel an väterlicher Wärme kann allerdings die intellektuelle Entwicklung von Mädchen behindern, wohingegen maßvolle Distanz und Autonomie fördernd wirken können (vgl. Fthenakis 1985b, 318). Durch Fürsorge und freundliche – aber die kindliche Autonomie nicht einschränkende – Zuwendung, vermittelte Kompetenz sowie Dominanz der Väter, verbunden mit einem demokratischen Führungsstil, wird die kognitive Entwicklung, speziell eine hohe Leistungsmotivation, begünstigt. Mangelndes Selbstvertrauen, berufliche Unzufriedenheit, autoritärer Erziehungsstil, Restriktivität und Zurückweisung seitens der Väter hingegen wirken sich deutlich negativ auf die Intelligenzentwicklung der Söhne und teilweise auch auf die der Töchter aus (vgl. Fthenakis 1985b, 320).

Der Einfluss des Vaters zeigt sich ebenso im Zusammenhang zwischen der Häufigkeit und Qualität von Vater-Kind-Interaktionen und dem kognitiven Entwicklungsstand des Kindes (vgl. Werneck 1998, 18; Laucht 2003, 237).

Der Einfluss des Vaters auf die sozial-emotionale Entwicklung des Kindes

Verschiedene Untersuchungen deuten auf einen Einfluss der Einstellungen und Verhaltensweisen des Vaters auf die sozial-emotionale Entwicklung des Kindes hin. So zeigen sich Zusammenhänge und Wechselwirkungen zwischen väterlicher Zuwendung, Beteiligung an der Betreuung, liebesorientierter Disziplinierung, generell positiver Einstellung zum Kind auf der einen Seite und moralisch reifem Verhalten auf der anderen Seite (vgl. Werneck 1998, 17).

> *„Hoffman (1981) vertritt die Meinung, daß nur einer der Faktoren, die innerhalb der moralischen Entwicklung bedeutsam sind, an das Geschlecht des Elternteils gebunden ist, der Faktor ‚Identifikation‘. So sind nach Hoffman (1981) in diesem Bereich Väter für ihre Söhne wichtiger als für ihre Töchter, da Söhne sich normalerweise eher mit dem Vater identifizieren als mit der Mutter und damit auch dessen Moralvorstellungen übernehmen" (Fthenakis 1985b, 306).*

Die Relevanz des Vaters für die sozial-emotionale Entwicklung des Kindes zeigt sich vor allem, wenn man Studien über die Abwesenheit von Vätern berücksichtigt. Hier zeigt sich, dass die Abwesenheit des Vaters „mit einer hohen Kriminalitätsrate der Söhne positiv korreliert" (Lamb 1997, 18).

Die Bedeutung des Vaters für Säuglinge und Kleinkinder als wichtige Identifikationsfigur wird in neueren entwicklungspsychologischen Ansätzen anerkannt (vgl. Petzold 1994, 62). Neugeborene haben ein ausgeprägtes Bedürfnis nach personal-emotionaler Bindung. Diese Bindung ist nicht biologisch determiniert, sondern Ausdruck einer Beziehung zwischen Kind und Erwachsenem. Zum Aufbau einer solchen Beziehung besitzen beide Elternteile entsprechende Verhaltensbereitschaft.

> *„Um für das Kind zur ‚Bindungsfigur‘ zu werden, ist das rein zeitliche Ausmaß an gemeinsamer Interaktion nicht ausschlaggebend. Hier reicht eine gewisse Kontinuität in den Kontakten aus" (Kallenbach 1996, 90).*

Bei einer konstanten Beteiligung des Vaters an der Kindeserziehung ist demnach von einer tiefen emotionalen Entwicklung des Kindes auszugehen (vgl. Schneider 1989, 81f.). Für die emotionale Beziehung und Entwicklung des Kindes ist also nicht die Quantität, sondern vielmehr die Qualität der Interaktion zwischen Vater und Kind entscheidend, wobei sich Sensitivität für kindliche Belange, emotionale Wärme und Zuneigung des Vaters als besonders wichtige Dimensionen bewährt haben (vgl. Kallenbach 1996, 90).

Der Übergang zur Vaterschaft

Konzepte des Übergangs

Im Verlauf der Elternforschung sind die unterschiedlichsten Sichtweisen des Übergangs zur Elternschaft entstanden. Im Folgenden sollen die wichtigsten theoretischen Ansätze und Konzepte zum Übergang zur Elternschaft – insbesondere zur Vaterschaft – vorgestellt werden:

❏ *Konzept der Krise:* Es handelt sich hierbei um systematische Studien zum Übergang zur Elternschaft basierend auf familiensoziologischen Untersuchungen von Hill (1949) und LeMasters (1957), nach denen das Hinzukommen eines neuen Familienmitgliedes eine tief greifende Veränderung für das Familiensystem darstellt. Die Veränderungen im Zuge einer derartigen Familienerweiterung werden grundsätzlich als krisenhaft dargestellt (vgl. Werneck 1998, 26).

❏ *Konzepte der phasenspezifischen Entwicklungsaufgabe:* Der Begriff der Krise wird hier gänzlich vermieden, nicht zuletzt aufgrund seines semantisch irreführenden Charakters. Vielmehr wird von einem Übergang zur Elternschaft im Sinne einer phasenspezifischen Entwicklungsaufgabe gesprochen. Dabei wird – im Gegensatz zu beschriebenem Krisenkonzept – die Möglichkeit einer positiven und erfolgreichen Bewältigung einer frühen Elternschaft betont (vgl. Werneck 1998, 27).

❏ *Konzepte der kritischen Lebensereignisse:* Der Übergang zur Elternschaft wird hier als ein kritisches Lebensereignis bezeichnet, bei dem es sich um schwerwiegende Eingriffe in den bisherigen Alltag des Paares handelt, die eine Umorientierung der betreffenden Personen in ihrem Handeln und Denken erfordern (vgl. Werneck 1998, 27). Es wird allerdings offen gelassen, ob es sich um ein „bedrohliches, kritisches Lebensereignis (mit Krise), oder um ein entwicklungsförderndes, bedeutsames Lebensereignis (mit Bewältigung) handelt" (Gauda 1990, 14).

❏ *Stresstheoretische Ansätze:* Es handelt sich hier um Untersuchungen mehr oder weniger erfolgreicher Bewältigungsstrategien und Bedingungsfaktoren von Stress. Besonderes Augenmerk wird auf das soziale Netzwerk gelegt. Den Eltern wird jedoch ein relativ breiter Raum für eigene, aktive Gestaltungsmöglichkeiten zur Stressbewältigung eingeräumt. Mittels dieser Ansätze erklären sich die empirisch häufig festgestellten Unterschiede in der Wahrnehmung des Übergangs zur Elternschaft (vgl. Werneck 1998, 28).

❏ *Prozessorientierte Ansätze:* Diese Konzepte gehen davon aus, dass es sich bei Faktoren wie Kinderwunsch, Konzeption, Schwangerschaft,

Geburt und dem Erleben der Eltern während der ersten postnatalen Zeit ihres Kindes um voneinander abhängige kontinuierliche Prozesse handelt, die aber in nur einem Kontext betrachtet und analysiert werden sollen (vgl. Werneck 1998, 28).

Phasen des Übergangs zur Elternschaft

Um den Prozesscharakter des Übergangs zur Elternschaft zu verdeutlichen, entwickelte Gloger-Tippelt (1985) „auf der Basis von Metaanalysen vorliegender Studienergebnisse ein ‚Phasen-Modell des Übergangs zur Elternschaft', das als eine Heuristik dienen soll, in welche weitere Forschungsergebnisse eingeordnet werden können" (Vonderlin 1999, 19).

Eine Einteilung in Zeitabschnitte folgt hier nicht der verbreiteten medizinischen Unterscheidung von Trimestern oder Schwangerschaftsmonaten. Stattdessen wird eine Abfolge von idealtypischen psychologischen Phasen vorgeschlagen (vgl. Gloger-Tippelt 1988, 59)

Gloger-Tippelt unterscheidet dabei acht qualitativ verschiedene Mikroschritte, „in invarianter Reihenfolge, aber mit der Möglichkeit eines Oszillierens zwischen zwei typischen Verarbeitungsschritten und von Überlappungen verschiedener vorherrschender Zustände" (Werneck 1998, 28):

1. *Verunsicherungsphase (bis zur 12. Schwangerschaftswoche):* Die psychische Auseinandersetzung mit einer vorliegenden Schwangerschaft – und damit die Phase einer Verunsicherung – beginnt nicht mit dem Zeitpunkt der Konzeption, sondern erst dann, wenn erste Erwartungen oder Befürchtungen über eine mögliche Schwangerschaft auftreten, bzw. endgültig dann, wenn eine positiv ausfallende medizinische Schwangerschaftsdiagnose vorliegt. Die erlebte Verunsicherung hängt dabei stark von einer erwünschten bzw. geplanten Schwangerschaft ab (vgl. Gloger-Tippelt 1988, 77). So hat sich die Annahme, dass eine nicht geplante Schwangerschaft die krisenhafte Wirkung der Ankunft des neuen Familienmitglieds verstärkt, weitgehend bestätigt.

   Eine verbreitete These besagt, dass in unserer Kultur nur wenige und sehr undifferenzierte Erwartungen an den Mann im Übergang zur Vaterschaft gestellt werden und dieser aus diesem Grund eine größere Verunsicherung und Konfrontation erlebt. Allerdings ist eine prinzipielle Anteilnahme des Partners am Schwangerschaftsgeschehen sowie seine Vorbereitung und Unterstützung unabdingbar für einen günstigen Übergang zur Elternschaft.

   Neben den psychischen Verunsicherungen treten in dieser Phase auch bereits physische Verunsicherungen auf, die durch Veränderungen des

Hormonhaushaltes und des physiologischen Bereichs bedingt sind und sich als Müdigkeit, morgendliche Übelkeit, Erbrechen und andere psychosomatische Beschwerden äußern (vgl. Gloger-Tippelt 1985, 70)

2. *Anpassungsphase (12. bis 20. Woche):* Nachdem sich die ersten Wochen durch eher krisenhaften Situationen auszeichnen, folgt ab ungefähr der 12. Schwangerschaftswoche eine ruhigere Zeit mit emotionalen und kognitiven Anpassungen. Dazu tragen sowohl das Nachlassen der körperlichen Schwangerschaftsbeschwerden als auch die Ergebnisse einer ersten psychischen Verarbeitung bei. Zu diesem Zeitpunkt stehen für den Mann Faktoren wie die Bildung eines Selbstkonzeptes als zukünftiger Vater im Vordergrund. Eine positive Bewertung der Schwangerschaft trägt dazu bei, dass er die Partnerin unterstützt. Erleichtert wird die Umstellung auf die zukünftige Vaterschaft durch eine erlebte Unterstützung durch das soziale Umfeld (vgl. Gloger-Tippelt 1985, 71).

3. *Konkretisierungsphase (20. bis 32. Woche):* Der in der Anpassungsphase begonnene Verarbeitungsprozess wird hier in qualitativer Weise vertieft. Die Frau registriert in dieser Phase zum ersten Mal Bewegungen des Kindes, die mit Gefühlen der Freude und der Erleichterung einhergehen und mit dem Vater geteilt werden. Das nun auch meist sichtbare biologische Wachstum – und damit auch die soziale Wahrnehmung – fördern bei beiden Elternteilen das Entstehen einer Vorstellung von sich als werdende Eltern, was zu einer Stärkung des Selbstvertrauens und der persönlichen Kompetenz führt. Die Rolle als zukünftige Mutter und als zukünftiger Vater lassen andere Rollen in den Hintergrund treten (vgl. Gloger-Tippelt 1985, 72).

4. *Phase der Antizipation und Vorbereitung auf die Geburt und das erwartete Kind (32. Woche bis zur Geburt):* Zum Ende der Schwangerschaft treten biologische Merkmale wie eine maximale Bauchdehnung, zunehmende körperliche Belastungen usw. auf. Gleichzeitig finden Veränderungen auf psychologischer Ebene statt. Es lässt sich eine innere Bereitschaft zur Beendigung der Schwangerschaft sowie eine Antizipation und Vorbereitung in Bezug zur nahenden Entbindung beobachten. So werden Geburtsvorbereitungskurse besucht und die Wohnung bzw. das Kinderzimmer wird entsprechend hergerichtet (vgl. Gloger-Tippelt 1985, 73). Hier spielt vor allem der Vater eine besondere Rolle. Untersuchungen zeigen, dass sich die Beteiligung von Vätern an Geburtsvorbereitungskursen nicht nur auf die Situation des Geburtsvorganges selbst auswirkt, sondern dass auch eine weitaus stärkere Beteiligung des Vaters an der Pflege des Säuglings bzw. Kleinkindes vorliegt (vgl. Petzold 1994, 69).

5. *Geburtsphase:* Bei der Geburt handelt es sich um den Kulminations- und Wendepunkt für die Familienentwicklung. Die Geburt wird im Hinblick auf die psychische Vorbereitung sowohl als biologischer Vorgang als auch als soziale Situation betrachtet. Es besteht damit eine Korrelation von körperlichen und psycho-sozialen Faktoren. Das Geburtserleben der Väter ist für die emotionale Unterstützung der Frau und die Bildung einer emotionalen Beziehung zum Kind besonders bedeutsam (vgl. Gloger-Tippelt 1985, 75; Petzold 1994, 69f.)

6. *Erschöpfungsphase (Geburt bis zum 2. Lebensmonat):* Diese Phase ist für Mann und Frau durch die vollkommene Einstellung auf die Bedürfnisse und Wünsche des Neugeborenen gekennzeichnet. Dies führt zu einem Bruch mit dem vorherigen Alltagsleben, was zwar antizipiert, jedoch noch nicht konkret erfahren wurde (vgl. Gloger-Tippelt 1985, 74f.).

„Für die Partnerbeziehung stellen die ersten Wochen nach der Geburt eine Übergangssituation dar, die sowohl durch Glücksgefühle als auch durch Unsicherheit im Umgang mit dem Kind bestimmt ist" (Gloger-Tippelt 1985, 75).

So zeigen sich bei Vätern in den ersten vier Tagen nach der Geburt mitunter ungewohnte Zustände der emotionalen und kognitiven Überwältigung. Untersuchungen zufolge können sich einige wenige Väter diesen intensiven Gefühlen entziehen, sie berichteten aber über Konzentrationsstörungen, Vergesslichkeit, Depressionen, Ess- und Schlafstörungen, Spannungen und Sorgen um das Kind (vgl. Gloger-Tippelt 1988, 99).

7. *Phase der Herausforderung und Umstellung (bis zum 6. Lebensmonat):* Der Vater macht seine ersten Erfahrungen mit dem Säugling. Erstmalig bilden sich die Strategien für die individuelle Erfüllung der Vaterrolle. Die Entwicklung des Kindes bildet hier die Grundlage für die veränderten Anforderungen an Vater und Mutter (vgl. Gloger-Tippelt 1985, 76).

8. *Phase der Gewöhnung und Normalisierung (ab dem 6. Lebensmonat):* In der ersten Zeit nach der Geburt auftretende Gefühle einer zusätzlichen Anspannung und Belastung weichen nach und nach einer relativen Entspannung, einer stärkeren Sicherheit im Umgang mit dem Kind und einer Gewöhnung an die Situation. Der Vater beginnt eine gewisse Routine des Alltagsablaufs zu entwickeln (vgl. Gloger-Tippelt 1985, 78).

Sozioökonomische Faktoren

Im Folgenden sollen kurz empirische Befunde über Zusammenhänge des Übergangs zur Vaterschaft mit sozioökonomischen bzw. soziodemographischen Faktoren wie dem Alter, der Wohnsituation, der Bildung und der finanziellen Situation der Väter skizziert werden.

Auswirkungen des Alters

Das Alter sowohl der Mutter als auch des Vaters hat einen deutlichen Einfluss auf das Erleben und Handeln im Übergang zur Elternschaft. Dabei wirken sich die mit einem höheren Alter der Eltern verbundenen Faktoren wie Geplantheit der Schwangerschaft oder auch ein höherer sozioökonomischer Status meist positiv aus, während andere mit dem Alter verbundene Kriterien auf die Elternschaft einen eher belastenden Charakter zeigen (vgl. Werneck 1998, 32). So zeigt sich, dass Paare, die in einer länger bestehenden und stabileren Partnerschaft stehen und deshalb in der Regel viele Lebensgewohnheiten bereits verfestigt haben, größere Umstellungs- und Anpassungsprobleme im Verlauf des Übergangs zur Elternschaft haben als jüngere Eltern, die Untersuchungen zufolge wesentlich flexibler reagieren (vgl. Werneck 1998, 33). Adler u.a. (1994, 22) verdeutlichen dieses durch ihre Studie zur Veränderung in der Paardynamik:

> *„Während das Alter der Mutter keinen Einfluß auf die Paardynamik nimmt, erfahren insbesondere Paare mit einem relativ alten Vater nach der Geburt Probleme durch mangelndes Verbundenheitsgefühl, Kommunikationsschwierigkeiten und einen ungünstigen Umgang mit Kontrollverhalten."*

Aber auch bereits während der Schwangerschaft berichten Frauen mit einem älteren Partner vermehrt über Schwierigkeiten im emotionalen Austausch. Ältere Männer kritisieren an ihrer Partnerin hingegen, dass diese Ansprüche an sie stellt, die sie selbst nicht erfüllen kann (vgl. Adler u.a. 1994, 20).

Auch nach der Geburt des Kindes zeigen sich Auffälligkeiten. Hier ist ein deutlicher Zusammenhang zwischen dem Alter und der Pflegefunktion des Vaters erkennbar. Während sich Väter mit zunehmenden Alter immer weniger an der Pflege des Kindes beteiligen, engagieren sich jüngere Väter außerordentlich stark und widmen sich den Säuglingen und späteren Kleinkindern auf besonders intensive Art und Weise (vgl. Schmidt-Denter 1984, 169).

Auswirkungen der Wohnsituation

Auch die Wohnsituation kann sich auf den Übergang zur Vaterschaft auswirken. Hier spielt es eine Rolle, ob die Eltern in einer ländlichen oder städtischen Umgebung leben. Untersuchungen belegen, dass sich Väter, die in einer städtischen Umgebung leben, generell mehr an der Kindeserziehung und -betreuung beteiligen als Väter in ländlichen Gebieten (vgl. Werneck 1998, 33). Diese Ergebnisse sind unserer Ansicht nach allerdings differenziert zu betrachten, da Väter, die in ländlichen Familien leben, oft einen weiten Weg zur Arbeit haben und deshalb u.U. auch erst später zu Hause sind, wenn das Kind schon schläft.

Ein weiteres Faktum ist die Größe des Wohnraumes. Eine beengende Wohnsituation kann sicherlich ein belastender Faktor sein, aufgrund dessen viele Eltern sich in der Regel nach größerem Wohnraum umsehen. So zeigt sich in der Düsseldorfer Längsschnittstudie, dass 75% aller beteiligten Eltern in den ersten sechs Lebensjahren ihrer Kinder mindestens einmal umgezogen sind (vgl. Petzold 1994, 66).

Auswirkungen des Bildungsgrades

Es liegen Hinweise dafür vor, dass ein Zusammenhang zwischen väterlichem Engagement und dem Bildungsstand des Vaters besteht. So zeigen Väter mit einem Hochschulabschluss einerseits größere Einsatzbereitschaft bei der Kindeserziehung und bei der Hausarbeit, andererseits aber auch ein stärkeres Problembewusstsein und damit einhergehend auch eine größere Belastungswahrnehmung (vgl. Petzold 1995, 55).

Auswirkungen der finanziellen Situation

Auswirkungen der finanziellen Situation sowohl des Vaters als auch der Mutter stellt Petzold (vgl. 1994, 71ff.) fest. So konnte in Pfadanalysen ein direkter Zusammenhang zwischen dem Einkommen der Eltern und den positiven Erfahrungen des Mannes in seiner Vaterrolle nachgewiesen werden. Rost und Schneider (vgl. 1995, 192) verweisen diesbezüglich auf die teilweise recht hohen Einkommensverluste, die durch einen zumindest vorübergehenden Wegfall des mütterlichen Einkommens aufgrund der Schwangerschaft bedingt sind und einen nicht zu unterschätzenden Belastungsfaktor darstellen. Das Haushaltsnettoeinkommen dieser Eltern liegt durchschnittlich um 20% unter dem kinderloser Paare.

Auswirkungen des Geschlechts des Kindes

Ob die Partnerin einen Jungen oder ein Mädchen auf die Welt bringt, hat deutliche Auswirkungen auf das Erleben und Handeln des Vaters. Das Geschlecht des Kindes beeinflusst vor allem die Interaktion zwischen Vater bzw. Mutter und Kind (vgl. Parke 1982, 56).

Bereits vor der Geburt haben viele Väter klare Vorstellungen vom Geschlecht ihres Kindes, vor allem wenn es sich um das Erstgeborene handelt. Parke (vgl. 1982, 54) fand in den Achtzigerjahren heraus, dass auf einen Vater, der sich ein Mädchen wünscht, vier Väter kommen, die sich einen Jungen wünschen. Allerdings zeigt sich in neueren Untersuchungen, dass sich diese Ergebnisse heute, zumindest in den westlichen Industriestaaten, nicht mehr bestätigen lassen (vgl. Adler u.a. 1994, 16).

Schon Babys werden von Vätern in Abhängigkeit ihres Geschlechts unterschiedlich behandelt. Untersuchungen zufolge berühren Väter noch in der

Klinik ihre neugeborenen Söhne deutlich mehr und sprechen sie auch mehr an als ihre neugeborenen Töchter. Väter reagieren stärker auf die Lautäußerungen ihrer Söhne und versuchen ferner häufiger ihre Söhne durch Bewegen der Flasche zum Trinken zu animieren (vgl. Parke 1982, 55). Kallenbach (vgl. 1996, 89) bestätigt dies und geht davon aus, dass es sich hier um früheste Formen einer Geschlechtsrollentypisierung handelt. Insgesamt zeigen Väter zwar mehr Zuneigung ihren Töchtern gegenüber, stimulieren und berühren in Betreuungs- und Spielsituationen aber häufiger ihre Söhne. Väter möchten bei ihren Söhnen vermehrt die intellektuelle und körperliche Entwicklung fördern, während die Förderung der intellektuellen Entwicklung der Töchter doch eher in den Aufgabenbereich der Mütter fällt. Des Weiteren verbringen Väter generell mehr Zeit mit ihren Söhnen als mit ihren Töchtern. Auch spielen Väter mit ihren Söhnen andere Spiele – so z.B. Hochwerfen und Hochheben – als mit ihren Töchtern.

Das Geschlecht des Kindes hat aber nicht nur Einfluss auf die Vater- bzw. Mutter-Kind-Interaktion. So beobachteten Adler u.a. (1994, 17) Einflüsse des kindlichen Geschlechts auf die Paardynamik:

> *„Interessanterweise beeinflusst das Geschlecht des Kindes die partnerschaftliche Zufriedenheit. Vielleicht hat die Geburt eines Jungen in der Gesellschaft doch immer noch einen höheren Stellenwert als die eines Mädchens [...]“.*

Auswirkungen auf die Partnerschaft

Die Qualität der Partnerschaftszufriedenheit hat einen hohen Einfluss auf die Bewältigung des Übergangs zur Vaterschaft. Die Art und Weise, wie die Eltern miteinander umgehen, beeinflusst in beträchtlichem Ausmaß das Erleben der Vaterschaft und kann zudem Auswirkungen auf die spätere Eltern-Kind-Beziehung haben (vgl. Werneck 1998, 35).

Huwiler (vgl. 1995, 56, zit. nach Werneck 1998, 35) sieht in diesem Zusammenhang die Gefahr, dass sich der Vater bei einer unzufrieden erlebten Partnerbeziehung nicht nur von seiner Frau, sondern im Zuge dessen auch von seinem Kind emotional distanziert und somit seine Vaterrolle vernachlässigt.

Studien zeigen hier ein Absinken der durchschnittlich empfundenen Partnerschaftszufriedenheit in der Zeit um die Geburt (vgl. Fthenakis 1999, 43). Die massivsten Veränderungen und damit einhergehend auch das größte Konfliktpotenzial erfährt die Paarbeziehung allerdings ab dem zweiten bis dritten Monat nach der Niederkunft (vgl. Gloger-Tippelt 1985, 77f.). In dieser Zeit ist eine Beeinträchtigung der Partnerschaftsbeziehung vor allem in den Bereichen Zärtlichkeit und Glücksempfinden festzustellen (vgl. Gloger-Tippelt u.a. 1995, 265).

Es sei aber darauf verwiesen, dass der Rückgang der ehelichen Zufriedenheit nach der Geburt vermutlich nicht nur auf die Niederkunft zurückgeführt werden kann,

„sondern in allen eheähnlichen Beziehungen ein Rückgang der Zufriedenheit mit der Partnerbeziehung zu verzeichnen ist. Darüber hinaus muß beachtet werden, daß sich die Probleme des Übergangs zur Elternschaft vermutlich nicht allein in den ersten Lebensmonaten, sondern vielleicht erst in späteren Jahren auf die eheliche Zufriedenheit auswirken" (Petzold 1994, 69).

Noch fünf Jahre nach der Geburt des Kindes zeigen sich negative Tendenzen bezüglich der ehelichen Zufriedenheit, hier insbesondere der Väter (vgl. Petzold, 1990, 101). Die Partnerschaftszufriedenheit des Mannes hängt eng mit der partnerschaftlichen Sexualität zusammen, während die der Frau eher mit anderen partnerschaftsbezogenen Bedürfnissen korreliert (vgl. Petzold 1994, 68f.).

So fühlen sich Männer von ihren Frauen häufig als körperlich unattraktiv wahrgenommen und empfinden eine geringe Erfüllung ihrer sexuellen Wünsche (vgl. Petzold 1994, 68).

Allgemein lässt sich sagen, dass die Qualität der partnerschaftlichen Zufriedenheit davon abhängt, inwieweit es den Partnern gelingt, ein für beide Seiten akzeptables Rollenmanagement sowohl innerhalb als auch außerhalb der Partnerschaft zu finden (vgl. Bauer 1992, 97). Von Klitzing (1994, 58) verweist hier auf die Ergebnisse der Baseler Längsschnittstudie, die aufzeigen, dass es besonders günstig für werdende Eltern ist,

„wenn ihre Partnerschaft von Offenheit und Durchlässigkeit geprägt ist, wenn der kognitive und emotionale Dialog untereinander ein wichtiger Bestandteil der Beziehung ist, und wenn dies zu einer Angleichung von innerlichen Positionen führt, so daß die Partnerschaft nicht durch ungeklärte Konflikte und starre komplementäre Positionen der Partner geprägt ist."

Ein weiterer Einflussfaktor für die Partnerschaftszufriedenheit ist eine geplante bzw. ungeplante Schwangerschaft. Bei den Vätern nicht geplanter Kinder nimmt die Zufriedenheit mit der Partnerschaft sogar nach der Geburt weiterhin ab. Dies ist möglicherweise begründbar durch den Umstand, dass für Väter ihr Baby erst mit der Geburt wirklich präsent ist und sie sich auch erst dann mit anfallenden Problemen auseinander setzen (vgl. Adler u.a. 1994, 21).

Einflussfaktoren der sozialen Netzwerke

Einerseits wird der Kontakt eines Paares zu seinem sozialen Umfeld durch die Schwangerschaft und die Geburt des Kindes beeinflusst, andererseits wirkt sich die Unterstützung der sozialen Netzwerke in Form von Freunden, Bekannten und Verwandten auf das Erleben und Handeln von Vater und Mutter aus (vgl. Adler u.a. 1994, 19).

Vergleicht man allerdings die Ergebnisse verschiedener Studien, zeigen sich doch recht widersprüchliche Ergebnisse. So zeigen die Untersuchungen von Werneck (vgl. 1997, 280), dass vor allem in dem halben Jahr um die Geburt des Kindes eine signifikante Einschränkung des Freundes- und Bekanntenkreises stattfindet, gemessen an der Anzahl der in der Freizeit regelmäßig getroffenen Freunde, Bekannten oder Kollegen. Adler u.a. (vgl. 1994, 19) kommen zu dem differenzierteren Ergebnis, dass der Kontakt mit Freunden weitgehend unverändert bleibt, zu Bekannten aber doch eher abnimmt. Gleichzeitig zeigt sich eine recht eindeutige Tendenz der Mütter, den Kontakt zur Verwandtschaft zu intensivieren (vgl. Adler u.a. 1994, 22).

Rost und Schneider hingegen fanden bei einem Vergleich von Paaren mit Kindern und kinderlosen Paaren in etwa die gleichen Veränderungen bezüglich ihres Bekanntenkreises und kommen zu dem Schluss, dass „die These einer Verkleinerung des Bekanntenkreises infolge des Übergangs zur Elternschaft nicht bestätigt werden kann" (1995, 186).

Die Unterstützung durch das soziale Netzwerk hat jedoch nicht nur positive Aspekte. So gehen angebotene Hilfestellungen oft einher mit einem Gefühl der Kontrolle, unter Druck zu stehen oder eine Verpflichtung dem Helfenden gegenüber einzugehen (vgl. Werneck 1998, 38). Auch Schwiegereltern, die sich helfend aufdrängen, können zu einem „Problemfall" werden.

Aber so, wie sich angebotene Hilfestellungen nicht unbedingt positiv auf den Verlauf der Elternschaft auswirken, muss sich ein Mangel an sozialer Unterstützung nicht zwangsläufig negativ auf den Übergang zur Vaterschaft auswirken. Adler u.a. (vgl. 1994, 20) berichten, dass Väter, die nur eine geringe soziale Unterstützung erfahren haben, durchweg ein stärkeres Engagement in der Kindesbetreuung zeigen. Auch zeigt sich hier eine größere Zufriedenheit mit der Paarbeziehung (vgl. ebd. 1994, 20). Ob sich nun allerdings die mangelnde soziale Unterstützung positiv auf die Paarbeziehung sowie das Erleben und Handeln während des Übergangs zur Elternschaft auswirkt, oder ob aufgrund einer gut funktionierenden Partnerschaft keine zusätzliche Unterstützung des sozialen Umfeldes nötig ist, bleibt bis dato offen.

Die Anwesenheit des Vaters bei der Geburt

Die ersten Untersuchungen und Studien, die sich mit dem komplexen psychischen Geschehen während der Schwangerschaft und der Geburt befassten, entstanden Mitte der Siebzigerjahre (vgl. Fthenakis 1985b, 147). Insbesondere die Entdeckung der Bedeutung des Vaters für die kindliche Entwicklung hatte hier einen impulsiven Charakter. Themen wie die Anwesenheit des Vaters bei der Geburt, seine Rolle und Probleme im Kreiß- und Operationssaal sowie die Auswirkung des Geburtserlebnisses und eines frühen Vater-Kind-Kontaktes auf die Partner- und die Eltern-Kind-Beziehung wurden zum Untersuchungsgegenstand.

Heute wird die Teilnahme des Vaters am Geburtsvorgang durchgehend als sehr positiv beurteilt, auch wenn sich viele Väter unsicher hinsichtlich ihrer Funktion im Kreißsaal sind. Für die meisten Väter ist es nicht nur selbstverständlich, sondern auch gewollt, an der Geburt des Kindes teilzuhaben (vgl. Fthenakis 1985b, 149). Untersuchungen von Richter und Verlinden (vgl. 2000, 14) haben hier eine Beteiligung von 87% der heutigen Vätergeneration nachgewiesen:

„Dieses gemeinsame Erleben begünstigt die Entstehung eines Familiensystems, in dem von Anfang an alle Beteiligten in Kontakt miteinander sind. Es fördert das Entstehen einer Triade und mindert die Bildung eines Mutter-Kind-Systems, das für den Vater wenig Platz läßt."

Hinsichtlich der Funktion des Vaters im Kreißsaal lassen sich drei unterschiedliche Aspekte herausstellen (vgl. Fthenakis 1985b, 149; Werneck 1998, 14). Diese sind aber nicht als voneinander abgegrenzt zu sehen, sie überschneiden sich vielmehr:

1. Der Vater tritt als eine Art „Puffer" zwischen seiner Partnerin und dem Klinikpersonal auf.

2. Er gibt seiner Partnerin durch kontinuierliche Zuwendung und Ermutigung Entspannungshilfen und steigert aufgrund seines Beistands häufig das emotionale Geburtserlebnis der werdenden Mutter.

3. Die Einstellung der Partner zueinander kann sich verbessern und eine bessere Kommunikation ermöglichen.

Richter und Verlinden (vgl. 2000, 28) bemerken in diesem Zusammenhang, dass Männer es gewohnt sind zu handeln und sich daher schwer tun, die Frau in Geburtsschmerzen zu sehen, während sie tatenlos dastehen und zusehen müssen. Es ist wichtig, werdenden Vätern Mittel und Wege aufzuzeigen, mit deren Hilfe sie ihre Partnerin in der Geburtssituation und auch danach unterstützen können. Es kommt nicht darauf an,

„aktiv ein erlerntes Programm von Streicheln, Hecheln und Atmen abzuspulen, sondern im wesentlichen ihrer Intuition und den Aufforderungen ihrer Partnerin zu folgen und aufmerksam für sie da zu sein, auch in der Gewissheit, nach der Geburt Verantwortung zu tragen" (Richter und Verlinden 2000, 28).

Im Zusammenhang mit der Schwangerschaft und der Geburt wird immer von der Funktion des Vaters als emotionaler Beistand seiner Partnerin gesprochen. Nicht vernachlässigt werden darf hier jedoch der Aspekt, dass auch der engagierteste Vater selbst der emotionalen Unterstützung bedarf (vgl. Fthenakis 1985b, 147f.).

Die Anwesenheit der Väter bei der Geburt ist aber nicht nur Ausdruck der positiven Einstellung gegenüber dem Neugeborenen, sondern auch eine bedeutende Bedingungsvariable für das spätere Engagement des Vaters (vgl. Werneck 1998, 12f.). In diesem Zusammenhang belegen aktuelle Studien einen signifikanten Unterschied zwischen vorbereiteten und unvorbereiteten Vätern (vgl. Laucht 2003; Nickel 2002; Petzold 1994). Väter, die in dieser Studie einen Geburtsvorbereitungskurs besucht hatten, bevor sie sich in die Geburtssituation begaben, fühlten sich nicht nur stärker zu ihrem Kind hingezogen, sondern erlebten auch eine größere Sicherheit im Umgang mit dem Kind. Darüber hinaus beteiligten sie sich mehr an der Versorgung, wickelten und fütterten das Neugeborene häufiger und stellten einen engeren Körperkontakt her als Väter, die keinen Geburtsvorbereitungskurs besuchten (vgl. Petzold 1994, 69ff.). Ferner zeigt sich, dass vorbereitete Väter später mehr mit dem Kind spielen, eine stärkere Kontrolle ausüben, dem Kind eine größere emotionale Zuwendung und Lernanregungen geben und auch aktiver in der Pflege sind (vgl. Petzold 1994, 70).

Greenberg und Morris (vgl. 1974, zit. nach Nickel 1987, 57) haben eine emotionale Wirkung des Geburtserlebnisses auf den Vater festgestellt, die sie als „engrossment" beschreiben. Demnach zeigen Väter unmittelbar nach der Geburt eine spontane Begeisterung und tiefe emotionale Hinwendung zu ihrem Kind.

Nickel (vgl. 1987, 57) zufolge zeigt sich die Anziehungskraft eines Neugeborenen insbesondere bei Vätern, die an Vorbereitungskursen teilgenommen haben. Dies deutet darauf hin, dass eine gewisse Empfänglichkeit des Vaters für eine frühe Beziehung zum Neugeborenen besteht, wobei der erste Anblick des Kindes und die direkten Kontakte in den ersten Stunden und Tagen des noch jungen Lebens eine wichtige Rolle spielen. Ob sich die Anwesenheit des Vaters bei der Geburt – neben seinem möglichen Beitrag zu einer generell angenehmeren Atmosphäre – auch direkt und längerfristig auf die Beziehung zu seinem Kind auswirkt, kann allerdings bislang mangels entsprechender Untersuchungen nur spekuliert werden (vgl. Werneck 1998, 14).

Über die Bewältigung und Verarbeitung des Geburtsvorganges von Vätern im Vergleich zu ihren Partnerinnen liegen unterschiedliche Ergebnisse vor. Nach Petzold (vgl. 1994, 65) beispielsweise ist die emotionale Befindlichkeit von Vätern zu verschiedenen Zeitpunkten kurz vor und nach der Geburt stabiler als die der Mütter. Dagegen geben andere Untersuchungen Hinweise, dass Mütter unerwartete Belastungen des Geburtsvorganges besser bewältigen können als Väter (vgl. Richter und Verlinden 2000, 27; Fthenakis 1985b, 149).

Gegenwärtige Lebenssituation und Verhaltensweisen von Vätern

Väterliches Engagement

Die Ergebnisse der Forschung zum väterlichen Engagement belegen, dass Väter und Mütter über die gleichen Fähigkeiten zur Pflege und Erziehung ihrer Kinder verfügen und diese Kompetenzen auch anwenden, wenn sie dafür hinreichend Zeit und Gelegenheit erhalten (vgl. Fthenakis 1985b, 205f.).

Obgleich aber Väter gleichermaßen wie Mütter dazu befähigt sind, erfüllen sie ihre Elternfunktionen in unserem Kulturkreis in unterschiedlichem Maße und auf unterschiedliche Weise. Vor allem in traditionell ausgerichteten Familien verbringen Väter immer noch weniger als die Hälfte der mütterlichen Betreuungszeit mit ihren Kindern, übernehmen seltener die alleinige Erziehungsverantwortung und engagieren sich in anderen Aufgabenbereichen als die Mütter (vgl. Schmidt-Denter 1984, 177). Während allerdings vor 20 Jahren nur etwa zwei Prozent der Kinder bis zum Alter von 14 Jahren allein mit dem Vater lebten, ist in letzter Zeit ein starker Zuwachs der allein erziehenden Väter zu beobachten (vgl. Fthenakis 1999, 64).

Neuere Untersuchungen zum zeitlichen Umfang der väterlichen Erziehungsbeteiligung unterscheiden zwischen *Engagement* – also der direkten Interaktion – und der *Verfügbarkeit*, womit lediglich die reine Anwesenheit des Vaters gemeint ist. Die Ergebnisse zeigen, dass das proportionale väterliche Engagement etwa zwei Fünftel des mütterlichen ausmacht, wobei der Wert der Verfügbarkeit mit zwei Drittel der veranschlagten Zeit naturgemäß höher liegt (vgl. Laucht 2003, 236).

Väter in Beruf und Familie

Spätestens mit dem Übergang zur Elternschaft zeigt sich bei der Mehrzahl aller Eltern eine Tendenz zu einer traditionelleren Aufgabenverteilung (vgl. Gloger-Tippelt u.a. 1995, 257). Statt die Aufgabenbereiche nach der Geburt des Kindes einheitlich zu verteilen, entsteht häufig ein deutliches Ungleichgewicht zu Ungunsten der Frau. So wird die kindbezogene Mehrarbeit im Haushalt zusammen mit der bereits vorher notwendigen Hausarbeit zum größten Teil der Frau übertragen, während der Mann mehr in die Rolle des alleinigen Ernährers gedrängt wird (vgl. Gloger-Tippelt 1985, 84).

> *„Diese Retraditionalisierung zeigt in der Regel – auch nach einem Wiederein-stieg der Mutter in den Beruf – keine Tendenzen, sich wieder aufzulösen, son-dern stabilisiert sich eher mit zunehmender Dauer" (Werneck 1998, 42).*

Häufig wird bei Untersuchungen zur Aufgabenverteilung im Haushalt jedoch außer Acht gelassen, dass der Vater – nicht zuletzt bedingt durch den zumindest vorübergehenden Berufsausstieg der Partnerin – einer nicht zu unterschätzenden Belastung in seinem Beruf ausgesetzt ist. Der Vater über-nimmt in dieser Situation die alleinige Ernährerrolle und damit eine große Verantwortung für die Familie (vgl. Matzner 1998, 60).

Eine entscheidende Rolle spielen diesbezüglich die finanziellen Faktoren (vgl. Rosenkranz u.a. 1998, 17). Wenn sich Väter in der Folge der Überbe-wertung ihrer Versorgerfunktion in ihrem Beruf total verausgaben, haben sie weniger Ressourcen, um sich in ihrer Familie in Form von Kinderbe-treuung und Hausarbeit zu engagieren. Diese enorme Belastungssituation führt bei einigen Vätern zu einer emotionalen Vereinsamung, von der eini-ge Väter berichten (vgl. Kallenbach 1996, 81).

> *„Der berufliche Verschleiß beeinträchtigt die Kontaktfähigkeit und persönli-che Entfaltung der Väter, legt ihnen viele Zwänge auf und schafft zusätzliche gesundheitliche Risiken. Abends wollen viele von ihnen dann nur noch abschalten und in Ruhe gelassen werden. Ihre Flucht vor den Fernseher oder gar in außerhäusliche Veranstaltungen wird wiederum von der Familie als frustrierend empfunden" (Kallenbach 1996, 82).*

Väter und Freizeit

Auch im Bereich der Freizeitgestaltung kommt es durch die Vaterschaft zu teilweise gravierenden Veränderungen. Rost und Schneider (vgl. 1995, 44) sprechen in diesem Zusammenhang von einer „Verhäuslichung" und „Fami-lialisierung" der Freizeit. Die Ergebnisse des Bamberger-Ehepaar-Paneels belegen, dass sich schon kurz nach der Eheschließung von werdenden Eltern Tendenzen erkennen lassen, Freizeitaktivitäten in die häusliche Umgebung zu verlegen, was sich durch die Elternschaft noch zusätzlich ver-stärkt. „Familialisierung" hingegen bedeutet, dass die Gestaltung der Frei-zeit auf das Kind ausgerichtet wird, die Familienmitglieder also große Teile ihrer Freizeit miteinander verbringen (vgl. Rosenkranz u.a. 1998, 17).

Weiterhin lässt sich eine generelle Reduzierung der Freizeitaktivitäten beob-achten. Mütter sind durch die Elternschaft zwar etwas stärker von einem Rückgang der Freizeitaktivitäten betroffen, nehmen jedoch später vergleichsweise mehr neue Aktivitäten auf als Väter. Bemerkenswert ist auch ein Unterschied bezüglich der Gestaltung der verbleibenden Freizeit. Allerdings kommen hier verschiedene Untersuchungen zu unterschiedlichen Ergebnissen. Während Petzold (vgl. 1994, 66) feststellt, dass Mütter sich in ihrer Freizeit häufiger mit dem Kind beschäftigen als Väter, kommt Kallenbach (vgl. 1996, 92) zu dem Ergebnis, dass Väter das Zusammensein mit ihren Kindern als ihre wichtigste Freizeitgestaltung bezeichnen. Dabei steht für Väter vor allem das Spielen mit ihrem Kind im Vordergrund. Väter fordern ihre Kinder z.B. in Spielsituationen vermehrt auf, motorische und kognitive Aufgaben zu bewältigen. Sie ermuntern sie dabei zu größerer Risikobereitschaft, während die Mütter im Ganzen eher darauf bedacht sind, das Kind zurückzuhalten und vor möglichen Gefahren zu bewahren. Väter scheinen ihren Kindern beim Spiel auch mehr Raum für selbstständiges Handeln zu geben, während Mütter eher engere Grenzen setzen. Insgesamt gesehen lässt sich sagen, dass Kinder qualitativ unterschiedliche Stimulationsmuster von ihren Vätern und Müttern erfahren (vgl. Kallenbach 1996, 93; Fthenakis 1985b, 255).

Väter und Hausarbeit

Nach wie vor ist die Beteiligung des Mannes an der Hausarbeit die Ausnahme. Während sich in den letzten Jahrzehnten zwar die Einstellung des Mannes bezüglich einer egalitären Aufteilung der Hausarbeit zwischen Mann und Frau verändert hat, bleibt ein konkretes Verhalten diesbezüglich aber nach wie vor aus (vgl. Matzner 1998, 37). Studien zur Selbsteinschätzung der Väter bezüglich ihres häuslichen Engagements zeigen auf, dass Väter sich oft überschätzen: Zwar ist jeder siebte Mann für eine Arbeitsteilung im Haushalt, aber nur jeder fünfzigste setzt diese auch konsequent um. Hier klafft immer noch eine große Lücke zwischen Anspruch und Wirklichkeit (vgl. Reichle 1994, 191). Obwohl viele Väter hautnah erfahren, dass ihre Partnerinnen ständig „im Dienst" sind, sind ihre Beteiligungsaktivitäten vergleichsweise minimal. Zudem fehlt häufig das Bewusstsein, dass sie diesbezüglich ein Vorbild für ihre Söhne sind (vgl. Kallenbach 1996, 84).

Erstaunlicherweise verrichten Väter weniger Hausarbeit als kinderlose Männer, obwohl sich mit der Geburt des Kindes die zu verrichtenden Arbeiten im Haushalt durchweg erhöhen. Auch die Erwerbstätigkeit der Frau hat in der Regel nur einen geringen Einfluss auf die Beteiligung der Väter an der Hausarbeit (vgl. Rosenkranz u.a. 1998, 19).

Überhaupt zeigt sich, dass Frauen vornehmlich die zeitintensiven Arbeiten wie Putzen, Kochen und Aufräumen übernehmen, während sich die Beteiligung der Männer an der Hausarbeit primär auf die Kinderbetreuung und auf die kreativen und erholungsstiftenden Anteile der Familienarbeit bezieht (vgl. Kallenbach 1996, 84).

Väter in Kinderpflege und Kinderbetreuung

Die Beteiligung des Vaters an der Pflege und Betreuung des Kindes ist eine der wichtigsten sich im Laufe der Vaterschaft stellenden Aufgaben. Das partnerschaftliche Verhältnis von Eltern mit an der Kinderpflege und Kinderbetreuung beteiligten Vätern zeichnet sich durchweg durch eine größere emotionale Nähe und Verbundenheit aus. Während man sonst den Eindruck gewinnen kann, dass Väter in den hier angesprochenen Bereichen eher außen vor bleiben, vollzieht sich in Familien, in denen der Vater aktiv an den neuen sich stellenden Aufgaben teilnimmt, nicht nur in alltagspraktischer, sondern auch in emotionaler Hinsicht der Übergang von der Dyade zur Triade, was für den weiteren Verlauf der Partner- und insbesondere der Vater-Kind-Beziehung von entscheidender Bedeutung ist (vgl. Adler u.a. 1994, 21).

Viele Väter, die an der Betreuung ihrer Kinder partizipieren, berichten von einer Verbesserung der Vater-Kind-Beziehung und fühlen sich mehr einbezogen in das Leben ihrer Kinder:

> *„In den Untersuchungen zur praktizierten geteilten Elternschaft bestätigen die Väter, daß sie durch die Teilhabe an der Betreuung und Erziehung ihrer Kinder eine persönliche Bereicherung ihres Lebens erfahren haben und für sie der direkte Gewinn vor allem darin bestand, daß sie die Entwicklung ihrer Kinder unmittelbar miterleben konnten, eine intensive Beziehung zu ihnen aufbauten und als Bezugsperson des Kindes Bedeutung hatten" (Kallenbach 1996, 86).*

Untersuchungen bestätigen, dass sich Väter in der Betreuung und Erziehung des Kindes intensiv, gern und auch regelmäßig engagieren. Allerdings fällt auch auf, dass sie die alleinige Verantwortung nur für einen begrenzten Zeitraum zu übernehmen bereit sind und dass nach wie vor die Frau den Hauptpart übernimmt (vgl. Laucht 2003, 236). Ebenso scheint es eine Hierarchie bezüglich der Aktivitäten mit dem Kind zu geben: Je unangenehmer die einzelnen Verrichtungen sind, desto stärker nimmt das Engagement der Väter in der Betreuung und Pflege ab. Der Vater übernimmt vor allem Freizeitaktivitäten wie Spielen usw., während Mütter zusätzlich weiterhin Versorgungsaufgaben wie Füttern, Körperpflege, Arztbesuche usw. wahrnehmen (vgl. Matzner 1998, 57f.).

Ausschlaggebend für das Engagement des Vaters sind neben seiner beruflichen Situation vor allem sein Alter sowie das Alter des Kindes. Da der Bedarf an Betreuungsleistungen von jüngeren Kindern durchweg höher ist als bei älteren Kindern, ist hier auch parallel ein Absinken der Aktivitäten des Vaters zu beobachten. Sicherlich spielt auch die Übernahme von Betreuungsleistungen durch Institutionen wie Kindergarten und Schule eine Rolle (vgl. Rosenkranz u.a. 1998, 21). Des Weiteren sind Kinderanzahl, Sozialstatus und Herkunftsfamilie des Vaters wichtige Faktoren bezüglich seines Engagements (vgl. Kallenbach 1996, 87; Rosenkranz u.a. 1998, 22f.; Matzner 1998, 55).

Konsequenzen für die Sichtweise von Vätern frühgeborener Kinder

Wie die bisherigen Ausführungen deutlich werden lassen, hat sich in den letzten zehn Jahren die Forschung auf vielfältige Aspekte der Rolle und Situation des Vaters gerichtet und interessante und aufschlussreiche Erkenntnisse hervorgebracht, die sowohl zu einer veränderten Sicht des Vaters als auch zu einer Veränderung seiner Rolle geführt haben.

Zu all diesen Aspekten gibt es bis dato jedoch kaum Untersuchungen, die sich explizit mit der besonderen Situation und Rolle von Vätern frühgeborener Kinder beschäftigen. Der bisherige Kenntnisstand ist weitgehend durch Analogieschluss aus Daten der allgemeinen Väterforschung oder aus den Erkenntnissen zur Situation der Mütter frühgeborener Kinder abgeleitet.

Die in diesem Band zusammengefassten Studienergebnisse wollen einen Beitrag zur Verbesserung der Situation betroffener Väter leisten. Auch wenn manche Ergebnisse nur graduelle Unterschiede zwischen Vätern frühgeborener und Vätern termingerechtgeborener Kinder nachweisen, wird doch deutlich, dass eine Reihe von Besonderheiten – oft nur in subtiler Form oder als Nuance – existieren, durch die das Leben der Väter frühgeborener Kinder zumindest in der ersten Lebensphase des Kindes geprägt und bestimmt wird. Somit kommt es vor allem darauf an, keine pauschalisierenden Beurteilungen und Einschätzungen vorzunehmen, sondern jeden Vater in seiner Individualität wahrzunehmen und zu akzeptieren, um ihn vor diesem Hintergrund in den unterschiedlichen Phasen der Elternschaft zu begleiten.

---

[1] „Das Selbstverständnis ist der Begriff, den das Kind von sich hat. Von ihm hängt es ab, ob das Kind Selbstvertrauen hat oder an sich zweifelt, ob es kontaktfreudig oder in sich selbst zurückgezogen ist, ob es Durchsetzungsvermögen hat oder furchtsam zaudert. Das Selbstverständnis des Kindes bestimmt ferner seine Einstellungen zur Umwelt. Es ist der ausschlaggebende Faktor bei der Entwicklung der Persönlichkeit [...] [des] Kindes." (Dodson 1991, 19)

[2] „Im Alter von sechs Jahren ist das Persönlichkeitsbild des Kindes in den ersten Grundzügen fertig entwickelt, und von der Art dieser Entwicklung hängt in hohem Grad ab, wie seine Adoleszenz und sein Leben als Erwachsener verlaufen wird. [...] Im Alter von vier Jahren ist seine Intelligenz zu etwa fünfzig Prozent entwickelt." (Dodson 1991, 18)

Angela Kribs

Grundlagen medizinischer und psychosozialer Betreuung von Frühgeborenen

Die Geburt eines Kindes, insbesondere die Geburt des ersten Kindes, stellt für Eltern immer eine kritische Lebenssituation dar, da sich die Lebenssituation grundlegend verändert und folglich eine Fülle von Aufgaben bewältigt werden muss:

❑ Das neugeborene Kind muss angenommen werden.

❑ Die Eltern müssen die volle Verantwortung für Leben und Gesundheit des Kindes übernehmen.

❑ Die Paar-Struktur muss zugunsten einer Familienstruktur gelöst werden.

Im Allgemeinen erhalten Eltern bei der Bewältigung dieser Lebenssituation Unterstützung auf vielen Ebenen. Zum einen ist diese Situation vielen Menschen im Umfeld bekannt, sodass sie auf der Grundlage eigener Erfahrungen den jungen Eltern mit Rat und Tat zur Seite stehen können, zum anderen haben sich über Jahrtausende Verhaltensweisen und Riten im Zusammenhang mit der Geburt eines Kindes entwickelt, die dazu dienen, den „neuen" Eltern die Mitfreude über die Geburt des Kindes zu signalisieren und die gesamte Familie mit „Glück"-Wünschen zu begleiten. Auf diese Weise sind die neugewordenen Eltern normalerweise eingebetet in ein Traditionsgefüge, das ihnen das Gefühl gibt, nicht alleine zu sein, und damit die Möglichkeit bietet, sich bei Problemen irgendwo hinwenden zu können.

Hinzu kommt, dass die Geburt eines Kindes von mehreren neurobiologischen Veränderungen begleitet wird, die dazu dienen, insbesondere der Mutter die Annahme des neugeborenen Kindes zu erleichtern, und die körperlichen Kräfte bereitzustellen, die für die Bewältigung der Belastungen der ersten Tage und Wochen notwendig sind (vgl. Fleming 1999; Poindron 2005). Hierzu gehören z.B. der Anstieg des Oxytocinspiegels im Gehirn der Mutter, der sie sensibilisiert, sich Geruch und Aussehen des Kindes zu merken, sowie das Vorhandensein einprogrammierter kindlicher Signale wie das so genannte „Kindchen-Schema".

Betrachtet man nun die Situation der Frühgeburt, so wird unmittelbar eine Vielzahl von Unterschieden zur „normalen" Situation deutlich.

Durch die Frühgeburt kumulieren in den meisten Fällen mehrere kritische Lebenssituationen. Häufig ist die zu frühe Geburt notwendig, weil Leben und Gesundheit von Mutter und/oder Kind bedroht sind. Gleichzeitig führt die zu frühe Geburt zu einer weiteren Bedrohung der Gesundheit und im Falle extremer Frühgeburtlichkeit auch des Lebens des Kindes.

Vor diesem Hintergrund ist es den Eltern nicht möglich, sich über die Geburt ihres Kindes zu freuen; vielmehr sind sie gefesselt in Sorgen und Nöten, die auch die primäre Beziehungsaufnahme zum Kind erschweren. Die biologisch gegebenen Schutzmechanismen greifen nicht, da Eltern und Kind meist aufgrund der medizinisch notwendigen Maßnahmen getrennt sind. Das soziale Umfeld ist mit der Situation überfordert, da nicht auf eigene Erfahrungen zurückgegriffen werden kann. Es stehen keine Muster zur Verfügung, die bestimmte Verhaltensweisen nahe legen, sodass das Umfeld häufig zunächst mit Rückzug reagiert.

Auf diese Weise stehen die Eltern Frühgeborener nach der Geburt ihres Kindes mit ihren Sorgen in einer der extremsten Lebenssituationen, in die Menschen gelangen können, häufig allein da. Den Kliniken, in denen Mutter und Kind betreut werden, kommt daher in dieser Situation eine weitreichende und vielschichtige Verantwortung zu.

Die erste und traditionell wesentlichste Aufgabe der Kliniken ist die Sorge für die somatische Gesundheit von Mutter und Kind. Neben dieser Aufgabe rückt aber immer mehr auch die psychosoziale Betreuung der Familien in den Fokus der Betrachtung, da – wie im Folgenden gezeigt werden wird – eine gesunde Entwicklung der Kinder bedeutend leichter erzielt werden kann, wenn das Kind individuell unter Nutzung der protektiven Ressourcen auch seines Umfelds versorgt wird.

Primär aber ist das gesunde Überleben des Frühgeborenen durch die Unreife seiner Organe gefährdet. Die Unreife der Lunge kann unmittelbar nach der Geburt in vielen Fällen eine unzureichende Sauerstoffversorgung bedingen. Die daraufhin notwendige maschinelle Beatmung schädigt das unreife Lungengewebe potenziell so, dass dauerhafte Lungenschäden entstehen, die das Kind durch die ersten Lebensjahre begleiten und seine Entwicklung beeinträchtigen. Zudem kann es unter der Beatmung zu Schwankungen des Blutdrucks sowie des Sauerstoffpartialdrucks und des Kohlendioxidpartialdrucks im Blut kommen, die Schädigungen des Gehirns in Form von Blutungen und Durchblutungsstörungen nach sich ziehen.

Diese spezifischen Schädigungsmuster des unreifen Gehirns stellen die häufigste Ursache für neurologische Langzeitschäden ehemaliger frühgeborener Kinder dar.

Die Unreife der Haut bedeutet innerhalb der ersten Lebenstage eine akute Lebensbedrohung insbesondere bei extrem unreifen Frühgeborenen, da sie deshalb die Körpertemperatur nicht regeln können und schutzlos Krankheitserregern und anderen schädigenden Einflüssen in der Umgebung ausgeliefert sind. Die Unreife des Magen-Darm-Traktes und die mangelnde Kraft, lange und anhaltend zu saugen, erschweren die Ernährbarkeit der kleinen Frühgeborenen.

All diese Probleme machen eine hochprofessionelle medizinische Betreuung der Frühgeborenen notwendig. Daher wurden in Deutschland in den letzten beiden Jahrzehnten so genannte Perinatalzentren gegründet, in denen Frühgeborene behandelt werden. Primäres Ziel der Einrichtung dieser Zentren war es, eine Betreuung während und nach der Geburt unter einem Dach möglich zu machen und den Frühgeborenen damit in der bedrohtesten Phase unmittelbar nach der Geburt den gefährdenden Transport zu ersparen. Zudem sollten die Frühgeborenen von hochspezialisiertem Personal in Einrichtungen versorgt werden, in denen große Erfahrung mit ihrer Betreuung besteht.

Durch die Einrichtung dieser Zentren wurde in den letzten Jahrzehnten die Prognose sehr unreifer Frühgeborener derart verbessert, dass Kinder mit einem Geburtsgewicht über 1000 g heute in mehr als 90% der Fälle überleben und sogar bei Kindern mit einem Geburtsgewicht von 500 g eine Überlebenschance von über 50% besteht. Die Abbildungen zeigen die Überlebensraten der im Bereich der Ärztekammer Nordrhein betreuten Kinder.

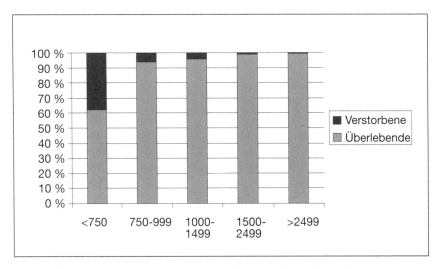

Abb. 1: Überleben in Abhängigkeit vom Geburtsgewicht in den Jahren 2000–2004, Neonatalerhebung der Ärztekammer Nordrhein (alle Kliniken)

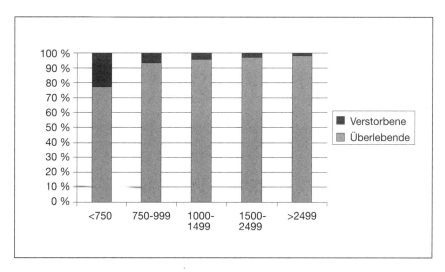

Abb. 2: Überleben in Abhängigkeit vom Geburtsalter in den Jahren 2000–2004, Neonatalerhebung der Ärztekammer Nordrhein (Universitätsklinik Köln als Beispiel eines Perinatalzentrums)

Durch den Aufenthalt auf einer Frühgeborenen-Intensivstation ist das Kind einer Vielzahl von Einflüssen ausgesetzt, für die es eigentlich noch nicht geschaffen ist. Die „biologische Ausrüstung" des Frühgeborenen ist auf eine Symbiose mit der Mutter ausgerichtet.

Das Kind erwartet eine gleichmäßige Temperatur, ein regelmäßiges sanftes Schaukeln in Schwerelosigkeit, eine permanente gedämpfte Geräuschkulisse von Darmgeräuschen, Schlagen des Herzens, die Wahrnehmung modulierter menschlicher Stimme sowie allenfalls gedämpftes Licht. Über Geruchs- und Geschmackssinn wird es permanent mit dem einzigartigen, individuellen Geschmack seines Fruchtwassers stimuliert, der ihm vertraut ist und ihm normalerweise über Ähnlichkeiten nach der Geburt das Wiedererkennen seiner Mutter ermöglicht. Schmerzen kennt das Kind im Mutterleib nicht. In dieser Umgebung entwickelt sich das Gehirn, werden Synapsen geknüpft und Nervenzellen selektiert.

Auf einer Intensivstation ist das Kind zunächst einmal von seiner Mutter getrennt. An die Stelle der vertrauten Umgebungsgeräusche treten das Motorengeräusch eines Inkubators und das Piepsen von Überwachungsgeräten. Menschliche Sprache dringt nur sehr begrenzt in diese Geräuschkulisse ein. Das Umgebungslicht ist deutlich heller, als es jemals im Mutterleib sein kann. Die Umgebungstemperatur schwankt, wenn der Inkubator für notwendige Maßnahmen geöffnet wird. Die Umgebung ist weitgehend geruchsneutral, allenfalls dringt der Geruch von Desinfektionsmittel an die kindliche Nase. Die Körperposition verändert sich nur selten; gegen die Schwerkraft gelingt es dem Kind kaum, seine Extremitäten zu bewegen. Das Kind wird einer Vielzahl an schmerzhaften Reizen ausgesetzt.

Es ist leicht vorstellbar, dass unter derart anderen Bedingungen die Hirnentwicklung anders ablaufen kann als im Mutterleib. Eine Reihe von Nachuntersuchungen ehemaliger Frühgeborener unabhängig von durch biologische Risikofaktoren erklärbaren neurologischen Schädigungen stellte zusätzlich ein erhebliches Risiko für die Entwicklung von kognitiven Störungen und Verhaltensauffälligkeiten fest. Dies könnte durch die oben genannten Faktoren zumindest mitbedingt sein.

Nachdem die apparativen und medikamentösen Methoden nunmehr seit mehr als zehn Jahren zur Verfügung stehen, um auch sehr kleinen Frühgeborenen ein Überleben zu ermöglichen, rückt in den letzten Jahren die Interaktion von Auswirkungen der Intensivmedizin und kindlicher Unreife in Bezug auf die Entwicklung des frühgeborenen Kindes in den Fokus des wissenschaftlichen Interesses.

Aufgrund derartiger Überlegungen und klinischer Erfahrungen stellte im deutschen Sprachraum erstmals die Wiener Neonatologin Marina Marcovich Anfang der Neunzigerjahre eine Methode der Versorgung kleiner Frühgeborener vor, bei der eine sehr engmaschige individuelle Beobachtung des einzelnen Kindes genutzt wird, um intensivmedizinische Interventionen einzusparen und Ressourcen des einzelnen Kindes zu nutzen (vgl. Marcovich 1995). Dabei kommt auch der Einbeziehung der Eltern in die Pflege und Versorgung des Kindes eine hohe Bedeutung zu. Dadurch sollen Berührungsängste der Eltern mit dem sehr unreifen Kind abgebaut werden. Insbesondere der Mutter, die bei Fortbestehen der Schwangerschaft volle Kompetenz für das Gedeihen des Kindes hätte, soll diese scheinbar durch die frühe Geburt des Kindes verlorene Kompetenz so schnell wie möglich zurückgegeben werden. Neben der selbstverständlichen Einbeziehung der Eltern in alle relevanten Entscheidungen bezüglich des Kindes und der Gewährung unbegrenzten Zugangs der Eltern zum Kind sind ganz wesentliche Elemente der so genannten „Marcovich"-Methode das „Kängurun" und die Muttermilchernährung.

Beim Kängurun wird das nur mit einer Windel bekleidete Frühgeborene auf die nackte Brust von Mutter oder Vater gelegt, dort mit einer Decke zugedeckt und verbleibt bis zu mehreren Stunden in dieser Position. Auf diese Weise erhält das Kind eine gleichzeitige Stimulation aller Sinne. Die Atembewegungen der Eltern bewirken ein regelmäßiges sanftes Schaukeln, wodurch der Gleichgewichtssinn stimuliert wird. Das Kind hört den Herzschlag der Eltern, es riecht ihren spezifischen Geruch und fühlt sie ständig.

Diese Situation ähnelt derjenigen im Mutterleib und ist daher möglicherweise dazu geschaffen, die Entwicklung des Gehirns positiv zu beeinflussen.

Die Känguru-Methode hat ihren Ursprung in Kolumbien, wo sie eingesetzt wurde, um Frühgeborene warm zu halten, da keine Inkubatoren zur Verfügung standen. Nachdem diese Methode in Deutschland in einigen Kliniken eingeführt wurde, geriet sie zunächst ins Kreuzfeuer der Kritik, da eine Gefährdung der Frühgeborenen durch Temperaturschwankungen und physiologische Instabilitäten befürchtet wurde. Diese Bedenken konnten mittlerweile ausgeräumt werden, ein positiver Einfluss der Känguru-Methode hinsichtlich des Gedeihens des Kindes und einer Verkürzung der Notwendigkeit intensivmedizinischer Maßnahmen ist nachgewiesen.

Die Muttermilchernährung gilt aufgrund zahlreicher Untersuchungen für alle Kinder als ideale Ernährung, da sie nicht nur hinsichtlich der Versorgung mit Nährstoffen eine ideale Zusammensetzung hat, sondern das Kind auch noch mit immunologischen Substanzen versorgt, die für die Infektabwehr notwendig sind. Hinzu kommt eine geschmackliche Ähnlichkeit zwischen individuellem Fruchtwasser und individueller Muttermilch, was für das Kind eine Kontinuität schafft. In der Situation der Frühgeburt gibt die Ernährung des Kindes mit Muttermilch der Mutter, die in aller Regel durch Insuffizienzgefühle geplagt ist, die Gewissheit, die Kompetenz für das Gedeihen ihres Kindes behalten zu haben. Auf diese Weise kommt der Muttermilchernährung auf vielen Ebenen eine entscheidende Bedeutung zu, auch wenn sich aufgrund ethischer Tabus diese Vorteile nicht durch Studien mit konfirmatorischer Beweiskraft nachweisen lassen.

Sowohl das Kängurun als auch die Unterstützung der Muttermilchernährung Frühgeborener gehören heute weitgehend zum Standard der Betreuung Frühgeborener in Deutschland.

Nahezu zeitgleich mit der Diskussion um die „Marcovich"-Methode in Deutschland entwickelte Heidelinde Als in den USA das so genannte NID-CAP-Konzept. Bei diesem Konzept wird gezielt das individuelle Kind in seiner Familie betrachtet (vgl. Buehler 1995). Auch in diesem Konzept stellen die Känguru-Methode und die Unterstützung des Stillens wesentliche Punkte dar. Zusätzlich werden aber strukturierte Beobachtungen des Kindes durchgeführt, die es Eltern und Pflegenden ermöglichen, Signale des Kindes zu verstehen und dies im Pflegeprozess gezielt zu nutzen, um kindliche Bedürfnisse zu befriedigen und Stress zu minimieren. Zudem werden systematische Gespräche geführt, in denen die psychosoziale Situation der Eltern eruiert wird, damit für die individuelle Familie geklärt werden kann, welche Ressourcen und Risiken bestehen. Entsprechend werden Unterstützungen angeboten.

Durch Einsatz dieser Methode konnten Beatmungsdauern und Dauern des stationären Aufenthaltes verkürzt werden. Eine Nachuntersuchung der Kinder mit MR-Spektroskopie und EEG zeigte deutliche Unterschiede in der Gehirnentwicklung zwischen NIDCAP-gepflegten und konventionell gepflegten Frühgeborenen, wobei die Gehirnentwicklung der NIDCAP-gepflegten Kinder eher der Reifgeborener entsprach (vgl. Als 2005). Durch diese Studie gelang es erstmals, einen Effekt der psychosozialen Betreuung auf das somatische Outcome der Kinder nachzuweisen.

Vor dem Hintergrund dieser Ergebnisse wird die Notwendigkeit evident, somatische und psychosoziale Betreuung Frühgeborener nicht getrennt voneinander, sondern als miteinander interagierende Elemente zu betrachten und zu bewerten. Dies ist nunmehr, nachdem Frühgeborenen bereits nach einer Schwangerschaftsdauer von wenig mehr als der Hälfte der normalen Zeit ein Leben außerhalb des Mutterleibs durch entsprechende Unterstützung der Organsysteme ermöglicht werden kann, die Aufgabe für alle Berufsgruppen, die in die Betreuung frühgeborener Kinder und ihrer Familien involviert sind.

---

[1] Die Daten sind der Neonatalerhebung der Projektgeschäftsstelle Qualitätssicherung Neonatologie der Ärztekammer Nordrhein entnommen.

Judith Bung

Weiterer Kinderwunsch bei Vätern frühgeborener Kinder

Die Untersuchung der generellen Auswirkungen einer Frühgeburt legt die Vermutung nahe, dass das Ereignis der Frühgeburt Eltern in eine sehr spezielle Lage versetzt, in der das Erleben und Handeln unter starkem Einfluss der mit Frühgeburten verbundenen Risiken und Problemen steht.

Diese spezielle Lage scheint sich aber nicht nur im direkten Handeln und Erleben der Eltern widerzuspiegeln, vielmehr sind alle am Familienleben beteiligten Personen in diese Situation mehr oder minder stark mit einbezogen.

Es stellt sich an dieser Stelle auch die Frage, inwieweit diese belastende Situation auch auf die weitere Lebensplanung der Eltern Einfluss nimmt.

Im Rahmen der Lebensplanung nimmt die weitere Familienplanung und somit insbesondere der weitere Kinderwunsch eine bedeutende Stellung ein. Die vorliegende Teiluntersuchung[1] bezieht sich auf den weiteren Kinderwunsch von Vätern nach Risikogeburten. Es wurde untersucht, inwieweit eine Frühgeburt direkten Einfluss auf den weiteren Kinderwunsch von Vätern nimmt.

Der werdende Vater – väterliches Erleben zwischen Schwangerschaft und Geburt

Das Phasenmodell nach Brüderl

Um das väterliche Erleben von Schwangerschaft und Geburt darzustellen, wird das Phasenmodell nach Brüderl (vgl. 1989, 8ff.) herangezogen, das auf der Grundlage des Modells nach Gloger-Tippelt (1985) entwickelt wurde.

Brüderl stellt in ihrem Phasenmodell „eine prozessorientierte Abfolge von idealtypischen psychologischen Phasen der Schwangerschaft dar" (1989, 8). Aufgaben und Anforderungen, die der Familienwerdungsprozess mit sich bringt, finden ebenso Beachtung wie die biologischen Vorgänge im Körper der Frau und ihr Einfluss auf das jeweilige Erleben der Situation. Gemeinsam mit den sozialen Anforderungen können diese Bestandteile in ein zeitlich aufeinander aufbauendes Modell eingefügt werden. Bei der Darstellung der Phasen verwendet Brüderl die zeitliche Einteilung und Benennung nach Gloger-Tippelt und modifiziert diese inhaltlich auf der Grundlage verschiedener Forschungsergebnisse, die schwerpunktmäßig psychologische und soziale Aspekte des Übergangs behandeln. Die einzelnen Phasen sind als Gerüst zu sehen und können sowohl zeitlich als auch inhaltlich variieren.

Im Einzelnen werden folgende Phasen benannt:

❏ Verunsicherungsphase

❏ Anpassungsphase

❏ Konkretisierungsphase

❏ Phase der Antizipation und Vorbereitung

❏ Geburtsphase

❏ Phase der Überwältigung und Erschöpfung

❏ Phase der Herausforderung und Umstellung

❏ Gewöhnungsphase

Besonderheiten einer erneuten Elternschaft

Betrachtet man die oben dargestellten Phasen des Übergangs zur Elternschaft, wird deutlich, dass einige Aspekte des Modells bei einer erneuten Elternschaft eine geringere Rolle spielen, andere Aspekte aber unweigerlich neu hinzukommen. Die „erneut werdenden Eltern" sind mit der Elternschaft an sich und den damit verbundenen Rollenmustern durch das erste Kind vertraut (vgl. Brüderl 1989, 24). Viele Fragen, die in der Zeit der Erstschwangerschaft von Bedeutung waren, sind inzwischen durch eigene Erfahrungen beantwortet. So ist die Geburt eines Kindes nicht länger eine vage Vorstellung, sondern gehört in den meisten Fällen sowohl für die Mutter als auch den Vater zu Erfahrungen, auf die sie sich bei einer erneuten Schwangerschaft beziehen können. Mutter und Vater sind sich in der Regel der Veränderung, die ein Kind mit sich bringt, bewusst und haben diese bereits durchlebt. Alltagsgestaltung, Lebensplanung und auch die Partnerschaft sind auf das Familienleben eingestellt. Häufig wird die zweite Schwangerschaft weniger bewusst erlebt, da das erste Kind nach wie vor die Aufmerksamkeit bündelt. Die körperlichen Symptome der Frau sind mit denen der ersten Schwangerschaft vergleichbar und auch das Erleben des Vaters während der Schwangerschaft ist ähnlich. Mit der Geburt eines weiteren Kindes vergrößert sich jedoch das Beziehungsgeflecht innerhalb der

Familie (vgl. Brüderl 1989, 24). Es entsteht ein neues Anforderungsprofil, was in jedem Fall eine Neuorganisation der Aufgabenverteilung nach sich zieht. Das Neugeborene muss in den Alltag der Familie integriert werden. Es benötigt einen Großteil der mütterlichen Aufmerksamkeit und Zuwendung, die für die älteren Kinder wegfallen. Der Vater übernimmt in der Regel die Aufgabe, diese Lücke zu füllen. Gerade bei geringem Altersunterschied der Kinder kann die Belastung der Eltern enorm sein. Zeit für die Pflege der eigenen Partnerschaft steht ihnen nur noch in geringem Maße zur Verfügung.

Neben der Neuorganisation der Familienstrukturen stellt sich häufig für einen Elternteil die Frage nach der weiteren beruflichen Perspektive. Gerade die Geburt eines zweiten Kindes ist häufig der Auslöser einer Neuorientierung. Die Belastung durch Beruf, Haushalt und zwei (oder mehr) Kinder ist von den meisten Menschen nur mit außerfamiliärer Hilfe durch Kinderbetreuung und Haushaltsführung zu leisten. Nicht selten entscheidet sich aber auch ein Elternteil für eine längere Berufspause, um sich mit ganzer Kraft in den Dienst der Familie stellen zu können (vgl. Brüderl 1989, 24). Neben der zeitlichen Mehrbelastung bringt jedes weitere Kind auch eine finanzielle Mehrbelastung mit sich, die dann teilweise durch nur einen Verdiener in der Familie ausgeglichen werden muss.

1986 entwarf Kreppner (vgl. Brüderl 1989) ein dreiphasiges Modell zur Zweitelternschaft, in dem er die Besonderheiten der erneuten Elternschaft hervorhebt. Die erste Phase bezieht er auf die ersten acht Lebensmonate des Neugeborenen, in denen die Eltern ihre Aufmerksamkeit umverteilen, um allen Kindern gerecht werden zu können. Das Neugeborene wird in den Familienalltag integriert. Die zweite Phase umfasst den 9. bis 16. Lebensmonat und ist durch die umfassende Neubalancierung der gesamten Familie geprägt. Die dritte Phase erstreckt sich vom 17. bis zum 24. Monat. Hier sieht Kreppner die Ausdifferenzierung der beiden Subsysteme Eltern und Kinder lokalisiert. Die teilweise etwas willkürlich gestaltete Zeiteinteilung der Phasen spielt hier weniger eine Rolle als die Darstellung der unterschiedlichen Anforderungen an Eltern bei der Geburt eines weiteren Kindes.

Neben den vielfältigen Anforderungen, die ein weiteres Kind an seine Eltern stellt, dürfen natürlich die positiven Aspekte nicht vergessen werden. Die Mehrfachbelastung der Eltern darf keinesfalls als Indikator dafür gesehen werden, dass weitere Kinder ihren Eltern weniger Freude bereiten als die Erstgeborenen. Im Gegenteil scheinen Eltern sogar häufig bei den Erstgeborenen viel angespannter und besorgter zu sein als bei den Geschwistern, deren Entwicklung sie aus ihrer Erfahrung heraus schon ein wenig gelassener betrachten können.

Bei aller Erfahrung der Eltern bleibt aber festzuhalten, dass jedes Kind anders ist und „jede Schwangerschaft eine eigene unverwechselbare psychische Erfahrung mit sich bring[t], die mit einer vorangegangenen nicht vergleichbar [ist]" (Colman & Colman 1971, zit. nach Brüderl 1989, 25).

Die Untersuchung

Ziel und Leitfragen

Grundlage der Untersuchung des weiteren Kinderwunsches von Vätern nach Risikogeburten ist die Fragestellung, in welcher Form eine Frühgeburt Einfluss auf den oben beschriebenen Prozess des Übergangs zur Vaterschaft nimmt und inwieweit dieser Einfluss Auswirkungen auf den weiteren Kinderwunsch des Vaters hat.

Um die Auswirkungen einer Frühgeburt im Einzelnen betrachten zu können, sollten folgende Leitfragen genauer untersucht werden:

❏ Inwieweit nimmt das väterliche Erleben der Eingewöhnung des Kindes in die Familie nach dessen Entlassung Einfluss auf den weiteren Kinderwunsch des Vaters?

❏ Ist es relevant, ob die Geburt vorbereitet oder überraschend beginnt?

❏ Hat das väterliche Erleben in der konkreten Geburtssituation Einfluss auf den weiteren Kinderwunsch?

❏ Spielt der Zeitpunkt der Entlassung und die Vorbereitung auf sie eine determinierende Rolle?

❏ Welchen Einfluss hat der Verlauf der Anpassungsphase in der Familie in den ersten Tagen nach der Entlassung auf die weitere Familienplanung der Väter?

Die Stichprobe

Die vorliegende Teilanalyse bezieht sich auf den Zeitraum eines Jahres zu den definierten Untersuchungszeitpunkten (T1–T3).

Die Stichprobe wurde mittels Matching zusammen gestellt, d.h., es wurde versucht, bezüglich bestimmter Merkmalsausprägungen ergebnisgleiche Personen der Experimental- und der Kontrollgruppe zuzuordnen (vgl. Schnell 1999, 212).

Damit der Vergleich der Untersuchungsgruppen nicht durch ein Merkmal verfälscht wird, sondern Unterschiede tatsächlich auf die Risikogeburt zurückgeführt werden können, wurden aus dem Gesamtkollektiv durch Matching nach definierten Faktoren zwei merkmalsgleiche Gruppen gebildet.

Der weitere Kinderwunsch von Vätern ist neben dem noch zu untersuchenden Einfluss der Risikogeburt von weiteren Faktoren abhängig. Bei der Entscheidung für ein Kind spielen neben dem Alter der Eltern die finanziellen Ressourcen, die Qualität der Paarbeziehung, die derzeitige Anzahl der vorhandenen Kinder und eventuelle vorangegangene gescheiterte Schwangerschaften eine Rolle.

Somit wurde jedem Vater aus der Gruppe der Väter frühgeborener Kinder ein Vater aus der Gruppe der Väter termingerecht geborener Kinder zugeordnet, der folgende Eigenschaften erfüllte:

❏ in etwa entsprechendes Alter (+/- 3 Jahre)

❏ Partnerin in vergleichbarem Alter (+/- 3 Jahre)

❏ ähnliches Nettofamilieneinkommen (beide Väter müssen innerhalb derselben oder der direkt benachbarten Gehaltskategorie stehen)

❏ vergleichbare Beurteilung der Qualität der Paarbeziehung

❏ dieselbe Anzahl an Kindern

❏ dieselbe Anzahl an vorangegangenen Fehl- oder Totgeburten

Insgesamt konnten durch dieses Verfahren den beiden Untersuchungsgruppen jeweils 30 Väter zugeordnet werden, da die Teilnahme an allen drei Untersuchungszeitpunkten Voraussetzung war.

Untersuchungsergebnisse

Die Untersuchung der einzelnen oben angeführten Teilaspekte der Fragestellung führte zu unerwarteten Ergebnissen.

Der erste untersuchte Faktor betraf den Zusammenhang zwischen der Qualität der Eingewöhnung des Kindes zu Hause mit dem weiteren Kinderwunsch des Vaters. Bezogen auf die generelle Situation des Kindes gab es in der Stichprobe kaum negative Antworten, so dass kein signifikantes Ergebnis festgestellt werden konnte. Gleiches gilt für das Einleben des Kindes zu Hause. So gaben von den 30 Vätern frühgeborener Kinder 27 (90%) an, dass sich ihr Kind schnell und problemlos zu Hause eingelebt habe, 19 von ihnen wünschten sich zum Zeitpunkt der Befragung ein weiteres Kind, 5 wünschten sich kein weiteres Kind und 3 waren unentschlossen. Ein Vater gab an, dass sich sein Kind langsam, aber problemlos zu Hause eingelebt habe, er wünschte sich kein weiteres Kind. Ein weiterer Vater gab an, dass sich sein Kind verzögert und mit Anpassungsproblemen eingelebt habe; zum Zeitpunkt der Befragung wünschte er sich ein weiteres Kind. Ein Vater meinte, den Eingewöhnungsprozess des Kindes nicht beurteilen zu können, wünschte sich aber ebenfalls ein weiteres Kind. Ähnlich sieht auch die Verteilung bei den Vätern termingerecht geborener Kinder aus. Insgesamt konnte auf der Grundlage der durchgeführten Untersuchungen kein signifikanter Zusammenhang zwischen der kindlichen Gesamtsituation, seiner Eingewöhnung zu Hause und dem weiteren Kinderwunsch des Vaters nachgewiesen werden.

Um zu untersuchen, inwieweit ein Zusammenhang zwischen der unterbrochenen Vorbereitungszeit auf das Kind durch eine Frühgeburt und dem weiteren Kinderwunsch besteht, wurde überprüft, wie viele Eltern sich zum Zeitpunkt der Geburt schon Gedanken über einen Namen des Kindes gemacht hatten und wie viele Eltern bereits Vorstellungen über den Geburtsort hatten. Da nahezu alle Eltern sowohl einen Namen für das Kind gewählt als auch feste Vorstellungen vom Geburtsort hatten und die Ergebnisse in den beiden Untergruppen sehr ähnlich waren, scheinen entweder die beiden gewählten Faktoren nicht geeignet zu sein, um den Grad des Vorbereitetseins der Eltern auf ihr Kind zu repräsentieren, oder die Eltern der frühgeborenen Kinder hatten sich im untersuchten Kollektiv genauso gut auf die Geburt vorbereiten können wie die Eltern der termingerecht geborenen Kinder.

Bei der Untersuchung des Zusammenhangs zwischen den Erlebnissen des Vaters in der Geburtssituation und dem weiteren Kinderwunsch ist besonders zu beachten, dass von den Vätern der Frühgeborenen nur ein geringer Teil bei der Geburt ihrer Kinder anwesend war. Von diesen Vätern erlebte der größere Teil die Geburt als positiv.

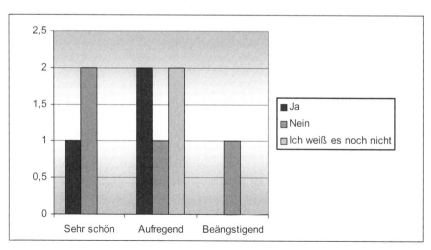

Abb. 1: Weiterer Kinderwunsch des Vaters in Abhängigkeit zu seinen Empfindungen bei der Geburt des frühgeborenen Kindes

Die Ergebnisse in den Untersuchungsgruppen weisen keinen signifikanten Unterschied auf. Somit konnte die Hypothese, dass die Frühgeburt eine veränderte Wahrnehmung des Vaters in der Geburtssituation hervorruft, die sich wiederum negativ auf den weiteren Kinderwunsch auswirkt, nicht bestätigt werden.

Um den Einfluss der Erlebnisse in der Zeit des Klinikaufenthaltes des Kindes auf den weiteren Kinderwunsch der Väter zu untersuchen, wurden zum einen die Dauer des Aufenthaltes und zum anderen eventuelle Komplikationen während der Zeit in der Klinik als Variablen herangezogen. Obwohl die Dauer des Aufenthaltes in der Gruppe der Frühgeborenen sehr breit streute, konnten keine Konsequenzen für den weiteren Kinderwunsch festgestellt werden. Der Mittelwert des Aufenthaltes der Kinder derjenigen Väter frühgeborener Kinder, die sich weitere Kinder wünschten (70,75 Tage), lag um ca. 8 Tage über dem Mittelwert der Kinder der Väter, die sich keine weiteren Kinder wünschten.

Bezogen auf die Komplikationen zur Zeit des Klinikaufenthaltes konnte ebenfalls kein Zusammenhang herausgestellt werden. Zwar hatten die frühgeborenen Kinder durchschnittlich mehrere und schwerwiegendere Probleme, die Angaben über den weiteren Kinderwunsch blieben aber gleich verteilt. So gaben 5 Väter frühgeborener Kinder an, dass ihre Kinder in der Zeit des Klinikaufenthaltes schwerwiegende Probleme hatten, 3 dieser Väter gaben weiterhin an, sich weitere Kinder zu wünschen, jeweils ein Vater wünschte sich kein weiteres Kind bzw. war noch unentschlossen. 11 frühgeborene Kinder hatten während des Klinikaufenthaltes beherrschbare Schwierigkeiten. Hier gaben 6 Väter an, sich weitere Kinder zu wünschen, 2 wünschten sich zu diesem Zeitpunkt keine weiteren Kinder und 3 Väter waren noch unentschlossen. Von den Vätern der 6 Kinder, die in der Zeit des Klinikaufenthaltes leichte Schwierigkeiten hatten, wünschten sich 2 Väter weitere Kinder, 3 Väter wünschten sich keine weiteren Kinder und ein Vater war noch unentschlossen. Von den Vätern dieser Gruppe, deren Kinder keine Komplikationen hatten, wünschten sich zum Befragungszeitpunkt 2 Väter weitere Kinder, 5 wünschten sich keine weiteren Kinder und ein Vater war noch unentschlossen. In der Gruppe der termingerecht geborenen Kinder hatte nur ein Kind schwerwiegende Probleme; der Vater gab bei der Befragung an, sich ein weiteres Kind zu wünschen. 3 Kinder hatten leichte Probleme, jeweils ein Vater entschied sich für eine der drei möglichen Antwortoptionen (ja, nein, unentschlossen) bezüglich des Kinderwunsches.

Da der Klinikaufenthalt des Kindes sich in den beiden Untersuchungsgruppen durch Art und Dauer sehr stark unterschied, bezogen auf den weiteren Kinderwunsch aber keine unterschiedlichen Ergebnisse festzustellen waren, konnte nicht bestätigt werden, dass die Zeit in der Klinik direkten Einfluss auf den weiteren Kinderwunsch nimmt.

Um das väterliche Erleben der ersten Zeit des Kindes zu Hause genauer zu betrachten, wurde das kindliche Verhalten bezogen auf sein Schrei-, Ess-und Schlafverhalten untersucht. Bezüglich des Essverhaltens gaben 18 Väter der frühgeborenen Kinder (60%) an, dass die Kinder ihre Mahlzeiten vollständig und regelmäßig einnehmen. Von ihnen wünschten sich zum Befragungszeitraum 9 Väter ein weiteres Kind, die anderen 9 Väter gaben an, sich kein weiteres Kind zu wünschen. 8 Väter sagten aus, dass ihr Kinder zwar unregelmäßig esse, aber eine ausreichende Menge zu sich nehme. Jeweils 4 Väter gaben an, sich ein weiteres Kind zu wünschen bzw. kein weiteres Kind haben zu wollen. 3 Väter gaben an, dass ihre Kinder regelmäßig, aber unvollständig essen würden, alle 3 Väter wünschten sich keine weiteren Kinder. Ein Vater berichtete, dass sein Kind unregelmäßig und unvollständig esse. Er wünschte sich zum Zeitpunkt der Befragung ein weiteres Kind. Der Signifikanztest ergibt für die vorliegende Korrelation einen Wert von 0,274. Folglich kann kein signifikanter Zusammenhang nachgewiesen werden. Da nahezu alle termingerecht geborenen Kinder (knapp 90%) regelmäßig und vollständig essen und die Verteilung der Antwort der Väter auf die Frage nach dem weiteren Kinderwunsch gleichmäßig ist, kann hier keine qualifizierte Aussage getroffen werden.

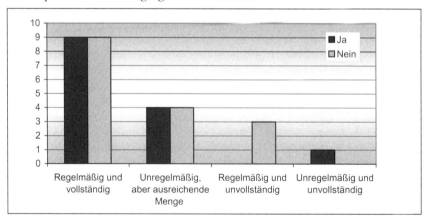

Abb. 2: Weiterer Kinderwunsch des Vaters in Abhängigkeit vom Essverhalten des frühgeborenen Kindes (T3)

Ähnlich sieht es auch bezüglich des Schrei- und Schlafverhaltens aus. So wurde zunächst festgestellt, dass die Ergebnisse der beiden Untersuchungsgruppen relativ ähnlich sind und kein Zusammenhang zwischen auffälligem Verhalten der Kinder und dem weiteren Kinderwunsch des Vaters besteht.

Fazit und Ausblick

Durch die Analyse und Auswertung der Daten konnte im untersuchten Kollektiv keine der zuvor aufgestellten Hypothesen bestätigt und kein determinierender Faktor ermittelt werden. Zwar konnte an einigen Stellen festgestellt werden, dass eine zu frühe Geburt Einfluss auf unterschiedliche Lebensbereiche der Väter hat, ein genereller Einfluss auf den weiteren Kinderwunsch konnte aber nicht aufgezeigt werden. Obwohl in der Literatur (Brüderl 1989; von der Lippe & Fuhrer 2003; Vonderlin 1999) dem Ereignis einer Frühgeburt bezüglich einer erneuten Entscheidung des Vaters für bzw. gegen ein weiteres Kind Bedeutung zugemessen wird, konnte dies durch die vorliegende Untersuchung nicht nachgewiesen werden. Es konnte zwar festgestellt werden, dass innerhalb dieser Stichprobe der Faktor Frühgeburt Einfluss auf einige Lebensbereiche des Vaters hat, die vermutete negative Auswirkung dieser Veränderungen auf den weiteren Kinderwunsch konnte allerdings nicht bestätigt werden. Es stellt sich an dieser Stelle die Frage nach den Gründen für diese Ergebnisse. Zum einen erscheinen die gewählten Hypothesen in der rückblickenden Betrachtung zu undifferenziert. Die Wahrscheinlichkeit, eine so direkte negative Abhängigkeit zwischen zwei Faktoren nachzuweisen, ist relativ gering. Es ist zwar eindeutig, dass eine Frühgeburt für Eltern mit vielen belastenden Erlebnissen verbunden ist. Die Annahme, dass sich diese Erlebnisse aber in jedem Fall negativ auf einen weiteren Kinderwunsch auswirken, erscheint in der Rückschau zu eindimensional.

Ein weiterer Aspekt zur Begründung des Ergebnisses ist die gewählte Stichprobe. Sie scheint im Nachhinein nicht ausreichend repräsentativ zu sein. Zum einen sind 30 Väter pro Untersuchungsgruppe eine sehr geringe Anzahl, zum anderen scheint gerade die Gruppe der Väter der termingerecht geborenen Kinder in vielerlei Hinsicht wenig repräsentativ zu sein. Der sozioökonomische Stand der befragten Väter ist relativ hoch, der Grad der Zufriedenheit mit der Beziehung ist ebenfalls sehr hoch und die Anzahl der Geschwisterkinder ist vergleichsweise niedrig. Auch negative Auswirkungen der Frühgeburt auf den weiteren Kinderwunsch sind in dieser Stichprobe relativ gering, zum anderen scheinen viele Familien von einem guten sozialen Netzwerk getragen worden zu sein, durch das die Folgen einer Frühgeburt abgefedert und die negativen Auswirkungen so gering wie möglich gehalten werden konnten. Das Vorhandensein dieser Netzwerke kann aber in keinem Fall als gegebene Voraussetzung betrachtet werden.

Inwieweit eine repräsentativere Stichprobe das Ergebnis der Untersuchung verändert hätte, bleibt fraglich. Festzuhalten ist aber in jedem Fall, dass das hier vorliegende Ergebnis der Untersuchung nicht generalisiert für alle

Väter frühgeborener Kindern betrachtet werden kann. Es kann eventuelle Hinweise auf einzelne Ergebnistendenzen geben, dies bedarf aber weiterer Untersuchungen.

---

[1] Eine genaue Beschreibung der Projektstudie sowie des gesamten Datensatzes befindet sich im einleitenden Beitrag dieses Buches.

Maren Dittrich

Mögliche Veränderungen in der elterlichen Partnerschaft in Abhängigkeit vom biologischen Risiko des neugeborenen Kindes

Die Geburt eines Kindes stellt für die Eltern in der Regel ein freudiges, aber auch einschneidendes Erlebnis dar, das massive Auswirkungen auf verschiedene Lebensbereiche hat und durch das u.U. auch die Partnerschaftszufriedenheit stark beeinträchtigt werden kann. Die Ursachen liegen in dem starken Belastungserleben, das durch äußerliche wie innerliche Veränderungen und durch damit einhergehende Probleme verursacht wird (vgl. Reichle 2002, 75). Da eine zu frühe Geburt des Kindes einen zusätzlichen Belastungsfaktor darstellt, könnte der Übergang zur Elternschaft bei Eltern frühgeborener Kinder besonders erschwert sein.

Mit der vorliegenden Untersuchung sollte zum einen festgestellt werden, wie die Väter in den ersten zwölf Monaten nach der Entlassung ihrer Kinder aus dem Krankenhaus die Beziehung zu ihrer Partnerin erleben und ob eine Veränderung der Paarbeziehung dann wiederum auf die spezielle Situation der Frühgeburt zurückzuführen ist. Zum anderen sollte untersucht werden, ob sich die erhöhten Belastungen durch eine Frühgeburt – wie die Angst um das Überleben oder vor einer Behinderung des Kindes, die erhöhte medizinische Kontrolle sowie die große Verantwortung der Eltern – negativ auf das partnerschaftliche Beziehungssystem auswirken kann und ob die eventuelle Diagnose einer Behinderung oder Entwicklungsverzögerung einen zusätzlichen Einfluss auf die Partnerschaftsentwicklung hat.

Leitfragen der Untersuchung

Der Auswertung lag folgende Leitfrage zugrunde:

Inwiefern unterscheidet sich der Verlauf der Paarbeziehung von Eltern frühgeborener und termingerecht geborener Kindern in den ersten zwölf Monaten nach der Entlassung aus der Klinik?

Folgende Hypothesen wurden überprüft:

1. Wenn sich die Ankunft des ersten Kindes durch eine zu frühe Geburt als ein krisenhaftes Ereignis für das Paar darstellt, dann ist zu erwarten, dass

bei Eltern eines Kindes mit biologischem Risiko und den daraus resultierenden erhöhten Belastungen die Paarbeziehung nach der Geburt noch problematischer ist als bei Eltern termingerecht geborener Kinder.

2. Durch die Diagnose „Entwicklungsverzögerung" oder „Behinderung" beim Kind verringert sich die Partnerschaftszufriedenheit der Eltern. Dies prägt sich bei Eltern frühgeborener Kinder aufgrund der erhöhten Belastungsfaktoren deutlicher aus als bei Eltern termingerecht geborener Kinder.

3. Verschiedene Faktoren wie die soziodemographischen Gegebenheiten usw. haben beim Übergang zur Elternschaft einen Einfluss auf die Beziehungsqualität.

Teilnehmer

Für die Stichprobe der vorliegenden Untersuchung[1] galten folgende Kriterien: Die Väter von Mehrlingen sowie Väter, deren Partnerinnen bereits eine Früh- oder Fehlgeburt hatten, und Väter, bei denen es sich nicht um das Erstkind handelte, wurden ausgeschlossen, da durch diese Ereignisse zusätzliche Belastungen entstehen, die das Ergebnis beeinflussen können. Außerdem sind nur diejenigen Väter inbegriffen, die sowohl an der ersten (T1) als auch an der dritten Staffel (T3) teilgenommen haben. Dementsprechend umfasst die Studie insgesamt 42 Probanden, von denen 35,7% (n=15) Väter frühgeborener Kinder und 64,3% (n=27) Väter termingerecht geborener Kinder sind.

Ergebnisse

Entwicklung der Partnerschaft von der Geburt bis zwölf Monate nach der Entlassung

Nach Gloger-Tippelt u.a. (vgl. 1995, 268) gerät die Partnerschaft gegenüber den neuen Aufgaben durch das Kind zeitweise in den Hintergrund. Durch die Geburt entstehen Einschränkungen in der Befriedigung von vorgeburtlich erfüllten Bedürfnissen. Nach Reichle (vgl. 1994, 292) haben weniger die Veränderungen der Aufgabenverteilung, sondern die damit verbundenen Einschränkungen Auswirkungen auf die Partnerschaftszufriedenheit. Die vorgeburtlichen Bedürfnisse werden reduziert oder gar nicht mehr erfüllt, da die nun entstandene Aufgabe der Kinderversorgung auf Kosten dieser Bereiche bewältigt wird.

Gerade durch eine zu frühe Geburt entstehen für die Eltern hohe emotionale und organisatorische Belastungen, die sich negativ auf die Partnerschaftszufriedenheit auswirken können. Umso erstaunlicher ist das Ergebnis dieser Studie. Entsprechend des bisherigen Forschungsstandes war sowohl bei Vätern früh- als auch bei Vätern termingerecht geborener Kinder zwölf Monate nach der Entlassung des Kindes aus der Klinik ein deutliches Absinken der Partnerschaftszufriedenheit festzustellen. 60% (n=9) der Väter frühgeborener und 59,3% (n=16) der Väter termingerecht geborener Kinder beurteilten ihre Beziehung als „harmonisch" und 40% (n=7) der Väter frühgeborener sowie 40,7% (n=11) der Väter termingerecht geborener Kinder als „belastet". So zeigte sich entgegen der Hypothese, dass sich die Partnerschaft der Väter termingerecht geborener Kinder minimal verschlechterte.

Erklären könnte man dies damit, dass die „Problemsituation Frühgeburt" die Partner mehr zusammenschweißt, um sich gegenseitig zu unterstützen. Somit kann die erste Hypothese, dass sich eine Frühgeburt negativ auf die Partnerschaftszufriedenheit auswirkt, zurückgewiesen werden.

Betrachtet man jedoch die Art der Veränderungen genauer, dann lässt sich feststellen, dass selbst die Väter eines frühgeborenen Kindes mit einer harmonischen Beziehung berichteten, sie hätten in der Partnerschaft seit der Geburt des Kindes weniger Zeit füreinander. Dies kann an den besonderen Bedürfnissen eines Frühgeborenen liegen, das eine ausgiebigere Betreuung erforderlich macht und somit weniger Zeit für die Partnerschaft lässt. Die Väter termingerecht geborener Kinder mit einer harmonischen Beziehung gaben hingegen mehrheitlich an, die Beziehung zur Partnerin sei intensiver geworden (25,9% im Vergleich zu 6,7%). Die Geburt hat bei dieser Gruppe möglicherweise zu einer Stabilisierung und Vertiefung der Beziehung geführt und somit eventuell die Intensität der Partnerschaft verstärkt.

Zum Zeitpunkt der dritten Erhebung – ein Jahr nach der Entlassung des Kindes aus der Klinik – lässt sich lediglich feststellen, dass die Väter termingerecht geborener Kinder sowohl mehr positive als auch mehr negative Veränderungen in der Partnerschaft als die Väter frühgeborener Kinder erlebt haben. Allerdings zeigte sich durch einen Vergleich der Antworten von den Vätern mit einer harmonischen zu denen mit einer belasteten Beziehung das hochsignifikante Ergebnis (p=0,011), dass nur die Väter mit einer belasteten Beziehung diese als distanzierter empfanden und die mit einer harmonischen Beziehung die Partnerschaft als intensiver beschrieben.

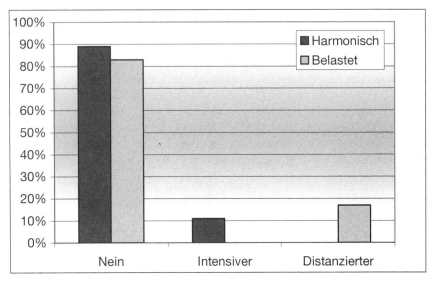

Abb. 1: Beziehungsveränderung in Abhängigkeit zur Partnerschaftsqualität bei Vätern frühgeborener Kinder (T3)

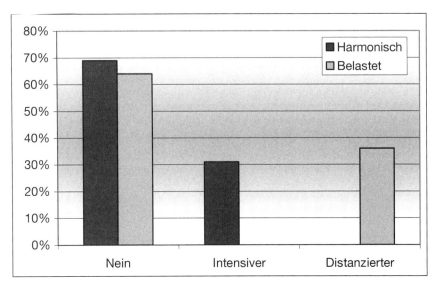

Abb. 2: Beziehungsveränderung in Abhängigkeit zur Partnerschaftsqualität bei Vätern termingerecht geborener Kinder (T3)

Einfluss der Diagnose Entwicklungsverzögerung/Behinderung auf die Partnerschaftszufriedenheit

Des Weiteren konnte auch die zweite Hypothese der Untersuchung nicht bestätigt werden. Bei Eltern eines frühgeborenen Kindes mit einer zum

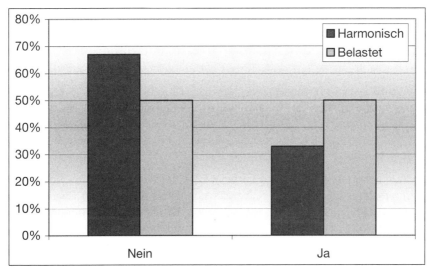

Abb. 3: Gesundheitsstörung in Abhängigkeit zur Partnerschaftsqualität bei Vätern frühgeborener Kinder (F3)

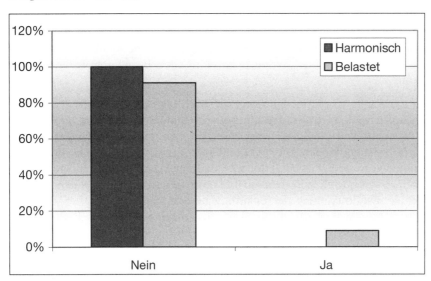

Abb. 4: Gesundheitsstörung in Abhängigkeit zur Partnerschaftsqualität bei Vätern termingerecht geborener Kinder (F3)

Zeitpunkt der dritten Untersuchung diagnostizierten Behinderung oder Entwicklungsverzögerung schien diese Tatsache keinen Einfluss auf die Partnerschaftszufriedenheit zu haben. So gaben 50% der Väter frühgeborener Kinder mit einer harmonischen Paarbeziehung eine Behinderung oder Entwicklungsstörung ihres Kindes an. Bei den Vätern termingerecht geborener Kinder mit einer harmonischen Beziehung lag hingegen keine Problematik vor.

Weitere Einflussfaktoren auf die Partnerschaftszufriedenheit

Bezüglich der sozioökonomischen Gegebenheiten zeigte sich beim Familienstand kein Unterschied zwischen harmonischen und belasteten Beziehungen und auch nicht bei den beiden Vergleichsgruppen. Dass, wie Farmer-Lindenberg (vgl. 1999, 127) behauptet, verheiratete Männer zufriedener mit ihrer Paarbeziehung sind als nicht verheiratete, konnte hier nicht belegt werden.

Ebenfalls konnte in dieser Studie nicht bestätigt werden, dass nach längerer Partnerschaftsdauer die Paare bereits genügend Zeit für die Zweisamkeit sowie für die Entwicklung der Gewohnheiten und Alltagsroutine gehabt haben, so dass sie sich stärker auf das Kind fokussieren können (vgl. Reichle 1994, 132). Die meisten Paare beider Gruppen, ob mit einer harmonischen oder belasteten Beziehung, bekamen ihr Kind in den ersten zehn Jahren und es war kein Anstieg der Partnerschaftszufriedenheit festzustellen, je länger die Partnerschaft bestand.

Ebenso wurde entgegen Adler u.a. (vgl. 1994, 20) nicht festgestellt, dass mit steigendem Alter der Männer die Unzufriedenheit zunimmt. In dieser Studie befanden sich die Väter mit einer belasteten Beziehung alle im Alter unter 40 Jahre und nur Väter mit einer harmonischen Beziehung waren über 40 Jahre alt.

In der Studie von Dyer (vgl. 1963, zit. nach Olbricht u.a. 1986, 200) wurde herausgefunden, dass durch ein höheres Bildungsniveau das Erleben von Krisenhaftigkeit gemildert wird. Dies kann durch die vorliegende Studie nicht bestätigt werden. Die Väter und Mütter mit einer belasteten Beziehung kamen vorwiegend aus den höheren Bildungsklassen. Dies kann zum einen darin begründet liegen, dass in höheren Bildungsklassen eine verstärkte Problemwahrnehmung der Belastung besteht (vgl. Petzold 1995, zit. nach Werneck 1998, 33), zum anderen wurden durch die höheren Bildungsklassen möglicherweise anspruchsvollere Berufe ausgeübt, die sich ebenfalls belastend auswirken.

Die Studie bestätigte weiterhin die Aussage Endepohls (vgl. 1989, 58), dass die meisten Frauen, die vor der Geburt berufstätig waren, ihren Beruf nach der Geburt aufgaben und sich voll und ganz der Pflege und Erziehung des

Kindes widmeten. Nach Axelson (vgl. 1963, zit. nach Endepohls 1989, 89) haben die Männer mit berufstätigen Frauen generell eine verminderte partnerschaftliche Zufriedenheit. Dem kann insofern zugestimmt werden, als dass die Partnerschaften, bei denen die Frauen berufstätig waren, als belastet bezeichnet wurden, wenn die Frau einen anspruchsvollen Beruf ausübte.

In dieser Studie konnte des Weiteren gezeigt werden, dass die Art des Berufes der Väter keinen Einfluss auf die Partnerschaftszufriedenheit hatte. Jedoch ließ sich in beiden Vergleichsgruppen feststellen, dass sich die berufliche Zufriedenheit auf die Partnerschaftszufriedenheit niederschlagen kann (vgl. auch Fthenakis u.a. 2002, 422).

Bezüglich der Einflussfaktoren während der Schwangerschaft kann festgestellt werden, dass entgegen Olbricht u.a., die von Eltern berichten, bei denen durch die Geburt eines ungeplanten Kindes umfassende Krisen entstanden (vgl. 1986, 200), in dieser Studie bei allen Vätern mit einer belasteten Beziehung die Schwangerschaft geplant war.

Ebenso wenig kann die These von Fthenakis u.a. (vgl. 2002, 422) bestätigt werden, dass die Partnerschaftszufriedenheit umso weniger zurückgeht, je positiver der Mann die Nachricht der Schwangerschaft aufnimmt. In dieser Studie waren es gerade die Väter mit einer belasteten Beziehung, die mit „sehr erfreut" (100%) auf die Schwangerschaft reagiert haben.

Die Studie bestätigte hingegen die Aussage El-Giamals (vgl. 1997, 263), dass eine gute, gefestigte Paarbeziehung schwierige Anpassungsleistungen in der Anfangsphase einer jungen Familie puffern kann. Fast alle Paare beider Vergleichsgruppen, die vor der Geburt des Kindes eine harmonische Beziehung hatten, hatten diese auch nach der Geburt.

Bei beiden Vergleichsgruppen konnte hinsichtlich des Geschlechts des Kindes kein Einfluss auf die Partnerschaftszufriedenheit festgestellt werden. Somit war bei dieser Stichprobe die partnerschaftliche Zufriedenheit entgegen Adler u.a. (vgl. 1994, 17) mit der Geburt eines Jungen nicht erhöht, was durch den Sozial- und Bildungsstatus des Kollektivs bedingt sein könnte.

Hinsichtlich wahrgenommener Hinweise auf kindliche Regulationsstörungen konnte zwölf Monate nach der Entlassung des Kindes kein relevanter Unterschied zwischen den Angaben der Väter eines früh- und denen eines termingerecht geborenen Kindes aufgezeigt werden. Bemerkenswert war sogar, dass entgegen der Erwartung die Väter von termingerecht geborenen Kindern häufiger von Schlafproblemen ihres Kindes berichteten als die Väter von Frühgeborenen. Auch das Schlafverhalten des Kindes hatte in beiden Vergleichsgruppen keinen unterschiedlichen Einfluss auf die Partnerschaftszufriedenheit. Ein von den Vätern beschriebenes problematisches

Verhalten des Kindes war in dieser Studie somit kein Einflussfaktor für die erlebte Verschlechterung der Partnerschaftszufriedenheit, wie es Belsky u.a. beschrieben (vgl. 1990, zit. nach Gloger-Tippelt u.a. 1995, 258).

In dieser Studie wurde herausgestellt, dass sich sowohl die Väter eines früh- als auch die eines termingerecht geborenen Kindes mit belasteten Beziehungen mehr am Haushalt beteiligen oder sich „beteiligen müssen". Somit kann, wie auch Olbricht u.a. feststellen (vgl. 1986, zit. nach El-Giamal 1997, 262), eine der Situation angepasste Aufgabenverteilung zwischen den Partnern ein wichtiger Einflussfaktor für eine funktionierende Paarbeziehung sein. Dies sei insbesondere bei Ersteltern sehr wichtig, da es bei diesen nach der Geburt meist zu einer traditionellen Rollenaufteilung komme.

Nach Künzler (vgl. 1994, 118) leiden Paare besonders in der Kleinkindphase unter chronischem und drastischem Zeitmangel für die Partnerschaft, was zu einem Rückgang der Zufriedenheit führt. In der vorliegenden Studie konnte dies bestätigt werden. Väter mit einer belasteten Beziehung berichteten häufiger (33%) von dieser Entwicklung als Väter mit einer harmonischen Beziehung (11%).

Wie Fthenakis (vgl. 1999, 39) beschreibt, neigen die Väter beider Vergleichsgruppen mit einer niedrigen Partnerschaftsqualität dazu, sich unter der Woche seltener mit dem Kind zu beschäftigen. Allerdings konnte die These von Adler u.a (vgl. 1994, 9), dass eine größere partnerschaftliche Zufriedenheit in Familien herrsche, in denen sich der Vater an der Kinderversorgung mehr beteiligt, nicht bestätigt werden.

Bezüglich der Unterstützung in der Betreuung des Kindes war festzustellen, dass sowohl zwischen beiden Vergleichsgruppen mit harmonischen Beziehungen als auch innerhalb der Gruppe der Väter der termingerecht geborenen Kinder mit harmonischen und belasteten Beziehungen keine relevanten Unterschiede bestehen. Auffällig war nur, dass alle Väter eines frühgeborenen Kindes mit einer belasteten Beziehung Hilfe bei der Betreuung des Kindes erhielten. Die Unterstützung führt hier möglicherweise nicht zu der erwarteten Entlastung, da Väter u.U. stärkeres väterliches Engagement zeigen und dadurch mehr Vertrauen zur Partnerin erleben, wenn ein Rückzug auf die Kernfamilie erfolgt (vgl. Adler u.a. 1994, 20ff.).

Gegenüber den harmonischen Beziehungen beider Gruppen äußern die Väter mit belasteten Beziehungen ein erhöhtes Stressempfinden. In diesem Zusammenhang kann Bodemann (vgl. 1998, 241) zugestimmt werden, nach dem sich Stress negativ auf die partnerschaftliche Zufriedenheit auswirkt.

Bei dem Wunsch nach dem Zweitkind waren die Väter termingerecht geborener Kinder mit einer belasteten Beziehung zögerlicher als der Rest der

Stichprobe. Dies kann durch deutliche Einbußen in der Beziehungsqualität begründet sein (vgl. Fthenakis u.a. 2002, 216). Dass dies bei den Vätern mit einer Frühgeburt und einer belasteten Beziehung nicht der Fall ist, könnte daran liegen, dass bei diesen Vätern der Wunsch nach einer termingerechten Geburt ohne Komplikationen besteht.

Fazit und Ausblick

Insgesamt konnte durch die vorliegende Studie gezeigt werden, dass die Entwicklung der Partnerschaft von dem Zeitpunkt vor der Schwangerschaft bis zwölf Monate nach der Entlassung des Kindes aus der Klinik bei Vätern frühgeborener und bei Vätern termingerecht geborener Kinder nahezu gleich verläuft. Bei beiden Vergleichsgruppen war ein Absinken der Partnerschaftszufriedenheit festzustellen, das aber nicht speziell auf die Frühgeburt zurückzuführen ist.

Da die Paarbeziehung, wie eingangs erwähnt, eine wichtige Ressource zur Bewältigung von kritischen Lebenssituationen darstellt, sollten Maßnahmen zur Stabilisierung der Partnerschaft in Betrachtung gezogen werden. Des Weiteren hat die Paarbeziehung einen Einfluss auf die Entwicklung des Kindes und dient in vielerlei Hinsicht als Vorbildfunktion für das Kind, weshalb die Vorbeugung der Manifestation einer Beziehungskrise von Bedeutung ist.

Das Paar muss lernen, das Kind zu akzeptieren, ohne dabei die Paarbeziehung zu vernachlässigen. Die Vater-Kind-Beziehung, die Mutter-Kind-Beziehung und die Paarbeziehung müssen in eine Beziehungstriade integriert werden.

Nach Hahlweg (vgl. 1991, zit. nach Reichle 2002, 85) sind es nicht die Differenzen zwischen den Partnern, die eine Krise hervorrufen, sondern die Art und Weise, wie die Partner mit den Differenzen umgehen.

Nach Lemasters (vgl. 1957, zit. nach Olbricht u.a. 1986, 199) sind nicht die ungewollten Schwangerschaften, eine unglückliche Partnerschaft oder eine zu geringe Anpassungsfähigkeit der Partner die Gründe für eine Krise, sondern eine nicht ausreichende Vorbereitung der jungen Eltern auf ihre Rolle. Die Eltern haben häufig eine romantische Vorstellung von Elternschaft und Interaktion mit dem Kind und werden nach der Geburt mit Anforderungen wie nächtlichen Ruhestörungen, ständiger Präsenzpflicht und einem hohen Aufwand konfrontiert.

Auch Gloger-Tippelt u.a. (vgl. 1995, 268) sind der Meinung, Vorbereitungskurse auf die Geburt sollten auf die zu erwartenden Veränderungen der Partnerschaft hinweisen sowie Bewältigungsstrategien für die Belastung vermitteln. Betschart-Schelbert (vgl. 1992, 220) nennt Personen wie den betreuenden Arzt, Institutionen mit dem Schwerpunkt Paar- und Familienthematik und auch private Stellen wie Therapeuten, in denen diese Geburtsvorbereitungskurse angeboten werden.

Reichle (vgl. 1999, zit. nach 2002, 86) berichtet von einem Programm, das die Partnerschaftsentwicklung in eine konstruktive Richtung lenkt. Es setzt an den identifizierten Risikofaktoren an. Die Eltern werden dazu angeleitet, Einschränkungen als veränderbar wahrzunehmen, Ungerechtigkeitserlebnisse zu reduzieren, die Verteilung von Aufgaben in der Familie zu optimieren sowie zu versuchen, Belastungen so weit wie möglich zu vermindern.

Die Partnerschaft sollte von Offenheit und Durchlässigkeit geprägt sein, da der kognitive und emotionale Dialog ein wichtiger Bestandteil der Beziehung ist. Dies führt zu einer Angleichung innerlicher Positionen, so dass die Partnerschaft nicht von starren komplementären Positionen der Partner und ungeklärten Konflikten geprägt ist (vgl. Klitzing 1994, 59). Eine Anleitung zu einer problembezogenen Kommunikation wirkt sich positiv auf die Paarbeziehung aus (vgl. Himmelreich 1996, 133). Diese Kompetenzen könnten in solchen Vorbereitungskursen erlernt werden.

Gerade Eltern von Frühgeborenen sollten Hilfe von Fachkräften annehmen, um mit den besonderen Belastungen fertig zu werden. Frühgeborenenelterngruppen dienen zum Erfahrungsaustausch, zur gemeinsamen Verarbeitung von Krisen, zum Ansprechen von Konflikten und Reibungen zwischen den Eltern sowie zum Erkennen schwerer familiärer Konflikte (vgl. Hantsche u.a. 1992, zit. nach Vonderlin 1999, 91f.). Väter, die an einer Gruppe teilnehmen, beschreiben sich als kompetenter im Vergleich zu Vätern ohne Gruppenteilnahme. Auch fühlen sie sich weniger überfordert und frustriert. Ebenfalls ist bei Eltern mit Gruppenteilnahme ein verstärkter Zuwachs an praktischer Unterstützung, Informationen und emotionaler Hilfe zu verzeichnen, und sie empfinden ihr Kind als weniger schwierig (vgl. Vonderlin 1999, 243f.).

Auch nach Sarimski (vgl. 2000, 14) sollten Eltern frühgeborener Kinder auf keinen Fall nach der Geburt ihres Kindes alleine gelassen werden. Sie brauchen weitere kompetente Betreuung durch den Kinderarzt, die Klinik oder spezielle Risikosprechstunden mindestens im ersten Lebensjahr des Kindes, um mit der neuen Art der vielfältigen Probleme umgehen zu. können.

Bei all diesen vorbeugenden Maßnahmen ist es von besonderer Wichtigkeit, dass diese nicht nur die Mutter des Kindes, sondern auch den Vater betreffen, um eine gemeinsame Problemlösung zu ermöglichen.

---

[1] Eine genaue Beschreibung der Gesamtstichprobe befindet sich im einleitenden Beitrag dieses Buches.

Daniel Handke

Der Einfluss frühkindlicher Regulationsstörungen bei Frühgeborenen auf das väterliche Erleben und Verhalten

Nach einer Frühgeburt bedarf es vonseiten der Therapeuten eines sehr behutsamen Vorgehens, um harmonische Interaktions- und Beziehungsformen nicht von Beginn an zu erschweren. Die neonatologische Intensivbetreuung während der stationären Zeit, aber auch die eingeschränkten kindlichen Interaktionsmöglichkeiten verlangsamen den frühen Beziehungsaufbau. Dem Vater kommt hier eine entscheidende Rolle zu, ist er doch meist das erste Elternteil, das mit dem Kind in Kontakt treten kann. Hier wird ein Grundstein für die spätere Entwicklung des Kindes gelegt. Gelingt der frühe Beziehungsaufbau nicht, können sich vielfältige Beziehungsstörungen manifestieren. Diese Interaktionsstörungen wirken sich auf unterschiedlichen Ebenen aus und manifestieren sich u.a. in Defiziten der Verhaltensregulation des Frühgeborenen.

In der vorliegenden Untersuchung soll herausgestellt werden, inwieweit die veränderte Verhaltensregulation hinsichtlich des Schrei-, Schlaf- und Fütterverhaltens der Kinder das väterliche Erleben und Verhalten beeinflusst.

Frühkindliche Regulationsstörungen

Unter Regulationsstörungen wird eine für das Alter des Kleinkinds außergewöhnliche Schwierigkeit verstanden, sein Verhalten in einem oder mehreren Interaktionszusammenhängen wie der Selbstberuhigung, dem Schreien, dem Schlafen, dem Füttern oder der Aufmerksamkeit angemessen zu regulieren. Da sich das kindliche Verhalten und die Eltern-Kind-Beziehung wechselseitig beeinflussen, gehen frühkindliche Regulationsstörungen sehr häufig mit Belastungen oder Störungen der frühen Eltern-Kind-Bindung einher. Regulationsstörungen äußern sich in alterstypischen kindlichen Symptomen. Diese zeigen sich im ersten Lebensjahr vorrangig durch exzessives Schreien sowie Schlaf- und Fütterungsprobleme (vgl. Hofacker u.a. 2003). Darüber hinaus haben die reifungsbedingten Störungen gerade bei unreif und sehr unreif geborenen Kindern einen unmittelbaren Einfluss auf die Entwicklung einer harmonischen Eltern-Kind-Beziehung (vgl. Abels u.a.

2003, 1054). Die Beziehungsbelastung ist dabei umso größer, je mehr Regulationsbereiche gestört sind, je mehr organische und soziale Risikogrößen zusätzlich einwirken und je ausgeprägter depressive oder neurologische Symptome bei den Eltern auftreten (vgl. Sarimski 2000, 120).

Exzessives Schreien

Kleinkinder bedienen sich eines reichhaltigen Repertoires an Möglichkeiten, um ihren Bedürfnissen, Gefühlslagen und Stimmungen Ausdruck zu verleihen. So sind Schreien, Weinen, Nörgeln und Quengeln normale Phänomene der kleinkindlichen Entwicklung und stellen altersgemäße Ausdrucksformen für Schmerz, Durst, Hunger oder das Bedürfnis nach sozialem Kontakt dar (vgl. Ziegler u.a. 2004, 115). Äußern sich die Schreianfälle in anfallsartigen, unstillbaren Störphasen ohne erkennbaren Grund, werden sie als exzessiv bezeichnet. Eine subjektive Definition erfolgt dabei insbesondere durch die elterliche Belastungsempfindung. Als zusätzliches objektives Bewertungskriterium wird die so genannte „Dreier-Regel" herangezogen (vgl. Wessels u.a. 1954, zit. nach Sarimski 2000, 119): „Anfälle von Schreien, Irritierbarkeit oder Nörgeln, die länger als drei Stunden am Tag dauern, an mehr als drei Tagen in der Woche auftreten und seit mehr als drei Wochen angedauert haben."

Störungen des Schlafverhaltens

Exzessives Schreien und Schlafstörungen bei Risikogeborenen treten häufig gemeinsam oder zeitlich nah beieinander auf. Ähnlich wie das exzessive Schreien werden Schlafstörungen aber oft bagatellisiert und ihre Auswirkungen auf die Eltern-Kind-Beziehung unterschätzt (vgl. Schieche u.a. 2004, 147).

Auf den Schlaf bezogene Entwicklungsfaktoren sind weitestgehend angeboren und unterliegen einer biologischen Kontrolle, die das eigentliche Schlafverhalten lenkt. So gehört es in den zu erwartenden Entwicklungsrahmen, dass Säuglinge mehrmals nachts aufwachen, dann aber wieder von selbst in eine Phase des tieferen Schlafes übergehen. Kindern mit Störungen im Schlafverhalten gelingt es allerdings nicht ohne weiteres, alleine ohne elterliche Hilfe wieder in den Schlaf zu finden.

Nächtliches Schreien als Folge des Aufwachens wird häufig als Aufruf gedeutet, sich um das Baby zu kümmern. Bei überstimulierten Beruhigungsversuchen bleibt das Trösten aber ohne Erfolg, die ständig wachsende Belastung erschöpft die Eltern, macht sie niedergeschlagen. Häufig entwickeln Kinder Einschlaf- und Durchschlafstörungen, wenn sie in einen ungeregelten Tagesablauf eingebettet sind. Ebenso fehlt es den Eltern oft an Vertrauen in ihre eigenen Fähigkeiten, die Äußerungen ihres Kindes richtig zu interpretieren. In der Folge wird das Kind noch zusätzlich mit vermehrten Arztbesuchen oder eigentlich unnötigen Medikamenten belastet. Finden die Eltern keine adäquate Antwort auf die Unreife der Schlaf-Wach-Regulation ihres Kindes, treten als Resultat nicht selten auch Spannungen in der Partnerschaft auf (vgl. Schieche u.a. 2004, 147).

Im Zusammenwirken dieser Faktoren mit dem eigenen Schlafdefizit verlieren die Eltern häufig die Kontrolle über die Situation. Die Einschlafstörung und deren Begleitsymptome verselbstständigen sich.

Störungen des Fütterverhaltens

Das Trinkverhalten des Frühgeborenen unterscheidet sich grundlegend von dem des termingerecht Geborenen. Symptomatisch sind nicht zuletzt die wiederholte Nahrungsverweigerung oder eine ausgeprägte Essunlust (vgl. Hofacker u.a. 2004, 174). Ein gesundes termingerecht geborenes Baby ist in seinem Fütterverhalten wesentlich stabiler und vitaler (vgl. Huntemann 1995, 15). Zusätzlich liegen bei Frühgeborenen sehr ungünstige Voraussetzungen vor, die eine spätere Fütterstörung bedingen können. Durch die intensivmedizinische Bertreuung während der stationären Behandlungsphasen nach der plötzlichen Entbindung sind sie in besonderem Maße überstimuliert und traumatisiert (vgl. Wilken 2002; Huntemann 1995, 15). Ursächlich hierfür sind vor allem die häufigen oralen Manipulationen, die das Absaugen, der Beatmungstubus und die Magensonde unvermeidbar mit sich bringen.

Frühgeborene Babys sind für das Eindringen von Feststoffen oder Flüssigkeit in die Lunge sehr anfällig, da die Koordination der Saug- und Schluckphasen noch unausgereift ist. Aus diesem Grund finden die ersten Fütterungsversuche häufig im Inkubator unter EKG-Überwachung statt (vgl. Huntemann u.a. 1995, 14). Darüber hinaus wird gerade bei besonders kleinen Frühgeborenen häufig über eine Magensonde Nahrung zugeführt, was bei unsensibler Anwendung zu traumatischen Erlebnissen führen kann. In extremen Fällen kann es nach einer belasteten Vorgeschichte zu angstvollen, unter Umständen sogar zu panischen Abwehrreaktionen der Kinder kommen (vgl. Hofacker u.a. 2004, 174). Entwickelt sich aus einer Fütterstörung schließlich eine Gedeihstörung, ist der Ernstfall eingetreten. Hier sind dann Interventionen im besonderen Maße notwendig, um eine körperliche Schädigung als Folge der Nahrungsverweigerung auszuschließen.

Der Einfluss von Regulationsstörungen bei Frühgeborenen auf das väterliche Erleben und Verhalten – Ergebnisse der Längsschnittuntersuchung

Ziel und Fragestellungen der Untersuchung

Diese Untersuchung soll Aufschluss darüber geben, inwieweit sich frühkindliche Regulationsstörungen bei Risikogeborenen, bei denen nicht zuletzt auch aufgrund biologischer Vorraussetzungen Regulationsstörungen häufig sind, auf das väterliche Verhalten und Erleben im Zeitraum des ersten Lebensjahres auswirken.

Basierend auf der Grundproblematik sollen folgende Fragestellungen untersucht werden:

1. Wie weit reichend ist der Einfluss einer gestörten Verhaltensregulation, wenn diese noch zusätzlich zu den Belastungen der Frühgeburt auftritt?

2. Bilden sich die Regulationsstörungen insbesondere bei Vätern frühgeborener Kinder in einer erhöhten Stressbelastung ab?

3. Inwieweit zeigt sich die Qualität der Partnerschaft zwischen Mutter und Vater von der Ausprägung der Regulationsstörungen beeinflusst?

Teilnehmer der Untersuchung

Insgesamt wurden für diese Teilstudie[1] bei der ersten Datenerhebung (T1) 189 Väter befragt, von denen 27,5% (n=52) Väter frühgeborener Einlinge und 8,5% (n=16) Väter frühgeborener Mehrlinge waren. 60,8% (n=115) der Befragten waren Väter termingerechter Einlinge und 3,2% (n=6) Väter termingerechter Mehrlinge.

Zum Zeitpunkt der zweiten Befragung (T2) wurden Daten von 160 Vätern erhoben, d.h. 29 Väter weniger als im Vorfeld (davon 20 aus der Gruppe der Väter termingerechter Einlinge).

Darüber hinaus sind 6 Väter frühgeborener Einlinge und 3 Väter frühgeborener Mehrlinge in der zweiten Erhebungsphase nicht mehr erfasst. Die Zahl der Väter termingerecht geborener Mehrlinge blieb unverändert.

Ein Jahr nach der Geburt (T3) fanden sich 117 Väter aus der Gesamtgruppe bereit, an der abschließenden Befragung teilzunehmen. Das bedeutet, dass ca. 38% (n=72) aller 189 Väter zu diesem Zeitpunkt nicht mehr zur Verfügung standen.

Darstellung der Untersuchungsergebnisse

Zunächst soll der Zusammenhang zwischen den Leitsymptomen und der Beziehungseinschätzung abgebildet werden. Dabei werden nur die letzten beiden Erhebungen berücksichtigt. Bei der ersten Befragung war dieser Themenkomplex nicht relevant, daher wurden zu diesem Zeitpunkt keine Daten erhoben. Darüber hinaus beschränkt sich die Analyse auf die Angaben zum „Kind 1", d.h., von jedem Vater fließt nur eine Antwort in die Auswertung mit ein, um ein Ungleichgewicht zugunsten der Mehrlingsväter auszuschließen. Da es sich bei der vorliegenden Teilstudie um eine Betrachtung im Längsschnitt handelt, wird größtenteils eine bivariate Darstellung[2] der Ergebnisse aus den verschiedenen Erhebungszeiträumen vorgenommen.

Einfluss der Regulationsstörungen auf die Vater-Kind-Beziehung

Schreiverhalten

Zu beiden Befragungszeitpunkten (T2/T3) beschrieben insbesondere die Väter unauffälliger Kinder unabhängig von deren Geburtsstatus ihre Beziehung als harmonisch. Hinsichtlich der belasteten Beziehungen zeigt sich eine Entwicklung innerhalb des Untersuchungszeitraumes. Zum Zeitpunkt der letzten Erhebung nimmt das gleichzeitige Auftreten von Belastungen und auffälligem Schreiverhalten stark ab.

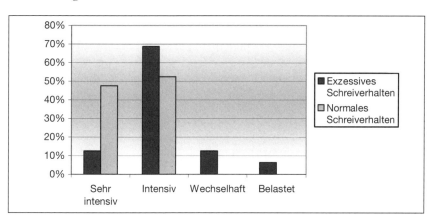

Abb. 1: Beziehung zum Kind in Abhängigkeit von Schreiphasen bei Vätern frühgeborener Kinder (T2)

Schlafverhalten

Die Analyse der Schlafgewohnheiten bezogen auf die Beziehungseinschätzung zu den Kindern führt zu ähnlichen Ergebnissen wie die des Schreiverhaltens. So waren es während des zweiten Untersuchungszyklus (T2) vor allem die Väter frühgeborener Kinder mit harmonischen Beziehungen, die von regelmäßigem Schlafverhalten berichteten. Noch deutlicher bilden die Ergebnisse der Väter termingeborener Kinder diesen Zusammenhang ab. 93,3% (n=28) mit „sehr intensiver" und 96,9% (n = 63) mit „intensiver" Vater-Kind-Beziehung schätzten den Schlafrhythmus ihrer Kinder als „regelmäßig" ein.

In der dritten Untersuchungsperiode (T3) werden diese Ergebnisse weitestgehend bestätigt. 88,5% (n=23) der Väter frühgeborener Kinder mit „intensiver" und 86,7% mit „sehr intensiver" Beziehung berichteten von regelmäßigen Schlafgewohnheiten ihrer Kinder. Bei keinem aus der Gesamtgruppe der Väter frühgeborener Kinder ließ sich ein negativer Zusammenhang dieser Variablen feststellen, da alle Probanden mit „wechselhafter" Vater-Kind-Beziehung (4,7%) den Schlaf ihrer Kinder dennoch sehr positiv beschrieben. Scheinbar ist es den Vätern gelungen, sich den Besonderheiten ihrer Kinder anzupassen, so dass die Belastungen, die aus dem Schlafverhalten ihrer Kinder resultieren, als weniger relevant eingestuft werden.

Fütterverhalten

63,6% (n=14) der Väter frühgeborener Kinder mit „sehr intensiver" und 64,7% mit „intensiver" Beziehung beschrieben das Essverhalten ihrer Kinder während der zweiten Befragung als „ausreichend/regelmäßig" und 27,3% bzw. 14,7% als „ausreichend/unregelmäßig".

Je 83,3% bzw. 87,7% der Väter termingeborener Kinder mit „sehr intensiver" bzw. „intensiver" Beziehung schilderten das Essverhalten als optimal. Die restlichen 16,6% mit „sehr intensivem" und 12,3% mit „intensivem" Vater-Kind-Verhältnis gaben dennoch leichte bis signifikante Auffälligkeiten an.

Während der dritten Befragungsperiode ist bei 73,3% der Väter frühgeborener Kinder und 81,1% der Väter termingerechter Kinder mit „sehr intensiver" Beziehungseinschätzung ein „regelmäßiges/vollständiges" Essverhalten vorherrschend. Das Essverhalten der frühgeborenen Kinder, zu denen eine „intensive" Beziehung bestand, wurde von 53,8% ebenfalls als „regelmäßig/vollständig" und von 30,8% als „unregelmäßig/vollständig" beschrieben. Weiter berichteten die Probanden aus der Gruppe der Väter Frühgeborener mit „wechselhafter" Beziehung entweder von „unregelmäßigem/vollständigem" oder „regelmäßigem/unvollständigem" Essverhalten.

Zusammenfassung

Die Abnahme der Auffälligkeiten ist vermutlich auf verbesserte Bewältigungsstrategien zurückzuführen, die die Väter im Laufe der Studie entwickelt haben. Dennoch ist ein leichter Überhang in der Gruppe der Väter frühgeborener Kinder festzustellen. Die hohe Korrelation der positiven Merkmale zeigt, dass eine intensive Vater-Kind-Beziehung selbst größte Belastungen kompensieren kann und die Toleranzschwelle für das subjektive Belastungsempfinden anhebt.

Einfluss der Regulationsstörungen auf das Stresserleben

45,8% der Väter frühgeborener Kinder und 39,4% der Kontrollväter waren zum Zeitpunkt der zweiten Befragung durch die neue Lebenssituation stressbelastet. Bei der dritten Befragung gaben 46,5% der Väter frühgeborener Kinder und 47,3% der Väter termingeborener Kinder eine Stressbelastung an. Hauptursache hierfür war bei 20,9% der Väter frühgeborener Kinder und bei 16,2% der Väter termingeborener Kinder die berufliche Belastung. Lediglich 2,3% der Väter frühgeborener Kinder und 5,4% der Väter termingeborener Kinder gaben die neue Situation als ursächlich an. Nach Gründen für die Belastungen wurde zum Zeitpunkt der zweiten Erhebung nicht gefragt. Dennoch wird im Folgenden anhand der Regulationsstörungen dargestellt, inwieweit vorhandene Stressbelastungen mit diesen korrespondieren.

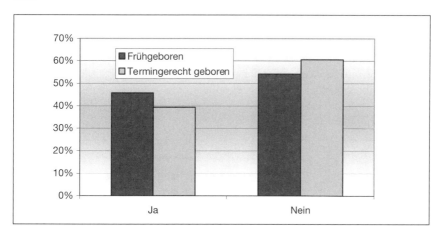

Abb. 2: Stressbelastung in Abhängigkeit zum Geburtsstatus (T2)

Schreiverhalten

Der Vergleich mit den Leitsymptomen zeigt zu beiden Untersuchungszeitpunkten bei 39,1% (T3) bzw. 46,2% (T2) der stressbelasteten Väter frühgeborener Kinder einen Zusammenhang mit auffälligem Schreiverhalten ihrer Kinder. In der Kontrollgruppe findet sich dagegen nur bei 17,1% (T3) und 41% (T2) der stressbelasteten Väter eine Übereinstimmung.

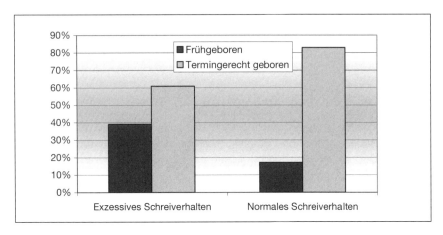

Abb. 3: Schreiverhalten in Abhängigkeit vom Geburtsstatus des Kindes bei stressbelasteten Vätern (T3)

Schlafverhalten

Im Hinblick auf das Schlafverhalten gaben in der Gruppe der stressbelasteten Väter frühgeborener Kinder 17,4% (T3) und 51,8% (T2) Besonderheiten
an. Das nächtliche Füttern wurde während der zweiten Befragung mit
25,9% am häufigsten genannt. 15,4% (T3) und 48,8% (T2) der stressbelasteten Väter termingeborener Kinder berichteten von Auffälligkeiten im Schlafverhalten ihrer Kinder. Dabei ist ebenfalls der Zusammenhang von Stressbelastung und nächtlichem Füttern während der zweiten Befragung mit
38,5% vorherrschend.

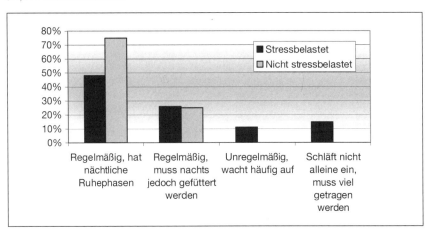

Abb. 4: Stressbelastung in Abhängigkeit vom Schlafverhalten bei Vätern frühgeborener Kinder
       (T2)

Fütterverhalten

Bezüglich des Fütterverhaltens finden sich innerhalb der Gruppe der stress-belasteten Väter frühgeborener Kinder bei 14,8% (T2) und 21,7% (T3) Zusammenhänge zu den Kindern, die ihr Essen „unvollständig/regelmäßig" einnahmen. 18,5% (T2) und 34,8% (T3) der stressbelasteten Väter frühge-borener Kinder schilderten das Fütterverhalten als „unregelmäßig/vollstän-dig". Die stressbelasteten Väter termingeborener Kinder bezeichneten zu 5,1% (T2) und 8,6% (T3) das Fütterverhalten als „unvollständig/regelmäßig" und zu 14,3% (T3) bzw. 15,4% (T2) als „unregelmäßig/vollständig". Als „unregelmäßig/unvollständig" schilderten nur zum Zeitpunkt der zweiten Befragung (T2) 11,1% der stressbelasteten Väter frühgeborener Kinder das Fütterverhalten und keiner der Väter termingeborener Kinder. Während des dritten Erhebungszeitraums (T3) beschrieben 2,9% der gestressten Väter ter-mingeborener Kinder das Fütterverhalten als „unregelmäßig/unvollstän-dig", aber keiner der Väter frühgeborener Kinder.

Zusammenfassung

Obwohl bei beiden Gruppen die Stressbelastung ähnlich hoch ist, korres-pondieren die Besonderheiten in der Verhaltensregulation bei den Vätern frühgeborener Kinder etwas stärker mit der Stressbelastung als in der Ver-gleichsgruppe. Am stärksten von allen Leitsymptomen trifft dies auf das Schlafverhalten der Kinder zu. Nächtliche Störungen und das daraus resul-tierende Schlafdefizit stellen die größte Belastung dar. Insbesondere scheint das nächtliche Füttern für das Stressempfinden bedeutsam zu sein, wohin-gegen das Herumtragen weniger stark ins Gewicht fällt. Darüber hinaus wird das Schreien, wahrscheinlich auch aufgrund seines akustischen Anteils, ebenfalls sehr intensiv als Stress empfunden.

Augenfällig ist zudem, dass innerhalb des gesamten Untersuchungszeit-raums das gemeinsame Auftreten von Stressbelastungen und Regulations-störungen zum Ende der Studie hin beständig abnahm. Eine deutliche Aus-nahme bildet das Fütterverhalten der Frühgeborenen. Dies bestätigt den Stellenwert dieses Leitsymptoms, das sich bei ca. 35% der frühgeborenen Kinder während des Beobachtungszeitraums verschlechtert hat. Hinsicht-lich der übrigen Leitsymptome wirken sich die Verbesserungen des Regu-lationsverhaltens, wie sie innerhalb dieser Studie beobachtet wurden, posi-tiv auf die Stressbelastung aus. So gab zum Zeitpunkt der dritten Befragung ein Großteil aller Väter nicht die neue Situation als Grund für die Belastung an, vielmehr lässt sich hier eine berufliche Indikation feststellen. Die Ursa-che alleine in den Regulationsstörungen zu suchen ist demnach unange-bracht.

Insgesamt bleibt eine stärkere Häufung von Auffälligkeiten insbesondere im Schrei- und Schlafverhalten bei der Gruppe der stressbelasteten Väter frühgeborener Kinder festzuhalten. Dies ist vermutlich direkt auf die zusätzliche Belastung durch die frühgeburtliche Symptomatik zurückzuführen, obgleich die meisten Väter bei der direkten Frage nach der Ursache den Beruf angaben.

Einfluss der Regulationsstörungen auf die Partnerschaft

Schreiverhalten

Als „wechselhaft" empfundene Partnerschaften korrelierten bei 33,3% (T3) bzw. 37,5% (T2) der Väter Frühgeborener und bei 20,8% (T3) bzw. 32,1% (T2) der Väter termingeborener Kinder mit auffälligem Schreien. Alle Väter frühgeborener Kinder mit „belasteter" oder „gespannter" Partnerschaft (T2) und 66,7% (T2) der Väter termingeborener Kinder mit „belasteter" bzw. 33,3% (T2) mit „gespannter" Partnerschaft schilderten das Schreiverhalten ihrer Kinder als problematisch. In keiner Gruppe fand sich zum Zeitpunkt der dritten Befragung eine Übereinstimmung dieser Merkmalsausprägungen.

Schlafverhalten

In der Gruppe der Väter Frühgeborener mit „wechselhafter" Partnerschaft fand sich bei 23,4% (T2) der Väter ein Zusammenhang zum nächtlichen Füttern, bei 5,9% (T2) bzw. 26,7% (T3) zu häufigem Aufwachen und bei 17,6% (T2) zum vielen Herumtragen und Nicht-alleine-Schlafen. In der Gruppe der Väter termingeborener Kinder mit „wechselhafter" Partnerschaft lässt sich bei 4,2% (T3) und 28,6% (T2 der Probanden eine Korrelation zum nächtlichen Füttern, bei 3,6% (T2) bzw. 4,2% (T3) zu häufigem Aufwachen und bei 4,2% (T3) zum vielen Herumtragen bzw. Nicht-alleine-Schlafen feststellen.

Bei je 100% (T2) der Väter frühgeborener Kinder und 66,7% (T2) bzw. 33,3% (T2) der Väter termingeborener Kinder mit „belasteter" oder „gespannter" Partnerschaft fand sich ein Zusammenhang zu Besonderheiten im Schlafverhalten ihrer Kinder.

Fütterverhalten

5,9% (T2) bis 33,3% (T3) der Väter frühgeborener Kinder und 14,3% (T2) und 16,7% (T3) der Väter termingeborener Kinder mit „wechselhafter" Partnerschaft beschrieben das Fütterverhalten ihrer Kinder als „unregelmäßig/ausreichend". Als „regelmäßig/unvollständig" schilderten 13,3% (T3) bzw. 23,5% (T2) der Väter frühgeborener Kinder und 8,3% (T3) der Väter termingeborener Kinder aus dieser Gruppe das Essverhalten. Ebenso gaben hier 5,9% (n=1) der Väter Frühgeborener bei der zweiten Erhebung und 4,2% (T3) bzw. 7,1% (T2) der Väter termingeborener Kinder „unregelmäßiges/unvollständiges" Fütterverhalten an. „Belastete" Partnerschaften korrelierten in keiner Gruppe mit Auffälligkeiten im Ess- oder Trinkverhalten der Kinder. Eine „gespannte" Partnerschaft fand sich nur bei einem der Väter frühgeborener Kinder (T2), das Fütterverhalten beschrieb dieser als „unregelmäßig/unvollständig". Innerhalb der Gruppe der Väter termingerecht Geborener mit „gespannter" Partnerschaft schilderten 66,7% (T2) bzw. 100% (T3) das Fütterverhalten als gänzlich unkompliziert und 33,3% (T2) als „unregelmäßig/ausreichend".

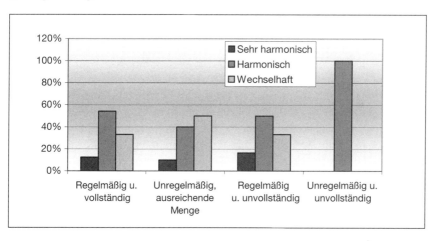

Abb. 5: Beziehung zur Partnerin in Abhängigkeit vom Fütterverhalten bei Vätern frühgeborener Kinder

Zusammenfassung

Insgesamt fanden sich innerhalb der Vätergruppen mit belasteten Partnerschaften gehäuft Auffälligkeiten in der Verhaltensregulation der Kinder. Dabei korrespondieren diese insbesondere in der Gruppe der Väter Frühgeborener durchweg höher mit Problemen in der Partnerschaft, als dies in der Kontrollgruppe der Fall ist. Die zusätzliche Belastung durch die Frühgeburt macht deutlich, dass die Ressourcen zur Bewältigung von Störungen weniger vorhanden sind als in der Vergleichsgruppe. Interessant ist die Entwicklung der einzelnen betrachteten Merkmale. Dass sich insbesondere das Verhältnis von Fütterstörungen und Qualität der Partnerschaft als einzige der hier ausgewerteten Größen verschlechtert hat, bestätigt die Untersuchungsergebnisse zur Zunahme der Komplikationen im Fütterverhalten.

Darüber hinaus zeigt sich bei den von Unregelmäßigkeiten im Schlafverhalten betroffenen Partnerschaften generell ein Zusammenhang zum nächtlichen Füttern. Das daraus resultierende Schlafdefizit der Eltern scheint die Partnerschaft mehr zu belasten, als dies nicht alleine schlafende oder regelmäßig aufwachende Kinder tun.

Am konstantesten von allen Leitsymptomen korrespondiert in beiden Gruppen das Schreiverhalten mit Spannungen in der Partnerschaft. Schreien, Weinen, Nörgeln und Quengeln als adaptive Formen der vorsprachlichen Kommunikation gehören zum normalen Ausdrucksrepertoire der Kleinkinder, um ihre Bedürfnisse geltend zu machen. Es zeigt sich, dass die Kinder scheinbar sehr sensibel auf Streit und Unstimmigkeiten in der Partnerschaft reagieren und das Schreien als Ausdrucksmittel nutzen, um sozialen Kontakt einzufordern.

Fazit und Ausblick

In dieser Untersuchung konnte herausgestellt werden, dass die eingangs formulierten Fragen insbesondere für die Väter frühgeborener Kinder eine wichtige Rolle spielen. Dabei projizieren allerdings nur die wenigsten Väter die gefundenen Schwierigkeiten in die aufkeimende Beziehung zu ihren Kindern – mehr als 90% gaben mindestens eine intensive Vater-Kind-Beziehung an. Vielmehr wirken sich die Regulationsstörungen auf weitere Kontextfaktoren wie das Stresserleben oder die Partnerschaft aus.

Auf die Regulationsstörungen bezogen konnte herausgestellt werden, dass vor allem das Schlaf- und Schreiverhalten der Kinder die größten Belastungsfaktoren darstellen. Das Stresserleben wie auch die Partnerschaft sind hiervon am stärksten betroffen. Beide Leitsymptome nehmen aber zum Ende der Untersuchung hin ab. Dies kann zum einen den tatsächlichen Rückgang als Ursache haben. Oftmals ist das Maß der empfundenen Belastung aber vielmehr von subjektiven Einschätzungen geleitet als von objektiv messbaren Kriterien. Daher ist es denkbar, dass die Väter im Laufe der Studie bessere Strategien im Umgang mit den Besonderheiten ihrer Kinder erlangt haben. Darüber hinaus entfernen sie sich mit jedem Tag mehr von den traumatischen Erlebnissen zu Beginn ihrer Vaterschaft. Die Sorgen rücken in den Hintergrund, das Erleben der neuen Situation als Vater gewinnt an Bedeutung.

Die Auswirkungen der Regulationsstörungen beschränken sich aber keineswegs auf den Kreis der Väter frühgeborener Kinder, auch die Kontrollgruppe ist hiervon betroffen. Allerdings bilden sich die Effekte durchweg schwächer ab, als es bei den Vätern frühgeborener Kinder der Fall ist. Hier wird deutlich, dass die zusätzliche Belastung einer Frühgeburt Ressourcen zur Kompensation der Störungen aufgezehrt hat.

Insgesamt fällt die Zahl der auffälligen Kinder zu gering aus, als dass die Ergebnisse als repräsentativ bezeichnet werden können. Hier werden die Grenzen der Studie ersichtlich. Nur bei den wenigsten Merkmalen ließ sich ein signifikanter Zusammenhang feststellen. Ob dies auf die niedrige Fallzahl oder auf ein tatsächlich nicht vorhandenes Resultat zurückzuführen ist, lässt sich nur durch weitere Untersuchungen feststellen.

Bei einem Großteil aller Väter fanden sich keine Besonderheiten in der Verhaltensregulation ihrer Kinder. In dieser Gruppe ist auch die Beziehungseinschätzung zum Kind am positivsten. So stellt sich die Frage, ob die harmonische Beziehung die Regulation beeinflusst oder ob die gute Verhaltensregulation sich positiv auf die Vater-Kind-Interaktion ausgewirkt hat. Vermutlich bedingen sich diese Faktoren wechselseitig. Hier findet sich eine Grundlage für die mögliche Intervention. Werden den Vätern Raum und Möglichkeiten zur Beziehungsgestaltung gegeben und konkrete Unterstützungen angeboten, eröffnen sich auch neue Wege in der Bewältigung einer Frühgeburt, nicht nur im Hinblick auf die Regulationsstörungen.

---

[1] Eine genaue Beschreibung der Projektstudie sowie des gesamten Datensatzes befindet sich im einleitenden Beitrag dieses Buches.

[2] Bei einer bivariaten Darstellung wird die Möglichkeit genutzt, zwei zu untersuchende Merkmale gegenüberzustellen.

Hartmut Holland

Familiäre Lebenssituation und Gestaltung der Vaterrolle bei Vätern frühgeborener Kinder

„Auf die veränderte Alltagsrealität in den in westlichen Industriestaaten dominierenden Kleinfamilien reagiert die Forschung erst seit einiger Zeit" (Kallenbach 1996, 80). So wurde auch die Erforschung der väterlichen Rolle während der Schwangerschaft, nach der Entbindung und in ihrer Bedeutung für die Entwicklung des Kindes bis Mitte der Siebzigerjahre stark vernachlässigt. Der Vater galt lange Zeit nur als Ernährer der Familie. Anfänglich wurde versucht, aus Untersuchungen von Müttern und Kindern auf einzelne interessante Aspekte der väterlichen Rolle zu schließen. Fthenakis (vgl. 1985, 147) sieht darin eine mögliche Erklärung für die bislang widersprüchlichen Forschungsergebnisse. Bis heute wurde keine systematische Erforschung der väterlichen Situation und Rolle vorangetrieben, obwohl bereits in den Achtzigerjahren durch vereinzelte Abhandlungen auf diesen Missstand hingewiesen wurde (vgl. Kallenbach 1996, 80).

Allmählich gewinnt dieses Thema immer mehr an Bedeutung. Die voranschreitende wirtschaftliche Globalisierung trägt ihren Teil zur Verunsicherung der Väter bei. Sie verlangt den Arbeitnehmern eine immer größere Flexibilität ab, die mit einer steigenden Unsicherheit des Arbeitsplatzes einhergeht. Die Belastungen, die im Spannungsfeld Partnerschaft, Beziehung zum Kind, Familie, soziale Kontakte und Arbeitsplatz für den Vater entstehen, sind Gegenstand der vorliegenden Untersuchung. Das besondere Interesse galt hierbei dem Verhalten der Väter frühgeborener Kinder im Vergleich zu dem der Väter termingerecht geborener Kinder über den Zeitraum von der Geburt des Kindes bis drei Monate nach der Entlassung aus der Klinik.

Die Rolle des Vaters – theoretische Vorüberlegungen

„Anthropologisch betrachtet müsste die Vaterrolle eigentlich erst erfunden werden [...]. Da Männern die ‚symbiotische Leibeserfahrung' fehlt, entstehen Vaterschaft und Vaterrolle vornehmlich durch den Aufbau einer sozialen Bindung an das Kind" (Kallenbach 1996, 77). Betrachtet man die Vaterrolle in den letzten Jahrhunderten unter dieser Prämisse, so lässt sich eine

Entwicklung hin zu einem „bürgerlichen Familienideal" erkennen, das von Liebe und Vertrautheit getragen ist. (vgl. Kallenbach 1996, 78).

Auch hinsichtlich der klassischen Vaterfunktion hat sich einiges geändert: Väter ergreifen zunehmend die Möglichkeit, sich in Kindeserziehung, Pflege, Haushalt und Küche als gleichberechtigter Partner mit einzubringen. Dieser Wandel der Vaterrolle ist insbesondere in den letzten Jahren bei jüngeren Paaren zu verzeichnen, wie einschlägige Untersuchungen belegen. „Danach rangieren Ehe, Partnerschaft, Familienleben und Haushalt auf einer Zufriedenheitsskala an erster Stelle, deutlich vor traditionellen ‚männlichen' Bereichen wie Sport, politische Betätigung, Beruf oder Aufstiegchance" (Kallenbach 1996, 80).

Für die Väter unter 45 ist es heutzutage völlig normal, eine aktive Rolle im Leben ihres Kindes einzunehmen. Dies spricht auch in der Zukunft für eine weiterführende dynamische Veränderung des väterlichen Rollenverständnisses.

Abriss der Vaterforschung der letzten Jahrzehnte

Die väterliche Rolle ist abhängig vom Alter, der individuellen charakterlichen Ausprägung des Vaters sowie der Schichtzugehörigkeit seiner Herkunftsfamilie. Weitere Einflusskriterien sind die Erwünschtheit und Geplantheit der Schwangerschaft sowie die Qualität der Paarbindung. Diese Faktoren prägen das Verhalten des Vaters gegenüber der werdenden Mutter im Verlauf der Schwangerschaft (vgl. Fthenakis 1985, 106). In einer Studie von Scott-Heyes (1980; 1982) wurde festgestellt, dass „Väter, die jünger als 26 und älter als 40 Jahre waren, weniger positiv auf eine Schwangerschaft [reagierten] als Väter zwischen 26 und 40 Jahren. [...] Der Faktor der Schichtzugehörigkeit erwies sich dahingehend als signifikant, als mit der Statusposition des Mannes seine positive Einstellung dem ‚emotionalen Zustand der Schwangeren' wie auch zum Faktor ‚allgemeiner Einbezug in Schwangerschaft und Vorbereitung auf die Geburt' zunahm" (Fthenakis 1985, 107).

Beginn der Vaterschaft

Die Vaterschaft beginnt nach Kai von Klitzing (vgl. 1994, 49) nicht etwa erst mit der Geburt des Kindes. Klitzing geht davon aus, dass auf intrapsychischer und intrapersonaler Ebene bereits viel früher in bewussten und unbewussten Fantasien ein Konstrukt entwickelt wird, das für den Mann das idealisierte Kind repräsentiert; dabei wird auch der möglichen Beziehung zu dem Kind Rechnung getragen. Dies kann bereits zu einem Zeitpunkt vor, aber auch erst nach der Zeugung des Kindes stattfinden (vgl. von Klitzing 1994, 49). Aufgrund dieser interpersonalen Auseinandersetzung durchlaufen alle werdenden Eltern Phasen, die den Stand der Verarbeitung und Identifikation mit der neuen Situation wiedergeben. Gloger-Tippelt (vgl. 1985, 67ff.) unterteilt diese Phasen für den regelhaften Schwangerschaftsverlauf. Ihr Modell beginnt dabei mit der „Verunsicherungsphase"; die bis zur 12. SSW andauert. Ist die Schwangerschaft festgestellt worden, führt dies beim Mann zu ersten positiven oder negativen Reaktionen. Ängste aller Art können aufkeimen, u.a. Sorgen um die finanzielle Zukunft, Karriere und Partnerschaft. Auch Depressionen können auftreten.

Darauf folgt bis zur 20. SSW die „Anpassungsphase". Dies führt zur Thematisierung aller Konsequenzen, die im Zusammenhang mit einer Schwangerschaft bestehen.

Ab ca. der 20. SSW schließt sich die „Konkretisierungsphase" an, in der die Frau die ersten Kindsbewegungen verspürt. Sie teilt ihre Empfindungen mit ihrem Partner und es vollzieht sich für die Partner ein Wechsel in der Vorstellung vom imaginären Kind als Bestandteil der Mutter zum konkreten Kind. In dieser Zeit zeichnen sich bei den Partnern gute Hoffnung und die geringste Ausprägung von Ängsten über den weiteren Schwangerschaftsverlauf ab. Bereits jetzt ist ein Wandel der Beziehungsstruktur erkennbar, der sich im Wechsel von der Partnerschaft zur Elternschaft, also vom dyadischen zum triadischen Beziehungskonzept niederschlägt (vgl. von Klitzing 1994, 49).

Entwicklung der Elternschaft

Kurze Zeit vor der Entbindung werden die Partner bereits als Eltern behandelt und erhalten von anderen Eltern gut gemeinte Ratschläge für die Zukunft. In der letzten Phase der Schwangerschaft werden die Männer immer stärker involviert, aus diesem Grund nennt Gloger-Tippelt diesen Abschnitt die „Phase der Antizipation und Vorbereitung auf die Geburt und das Kind" (1985, 72). Erhebungen, die zu diesem Zeitpunkt durchgeführt wurden, erfassen auch vermehrt die Väter und belegen, dass vor der Niederkunft eine negative Ausprägung in Verbindung von Schwangerschaft und Geburt vorherrscht, was mit einem Ansteigen allgemeiner Ängste einhergeht. Die werdenden Väter nehmen an Geburtsvorbereitungskursen teil, informieren sich über die Säuglingspflege, worauf sich der insgesamt hohe Informationsstand über die Geburt in der Befragung zurückführen lässt, und die Wohnung wird für den Neuankömmling vorbereitet (vgl. Gloger-Tippelt 1985, 72f.).

Die unterschiedlichen Veränderungen und Prozesse, die der Geburt vorausgehen, erfahren durch die Niederkunft eine entscheidende Wende. „Es geht dabei nicht um eine Addition eines weiteren Familienmitgliedes und um die Ergänzung der Mutter-Kind-Interaktion durch die Vater-Kind-Beziehung und die Partnerbeziehung, sondern um die neue Qualität des Systems" (Gloger-Tippelt 1985, 57).

Die Vaterrolle während der Geburt und im ersten Lebensjahr

In der Geburtsphase spielt die väterliche Unterstützung für die Partnerin eine wichtige Rolle; diese wird neuerdings für die Ausprägung der Vater-Kind-Bindung besonders hervorgehoben (vgl. Gloger-Tippelt 1985, 75). War es in den Siebzigerjahren aus Hygienegründen kaum vorstellbar, Männer in den Kreißsaal zu lassen, so ist es heute in den meisten Kliniken doch die Regel.

Die Geburt bringt für die Partnerschaft innerhalb der ersten Wochen gravierende Veränderungen mit sich. Geprägt vom ersten Glück über ein gesundes Kind und die Unsicherheit im Umgang mit demselben, wird die Ambivalenz der Situation klar. Dies beansprucht die volle körperliche und psychische Energie beider Elternteile zur Bewältigung dieser Situation. Aus diesem Grund nennt Gloger-Tippelt (1985, 75) diesen Zeitabschnitt die „Erschöpfungsphase", die ungefähr bis zum zweiten Lebensmonat andauert. Der Vater wird mit individuell ausgeprägten hormonell bedingten Stimmungsschwankungen seiner Frau konfrontiert. Das Neugeborene bestimmt in der ersten Zeit massiv den noch ungewohnten Tagesablauf. Darüber hinaus ist die Nachtruhe meist empfindlich gestört, bis sich beim Kind allmählich ein Rhythmus zwischen Wachphasen, Nahrungsaufnahme und Schlafphasen einstellt (vgl. Gloger-Tippelt 1985, 75ff.).

Die erste Zeit mit dem Baby verlangt den Eltern eine Dynamik ab, in der eine stetige Anpassung an das Kind stattfindet. Hauptmotor hierfür ist die voranschreitende kindliche Entwicklung. Dies führt bei den Eltern ca. ab dem zweiten Lebensmonat zur strategischen Herausbildung der Vater- bzw. Mutterrolle (vgl. Gloger-Tippelt 1985, 75ff.) und geht mit einer Veränderung in der Paarbeziehung einher.

In dieser „Phase der Herausforderung und Umstellung" steigt die Belastung beider Elternteile weiter an. Umfragen bestätigen, dass sich die Mütter in dieser Situation einerseits verstärkt vom eigenen Partner abhängig und andererseits vom sozialen Umfeld isoliert fühlen. Männer empfinden dagegen die erhöhte finanzielle Verantwortung und den Rückgang der partnerschaftlichen Intimität und Sexualität als sehr belastend. Dyer (1963) stuft den Zeitraum der ersten sechs Lebensmonate des Kindes aufgrund der von beiden Elternteilen empfundenen negativen Impulse und der Vielfalt der abverlangten Anpassungen als krisenhaft ein (vgl. Gloger-Tippelt 1985, 78ff.).

Im zweiten Lebenshalbjahr des Säuglings stellt sich nach der Verunsicherung der ersten Lebensmonate eine gewisse Routine ein. Es beginnt die „Gewöhnungsphase", die von einer wachsenden Sicherheit im Umgang mit dem Kind sowie einer größeren Alltagsroutine gekennzeichnet ist. Die in diesem Zeitraum individuell differierenden elterlichen Bewältigungsstrategien und Lebensentwürfe spielen eine große Rolle in der Krisenbewältigung. Das Verhalten des Vaters hat hierbei einen direkten Einfluss auf die psychische Verfassung seiner Partnerin. Unterstützt er sie auf direkte oder indirekte Art und Weise im Bereich der Kindspflege und Versorgung, so wirkt sich dies positiv auf den individuell variierenden Erschöpfungszustand der Mutter aus. Bei ausbleibender väterlicher Unterstützung führt dies in der Regel zur Verfestigung der Erschöpfung der Frau. Dieser Erschöpfungszustand lässt sich durch Erhebung von Indikatoren wie u.a. geringes seelisches bzw. körperliches Wohlbefinden, somatische Beschwerden und das Gefühl starker Fremdbestimmtheit klassifizieren (vgl. Gloger-Tippelt 1985, 78ff.).

Entwicklung der Elternschaft bei Eltern frühgeborener Kinder

Da die Ursachen, die zu einer Frühgeburt führen, sehr vielfältig sind, ist es dem größten Teil der betroffenen Eltern meist nicht möglich, sich auf ein solches Ereignis einzustellen.

Bei näherem Betrachten der psychischen und physischen Verfassung der Eltern frühgeborener Kinder in Anlehnung an das Modell des Schwangerschaftsverlaufes nach Gloger-Tippelt muss auf erhebliche Unterschiede im Übergang zur Elternschaft geschlossen werden. Im Folgenden werden einige Unterschiede herausgearbeitet und an ausgewählten Beispielen verdeutlicht.

Die „Verunsicherungsphase" gilt für beide Elterngruppen, unabhängig davon, ob die Schwangerschaft sich spontan, aus einer speziellen Hormonbehandlung, In-vitro-Fertilisation oder intrazytoplasmatischer Spermieninjektion ergeben hat. Hier kann bereits im Vorfeld der Schwangerschaft, durch den scheinbar unerfüllbaren Kinderwunsch, ein hoher psychischer Leidensdruck bei den Eltern manifestiert werden, der im Verlauf der ersten Wochen einer beginnenden Schwangerschaft durch ein höheres Abortrisiko in individueller Ausprägung bestehen bleibt.

In der „Anpassungsphase" lässt sich die individuelle Schwangerschaftsvorgeschichte der Frau als entscheidender Faktor zur Unterscheidung anführen, der auf das allgemeine Wohlbefinden der Partner einen großen Einfluss hat. Je nach Anzahl bereits erlebter Aborte, Fehl- oder Totgeburten kommt es weiterhin zu keiner eindeutigen psychischen Entspannung.

Durch eine Frühgeburt kommt es zu dem gravierendsten Bruch im Vergleich zum normalen Schwangerschaftsverlauf, der für die betroffenen Eltern mit einem Schockerlebnis verbunden ist. Zeitlich ist dies in der „Konkretisierungsphase", die nach Gloger-Tippelt ca. von der 20. bis zur 32. Woche andauert, oder aber spätestens in der sich anschließenden „Phase der Antizipation" anzusiedeln. Demzufolge kommt es zum einen bei Eltern frühgeborener Kinder entweder gar nicht zur Ausprägung der „Phase der Antizipation" oder diese ist extrem verkürzt, da die Schwangerschaften vor der 35. Woche enden. [...] Die Vorstellungen und Wünsche an eine ‚normale Schwangerschaft und Geburt' werden [damit] zunichte gemacht, und den Eltern drängt sich eine unvorhersehbare, mit Ängsten erfüllte, fremde Wirklichkeit auf.

Unterschiedliche Theorien zur elterlichen Bewältigung einer Frühgeburt

Die im Modell nach Gloger-Tippelt beschriebene „Konkretisierungsphase" bzw. die „Phase der Antizipation" findet ihr plötzliches Ende durch die frühe Geburt. Diese Begebenheit bedeutet für die Väter, dass der in dieser Phase beginnende kommunikative Austausch der Partner über die ersten Kindsbewegungen im mütterlichen Leib abrupt unterbrochen wird oder erst gar nicht stattfinden kann. In der väterlichen Vorstellung kann dementsprechend keine Konzeptualisierung stattfinden, in der das Kind als Subjekt repräsentiert wird. Zu diesem Zeitpunkt kommt es also auf der neonatologischen Station unter erschwerten Bedingungen zu einer extrauterinen Begegnung zwischen Eltern und Kind und dies zu einer Zeit, in der weder Eltern noch das Kind dafür reif sind.

Diese psychische belastende Situation der Eltern kann nach Bölter (zit. nach Himmelreich 1996, 126) vier Abwehrmechanismen hervorbringen:

1. Selbstschutz: Schwierige emotionale Erlebnisse werden verdrängt oder gar vollkommen verleugnet.

2. Es erfolgt eine emotionale Distanzierung vom Kind („Objektdistanzierung").

3. Die Betrachtung des gesamten Ereignisses wird von den erdrückenden Emotionen isoliert. Die Auseinandersetzung erfolgt lediglich auf sachlich-rationaler Ebene.

4. Die Ausprägungen eigener Schuldgefühle lassen Tendenzen aufzeigen, die dieselben verdrängen, isolieren oder die eigene empfundene Schuld wird zum Selbstschutz auf andere Personen projiziert.

Klaus und Kennel (1987) stellen fest, dass es Begleitumstände gibt, die zu einer positiven elterlichen Verarbeitung des Erlebten führen. Als protektiver Faktor ist dabei z.B. die schnelle Herstellung des mütterlichen Kontaktes zum Kind in den ersten Lebenstagen zu erwähnen. Hierdurch lässt sich bei den Müttern eine positive Verhaltensänderung verzeichnen, die im gesamten ersten Lebensjahr des Kindes anhält (vgl. Himmelreich 1996, 127). Diese Feststellung lässt im übertragenen Sinne bei den Vätern ebenfalls eine positive Verhaltensänderung erwarten, wenn es in dieser „sensiblen Phase" möglichst schnell zu einem Kontakt mit ihrem frühgeborenen Kind kommt. Weitere beteiligte Indikatoren unterteilen Klaus und Kennel zum einen in „nicht variable Faktoren", die als individuelle Dispositionen der Eltern für ihr manifestiertes Verhalten zu sehen sind und sich dem direkten Einfluss entziehen, zum anderen in „variable Faktoren". Hier kann durch Veränderung der beteiligten Faktoren direkt auf das elterliche Verhalten dem Kind gegenüber eingewirkt werden, so z.B. beim Kontakt mit „Ärzten, Schwestern und anderen Krankenhausbediensteten sowie krankenhausübliche Praktiken (z.B. die Trennung oder das Zusammenbleiben von Mutter und Kind in den ersten Lebenstagen)" (Himmelreich 1996, 127).

Die Zeit in der Klinik

Je nachdem, zu welchem Zeitpunkt und unter welchen Umständen es zur Frühgeburt kam, ist es möglich, dass die Väter weder an Geburtsvorbereitungskursen noch an der Entbindung teilnehmen konnten. Die Entscheidung darüber wurde den Vätern frühgeborener Kinder aus den Händen genommen. Dies steht im Gegensatz zur „Phase der Antizipation" nach Gloger-Tippelt, in der Väter sich bewusst zu Geburtsvorbereitungskurs und Teilhabe an der Geburt entscheiden können. (vgl. Gloger-Tippelt 1985, 72f.).

Heute ist es dem Vater je nach Gesundheitszustand des Kindes meist unmittelbar nach der Entbindung möglich, das Neugeborene auf die Neonatologie zu begleiten (vgl. Garbe 2002, 54).

In Anlehnung an das Modell des normalem Schwangerschaftsverlaufs nach Gloger-Tippelt beginnt nun unmittelbar nach der vorzeitigen Entbindung die „Erschöpfungsphase": In dieser Umstellungsphase muss die maximale körperliche und psychische Leistung von den Eltern des Frühgeborenen erbracht werden, um die neue Situation zu meistern.

Folgende Umstände wirken sich direkt auf die väterliche Belastung aus: Wie lange ist eine Beurlaubung von der Arbeit möglich? Kann die Arbeitszeit anschließend flexibel eingeteilt werden? Wenn in der Paarbeziehung bereits ein Kind vorhanden ist, muss der Vater neben Arbeit und täglichen Besuchen in der Klinik natürlich zusätzlich der Versorgung und Betreuung des Kindes nachkommen. Für die Bewältigung dieser Aufgabe ist es sehr hilfreich, wenn durch Familie, Verwandte und/oder Freunde und Bekannte Unterstützung gegeben ist oder eingefordert werden kann.

Die zeitliche Dauer der „Erschöpfungsphase" ist bei den Partnern eng an die Effektivität der individuell unterschiedlichen elterlichen Stressbewältigungsstrategien gekoppelt. Kommt es bei einem Elternteil zur Annahme der neuen Situation, müsste sich in Anlehnung an Gloger-Tippelt nun der Beginn der „Phase der Herausforderung" anschließen, da es hier zur Ausprägung erster mütterlicher bzw. väterlicher Strategien kommt (vgl. Gloger-Tippelt 1985, 76f.).

Die Zeit zu Hause

Die „Phase der Herausforderung" dauert bei Eltern frühgeborener Kinder vermutlich wesentlich länger an als bei Eltern termingerecht geborener Kinder, da diese Phase zum einen durch die frühe Geburt viel früher beginnt. Durch die vorausgegangenen traumatischen Erlebnisse ist zu erwarten, dass die Ängste der Eltern um das frühgeborene Kind ausgeprägter sind, als dies bei Eltern termingerecht geborener Kinder der Fall ist. Nach geraumer Zeit stellt sich eine dem neuen Alltag gerecht werdende Routine ein. Trotz dieser stärkeren Belastung der Eltern frühgeborener Kinder kann in dieser Phase – zumindest bei den Eltern, deren Kinder ohne größere Gesundheitsbeschwerden entlassen wurden – mit einer Annäherung an das Modell des normalen Schwangerschaftsverlaufs nach Gloger-Tippelt gerechnet werden, auch wenn die erhöhte elterliche Sorge um das frühgeborene Kind bestehen bleibt (vgl. Gloger-Tippelt 1985, 78).

Das Verhalten von Vätern frühgeborener Kinder – Ergebnisse der Längsschnittuntersuchung

Ziel und Fragestellungen

Das Ziel der vorliegenden Untersuchung liegt darin, der Frage nachzugehen, ob sich das Verhalten von Vätern frühgeborener Kinder im Vergleich zum Verhalten von Vätern termingerecht geborener Kinder während der Schwangerschaft bis drei Monate nach der Geburt unterscheidet.

Folgende Fragestellungen sollen dahingehend überprüft werden.

❏ Sind die Väter frühgeborener Kinder situationsabhängig unmittelbarer und in stärkerem Ausmaß an der Entlastung ihrer Partnerin beteiligt als die Väter termingerecht geborener Kinder?

❏ Wie beeinflusst die Frühgeburt die Gestaltung der Vaterrolle und die familiäre Lebenssituation in den ersten drei Monaten nach der Entlassung des Kindes?

❏ Erhalten Väter frühgeborener Kinder eine größere Unterstützung aus ihrem sozialen Umfeld als Väter termingeborener Kinder?

Teilnehmer

Die folgende Datenauswertung[1] bezieht sich auf die ersten beiden Erhebungszeitpunkte (T1 und T2). Die Väter, die in der zweiten Interviewstaffel ausgefallen waren, sowie Väter, die durch vorangegangene Schwangerschaften, Lebend-, Fehl- oder Totgeburten in der Schwangerschaftsvorgeschichte ihrer Partnerin belastet waren, wurden nicht berücksichtigt. Darüber hinaus wurden alle Paare herausgenommen, die bereits aus vorherigen Partnerschaften Kinder hatten. Diese Eingrenzung diente dazu, einflussnehmende Störfaktoren, welche die Auswertung der Daten verzerren oder verfälschen würden, von vornherein zu eliminieren. Dadurch sollte eine Basis für die Studienauswertung geschaffen werden, in der die manifestierten Vorerfahrungen der Väter sich so ähnlich wie möglich sind. Die Gruppe der Väter frühgeborener Einlinge umfasst somit 20 Väter frühgeborener Kinder, die Gruppe der Väter termingerecht entbundener Kinder umfasst 51 Probanden.

Die Zeit vor der Entbindung

Den Vätern frühgeborener Kinder war es lediglich ansatzweise (20%) möglich, an Geburtsvorbereitungskursen teilzunehmen, bevor es zur Geburt des Kindes kam. Schwangerschaftskomplikationen waren sowohl einzeln als auch in unterschiedlichster Kombination während des größten Teils aller Schwangerschaften (93,1%) aufgetreten. Durch die Komplikationen lässt sich bei den Vätern frühgeborener Kinder eine tendenziell stärkere Beunruhigung feststellen, die, wie vermutet, die Notwendigkeit einer verstärkten Entlastung der Partnerin bis zur Geburt mit sich brachte. Während der Entbindung konnten fast alle Väter termingerecht geborener Kinder im Gegensatz zu einem kleinen Teil der Väter frühgeborener Kinder anwesend sein. Darüber hinaus waren die Entbindungen für alle frühgeborenen Kinder mit einer latenten Lebensgefahr verbunden. Die Geburt empfanden 62,5% der Väter frühgeborener Kinder als aufregend im Vergleich zu 76% der Väter termingeborener Kinder. Lediglich 2 Väter frühgeborener Kinder (25%) empfanden die Geburt als anstrengend, dagegen 25 Väter der termingerecht geborenen (50%).

Die Zeit in der Klinik

Während der Klinikzeit hatten alle Väter die Möglichkeit, sich an der Pflege ihres Kindes zu beteiligen. Die Väter frühgeborener Kinder konnten als zusätzliches Angebot noch mit ihrem Kind kängurun[2]. Wie die folgende Abbildung zeigt, war die Beteiligung der Väter frühgeborener Kinder in vielen Bereichen höher als in der Kontrollgruppe, bis auf den Bereich „Beschäftigung mit dem Kind". Hier waren die Aktivitäten der Väter termingerecht geborener Kinder wesentlich stärker ausgeprägt.

Die eingeschränkte Aktivität der Väter frühgeborener Kinder in diesem Bereich lässt sich zum einen auf die Notwendigkeit der notfallmedizinischen Maßnahmen zurückführen, die nur wenig Beschäftigung mit dem Kind zuließen, zum anderen auf den zu schwachen Muskeltonus des Kindes. In beiden Gruppen sahen die meisten Väter den Beziehungsaufbau zum Kind als ihre wichtigste Aufgabe an, gefolgt von Pflege und Beschäftigung mit dem Kind.

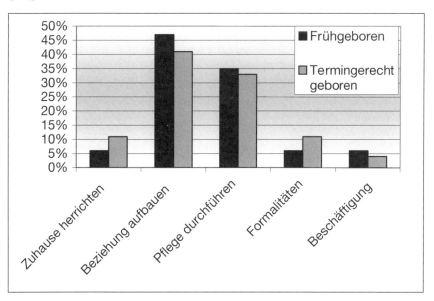

Abb. 1: Wichtigste Aufgaben als Vater in Abhängigkeit vom Geburtsstatus

Die Unterstützung durch Familie und Freunde war bei den Vätern frühgeborener Kinder vermehrt gegeben (85% im Vergleich zu 58%).

Darüber hinaus fanden Väter frühgeborener Kinder in stärkerem Maße bei ihren Arbeitskollegen seelischen Beistand. Bei einem Vater bildeten sich durch die frühe Geburt Schuldgefühle aus. Die bevorstehende Entlassung wurde bei den Vätern frühgeborener Kinder mit größerer Freude aufge-

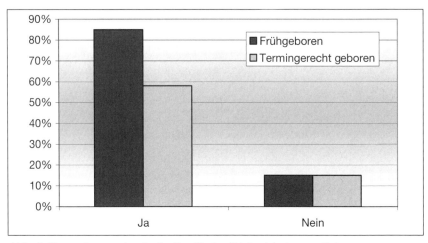

Abb. 2: Unterstützung durch die Familie in Abhängigkeit vom Geburtsstatus

nommen, zugleich manifestierte sich aber auch eine größere Angst vor der Zukunft. 94,1% der Befragten waren froh, „dass nun alles vorbei ist", 23,5% hatten Angst vor der Zukunft, weitere 82,4% freuten sich auf das Zusammenleben mit ihrem Kind. Bei den Vätern termingerecht geborener Kinder gaben 46% an dass sie froh seien, „dass nun alles vorbei ist". 12% hatten Angst vor der Zukunft und 94% der Väter freuten sich auf das Zusammenleben mit ihrem Kind.

Die Zeit nach der Entlassung des Kindes

Bezüglich des Wunsches nach einem weiteren Kind gaben drei Monate nach der Entlassung (T2) 65% der Väter frühgeborener Kinder an, noch weitere Kinder haben zu wollen, 20% verneinten diese Frage und 15% waren zu diesem Zeitpunkt noch unentschieden. Bei den Vätern termingerecht geborener Kinder wünschten sich 62% weitere Kinder, 10% antworteten mit „nein" und weitere 28% wussten es zu dieser Zeit noch nicht.

Weiterhin lässt sich im Hinblick auf die Prioritätensetzung zu väterlichen Aufgaben gegenüber dem Kind auch zu Hause die gleiche Rangfolge verzeichnen wie bereits in der Klinik: So fassten 66,7% der Väter frühgeborener Kinder den Beziehungsaufbau zum Kind im Vergleich zu 48% der Väter termingeborener Kinder als ihre vordringliche Aufgabe auf. 44,4% Väter früh- und 48% Väter termingeborener Kinder beteiligten sich an der häuslichen Pflege ihres Kindes. Die Verteilung bei der Beschäftigung mit dem Kind lag bei 27,8% der Väter früh- und 60% der Väter termingeborener Kinder. In beiden Gruppen sind die Prozentwerte der einzelnen Merkmalsausprägungen nach der Entlassung des Kindes nach Hause deutlich gesunken.

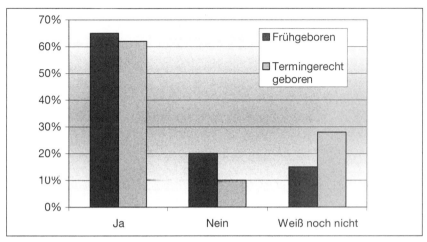

Abb. 3: Wunsch nach weiteren Kindern in Abhängigkeit vom Geburtsstatus

Die Hälfte der Väter frühgeborener Kinder gab an, sich gezielt über Literatur zum Thema Frühgeburtlichkeit informiert zu haben. Nur bei wenigen Vätern frühgeborener Kinder waren Kontakte zu Elterninitiativen oder anderen Angeboten festzustellen, obwohl auch drei Monate nach der Entlassung ein erhöhter Gesprächsbedarf zu verzeichnen war, der sich jedoch in vermehrten Gesprächen mit Familienangehörigen zeigte.

Die Väter termingerecht geborener Kinder fühlten sich in ihrer neuen Lebenssituation stressbelasteter (45% im Vergleich zu 40%), obwohl durch weitere, den Alltag beeinflussende Maßnahmen der Wochenablauf der Väter frühgeborener Kinder wesentlich stärker bestimmt war.

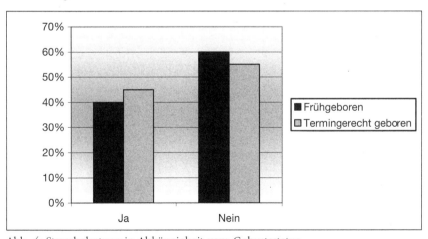

Abb. 4: Stressbelastung in Abhängigkeit vom Geburtsstatus

Bei den Vätern frühgeborener Kinder war erwartungsgemäß eine größere Unterstützung von Familie und Freunden zu verzeichnen. 94,7% (im Vergleich zu 84% der Väter termingeborener Kinder) erhielten Unterstützung, ein Vater nicht.

Von den Vätern frühgeborener Kinder wurden Angebote der Arbeitgeber bezüglich anderer oder flexiblerer Arbeitszeiten in weitaus größerem Maß wahrgenommen als von den Vätern termingerecht geborener Kinder. Bei der Verteilung der häuslichen Aufgaben zeigte sich bei den Vätern frühgeborener Kinder, wie erwartet, eine tendenziell höhere Beteiligung.

Beide Gruppen nutzten in der ersten Zeit nach der Entlassung des Kindes keinen Babysitter. Väter frühgeborener Kinder gaben dafür als Grund den kritischen Zustand des Kindes an, wohingegen Väter termingerecht geborener Kinder dies auf persönliche Gründe zurückführten. Wenige Väter beider Gruppen nahmen ihr Recht auf Elternzeit in Anspruch.

Die Eingewöhnung der Kinder in ihr neues Zuhause und die damit verbundene Umgewöhnung empfanden die Väter beider Gruppen zum überwiegenden Teil als kurz und problemlos. Lediglich ein frühgeborenes Kind befand sich in den ersten drei Monaten zu Hause erneut in Lebensgefahr. Die Kinder beider Gruppen konnten zum überwiegenden Teil einen regelmäßigen Schlafrhythmus mit nächtlichen Ruhephasen ausbilden, beim größten Teil aller Kinder konnte darüber hinaus auch ein von regelmäßigen Mahlzeiten geprägter Tagesablauf verzeichnet werden.

Ein Viertel der frühgeborenen Kinder musste einmal bis mehrmals die Woche zu weiteren Arztterminen begleitet werden, die verbleibenden früh- sowie termingeborenen Kinder nahmen lediglich an den Routine-Untersuchungen teil.

Abschließend ist zu erwähnen, dass bei fast der Hälfte aller frühgeborenen Kinder wegen Krankheit oder Operation ein weiterer stationärer Krankenhausaufenthalt zu verzeichnen war, im Vergleich zu einem Fünftel der termingerecht geborenen Kinder.

Der Arbeitsplatz war für einige wenige Väter in der neuen Situation zu Hause ein Fluchtpunkt. 5,3% der Väter frühgeborener Kinder antwortete auf die Frage, ob der Arbeitsplatz ein Fluchtpunkt aus dem Familiengeschehen sei, mit „ja, teilweise", die restlichen mit „nein". Bei den Vätern termingerecht geborener Kinder antwortete einer (2,1%) mit „ja" und weitere 10,4% mit „ja, teilweise", die restlichen Väter verneinten die Frage.

Das Nettofamilieneinkommen verschlechterte sich bei allen Vätern bis auf einen Vater eines frühgeborenen Kindes, der sich aus der Stufe 801 bis 1.500 Euro in die Stufe 1.501 bis 2.500 Euro bewegte. Diese Verbesserung ist jedoch durch den Bezug von Kindergeld und Erziehungsgeld zu erklären.

Fazit und Ausblick

Die Untersuchung zeigte, dass sich die familiäre Lebenssituation und die konkrete Ausgestaltung der Vaterrolle von Vätern frühgeborener Kinder tatsächlich von der der Väter reifgeborener Kinder sowohl während als auch nach der Schwangerschaft unterscheidet. So sind die Väter frühgeborener Kinder z.B. bereits früher und in einem stärkeren Ausmaß als die Väter termingerecht geborener Kinder an der Entlastung und Unterstützung ihrer Frauen beteiligt.

Die Partizipation an der Geburt stellte sich in den beiden Vergleichsgruppen recht unterschiedlich dar. In welcher Situation die Möglichkeit bestünde, Väter frühgeborener Kinder besser in den Geburtsverlauf zu involvieren, ist eine essenzielle Frage, die in den Geburtskliniken stärker reflektiert werden sollte, auch vor dem Hintergrund der Problematik eines Notkaiserschnitts. Die in der Fachliteratur aufgezeigten Bestrebungen, den Vätern schnell die Angst vor dem medizinischen Equipment der Neonatologie zu nehmen und sie rasch in die Pflege des Kindes einzubeziehen, um einen schnellen Beziehungsaufbau zu unterstützen, sind durchgängig umgesetzt worden.

Ausgelöst durch die frühe Geburt verschiebt sich die zeitliche Abfolge der Phasen, die von Gloger-Tippelt für den normalen Schwangerschaftsverlauf beschrieben wurden.

Weiterhin ergab die Auswertung der Daten der Väter frühgeborener Kinder eine stärkere Unterstützung durch ihr soziales Umfeld. In den Untersuchungsgruppen zeichnete sich fast durchgängig eine Verschlechterung des sozioökonomischen Status ab.

Es erscheint sinnvoll, bereits im Verlauf des Klinikaufenthaltes über den Beziehungsaufbau und die Pflege hinaus die Bedeutung der Beschäftigung der Väter mit ihren Kindern stärker zu forcieren. Neuere Forschungsergebnisse zeigen einen engen Zusammenhang zwischen der gezeigten „Spielfeinfühligkeit" der Väter im zweiten Lebensjahr der Kinder und späteren bestehenden Verhaltensauffälligkeiten im Kindergarten. Darüber hinaus spiegelt sich diese „Spielfeinfühligkeit" der Väter im späteren Bindungsverhalten der Kinder wider (vgl. Gstach u.a. 2002, 57). Unter diesem Gesichtspunkt stellt der starke Rückgang im Bereich „Beschäftigung mit dem Kind" nach der Entlassung aus der Klinik für die psychosoziale Entwicklung aller Kinder zu Hause einen erheblichen Risikofaktor dar.

In weiteren Untersuchungen sollte zudem folgenden Fragen nachgegangen werden: Warum sind die Angebote der Selbsthilfegruppen und Elterninitiativen für die Väter frühgeborener Kinder unattraktiv? Würden die Angebote besser genutzt, wenn die Gruppen und Initiativen bereits in den Kliniken stärker präsent wären, um dort ihre Unterstützung direkt anzubieten?

---

[1] Eine genaue Beschreibung der Projektstudie sowie des gesamten Datensatzes befindet sich im einleitenden Beitrag dieses Buches.

[2] Beim Kängurun handelt es sich um eine Methode, bei der ein Haut-zu-Haut-Kontakt zwischen Eltern und Kind hergestellt werden soll. Die Kinder werden dabei eine bis mehrere Stunden täglich nackt auf die unbekleidete Haut der Eltern gelegt.

Miriam Husseini

Entwicklungen in der Paarbeziehung bei Eltern frühgeborener Kinder

Die Lebenssituation von Eltern frühgeborener Kinder ist geprägt von einer Reihe besonderer Belastungen und Anforderungen, die Einfluss auf die verschiedenen Lebensbereiche haben. Nicht zuletzt ist auch die Paarbeziehung der Eltern betroffen. Vereinzelt weisen Forschungsergebnisse darauf hin, dass die Partnerschaft von Eltern frühgeborener Kinder durch die hohen Belastungen und Anforderungen besonders gefährdet ist und dass bei diesen Eltern eine erhöhte Scheidungsrate verzeichnet wird (vgl. Leidermann & Seashor 1975, zit. nach Fthenakis 1985, 113).

Ziel der im Folgenden dargestellten Teilanalyse ist es, diesem Problem nachzugehen und zu ermitteln, worin die besonderen Belastungsfaktoren liegen, um daraus gezielte Interventionsmaßnahmen abzuleiten.

Bisheriger Forschungsstand zur Partnerschaft von Eltern frühgeborener Kinder

Allgemeine Risikofaktoren und protektive Faktoren

Generell sind in den letzten drei Jahrzehnten die Scheidungsziffern in den Industriestaaten drastisch angestiegen. Dies veranlasste die soziologische Forschung dazu, sich intensiver mit der Frage nach allgemeinen Ursachen und gezielten Präventionsmöglichkeiten von Trennung und Scheidung zu befassen. Ein genaues Wissen um Risikofaktoren (Variablen, die mit dem Auftreten von Beziehungsstörungen, deren Schweregrad und Dauer verbunden sind) und protektive Faktoren (Variablen, die einer Beziehungsverschlechterung entgegenwirken) war hierbei von zentraler Bedeutung. So zeigte sich z.B., dass bei Probanden mit einer guten Schulbildung, einem höheren sozialen Status und fortgeschrittenem Lebensalter eine höhere Ehe- oder Partnerschaftsqualität zu erwarten ist (vgl. z.B. Renne 1970; Bentler & Newcomb 1978, zit. nach Lacher 1997, 23).

Ebenso sind die Aspekte Kommunikation und Interaktion von großer Wichtigkeit für die Paarbeziehung. So zeichnet sich eine gute Beziehung dadurch aus, dass die Partner fähig sind, über ihre Gefühle, Konflikte, Phantasien und Beziehung auf eine hilfreiche, akzeptierende und nicht anklagende Art zu sprechen (vgl. Richter & Wirth 1978, 21). Eine gute Beziehung ist aus der Sicht von Kommunikationstherapeuten durch herrschaftsfreie Kommunikation gekennzeichnet. Kommunikations- und Problemlösekompetenzen beider Partner sind für den Verlauf und die Stabilität einer Partnerschaft von herausragender Bedeutung. „Paare, die hohe Kommunikations- und Problemlösekompetenzen aufweisen, haben eine bessere Chance auf eine zufriedene Paarbeziehung und weisen ein geringes Scheidungsrisiko auf" (vgl. Bodemann 1998, 252).

Auch die Aspekte Rollenverständnis und Macht sind entscheidende Einflussgrößen für Paarbeziehungen. So wurde z.B. festgestellt, dass in erfolgreichen Paarbeziehungen eine Aufhebung traditionell geschlechtsspezifischer Werte und Normen zu verzeichnen ist (vgl. Farmer-Lindenberg 1999, 125).

Bis heute ist die Bedeutung von Stress und Krisensituationen und ihrer Bewältigung immer noch Diskussionsgegenstand in der Fachliteratur (vgl. Bodemann 1998, 241). Dennoch existiert bereits eine Vielzahl von Untersuchungen, die einen eindeutigen, statistisch abgesicherten negativen Zusammenhang zwischen Stress und Partnerschaft belegen (vgl. z.B. Lacher 1997, 138; Kallenbach 1994, 238). Entscheidend ist jedoch nicht allein, dass eine stress- oder krisenhafte Situation vorliegt, sondern vielmehr, wie die Partner damit umgehen, d.h. sie bewältigen. So können insbesondere ungünstige individuelle und dyadische Stressbewältigungsfertigkeiten das Scheidungsrisiko eines Paares erhöhen (vgl. z.B. Bodemann & Langenick 1996, zit. nach Bodemann 1998, 252; Rossi 1994, 46). In der wissenschaftlichen Literatur wird jedoch immer wieder betont, dass sich eine Partnerschaft insbesondere durch die Geburt eines Kindes stark verändert. Hierbei wurde durch zahlreiche längsschnittlich angelegte Studien eine Verschlechterung der partnerschaftlichen Interaktion und ein Absinken der ehelichen Zufriedenheit nach der Geburt des ersten Kindes festgestellt (vgl. z.B. Gloger-Tippelt 1985, 77; Gloger-Tippelt u.a. 1995, 255ff.; Werneck 1998, 35; Fthenakis 1999, 43; Fthenakis u.a. 2002, 88; Cox u.a. 1998, 133). Gründe hierfür wurden z.B. in geschlechtsspezifischen Umverteilungen der beruflichen und familiären Aufgaben von Mann und Frau gefunden (vgl. z.B. Fthenakis u.a. 2002, 16). Aber auch Einkommensverschlechterungen, Umstrukturierungen der Tagesabläufe, Veränderungen in den sozialen Bezügen und dem Befinden der Eltern werden als Ursachen dafür gesehen, dass sich die Partnerschaft im Übergang zur Elternschaft verändert (vgl. Fthenakis u.a. 2002). Die Paarbeziehung der Eltern hat nicht mehr exklusiven Charakter, sondern das Kind steht im Mittelpunkt jeglichen Geschehens. Dies kann die Intimität der Partner stark beeinträchtigen, was insbesondere für die Väter von großer Bedeutung ist (vgl. Bauer 1992, 102; Fthenakis u.a. 2002, 368).

Zu den Besonderheiten der Paarbeziehung
bei Eltern frühgeborener Kinder

Bis heute gibt es nur wenige Untersuchungen, die sich explizit mit den Veränderungen in der Partnerschaft von Eltern frühgeborener Kinder befassen.
Generell ist jedoch bekannt, dass die Besonderheiten der Frühgeburt nicht
nur für das Kind, sondern auch für die Eltern physische und psychische
Belastungen mit sich bringen, die Auswirkungen auf das gesamte Familiensystem haben können (vgl. Himmelreich 1996).

Tendenziell scheint im Zusammenhang mit der belastenden Situation um
eine Frühgeburt die Beziehung auch innerhalb der Partnerschaft der Eltern
gestört zu sein (vgl. Himmelreich 1996, 124). So stellten Leidermann und
Seashore bereits in den Siebzigerjahren fest, dass beim Auftreten einer Frühgeburt die eheliche Beziehung unter einer großen Belastung steht. Die
Scheidungsrate von Eltern frühgeborener Kinder war im Vergleich mit der
Kontrollgruppe in einer Follow-up-Studie erhöht (vgl. 1975, zit. nach
Fthenakis 1985, 113). Auch Kallenbach (vgl. 1994, 238) sieht die Beziehung
der Eltern durch die Geburt eines Risikokindes gefährdet.

Sarimski (vgl. 2000, 96) erwähnt eine Studie von Stjernqvist (1992), der die
Auswirkungen von extremer Frühgeburtlichkeit auf die Familie untersuchte. Hierbei gaben 11 von 20 Müttern negative Auswirkungen auf die Partnerbeziehung an. Jedoch zeigten sich bei der Nachuntersuchung, vier Jahre
nach der Geburt, keine Unterschiede zwischen den Familien von extrem
frühgeborenen und termingerecht geborenen Kindern in der Beurteilung
der Partnerschaftsqualität oder in Bezug auf die Scheidungsrate.

Andere Autoren berichten von ca. 30% Problemkonstellationen direkt nach
der Geburt eines Risikokindes. Innerhalb eines Jahres stieg die Zahl auf 50%
an, d.h., die Hälfte aller Partnerschaften wurde ein Jahr nach der Geburt
eines Risikokindes als problematisch empfunden (vgl. Beckmann 1986, zit.
nach Löhr 1999, 97). In seiner eigenen Studie stellte Löhr (vgl. 1999, 74ff.)
fest, dass in Krisensituationen 40% der Eltern frühgeborener Kinder negative Aussagen über ihren Partner machten. 5% von ihnen äußerten konkrete
Ängste um die Qualität ihrer Partnerschaft. Mit der Dauer der Partnerschaft
scheint jedoch die Zufriedenheit zu steigen. Eltern mit Problemen in der
Partnerschaft fanden außerdem signifikant seltener Unterstützung, hatten
häufiger Partnerschaftsängste und mehr Angst um das Kind.

Neuhäuser (vgl. 1990, 5) berichtet von einem gehäuften Auftreten traditionell orientierter Beziehungen nach der Geburt eines Risikokindes, wobei
die Frau tendenziell eine depressiv-abhängige und der Mann eher eine nar-
zisstisch-expansive Position übernimmt. So neigt der männliche Partner in

kritischen Situationen dazu, die Gefühle seiner Hilflosigkeit zu verdrängen und abzuwehren, indem er sie auf seine Frau projiziert und Schuldzuweisungen vollzieht, die ihn von seiner Verantwortung entlasten. Die Kommunikation der beiden Partner ist dadurch oft gestört.

Die partnerschaftliche Unterstützung gilt als bedeutender Faktor für die Qualität der Partnerschaft in Krisensituationen. In diesem Zusammenhang kam Vonderlin (vgl. 1999, 239) zu dem Ergebnis, dass ummittelbar nach der Geburt die wechselseitige Unterstützung der Partner untereinander groß ist, jedoch im Laufe der Zeit und insbesondere nach der Klinikentlassung abnimmt. Allerdings ist dieser Effekt auch bei Eltern termingerecht geborener Kinder zu beobachten.

Insgesamt weist eine Vielzahl von Untersuchungen darauf hin, dass eine harmonische und stabile Partnerschaft positive Auswirkungen auf die Bewältigung von Belastungen durch eine Frühgeburt hat (vgl. z.B. Löhr 1999, 97), während umgekehrt in gestörten Partnerschaften die Bewältigung der Krisensituation Frühgeburt erschwert ist, was u.U. über eine langfristige Beeinträchtigung der Stimmungslage der Eltern einen negativen Einfluss auf die Entwicklung des zu früh geborenen Kindes haben könnte. Längsschnittuntersuchungen zu dieser Thematik fehlen bislang.

Entwicklung der Paarbeziehung von Eltern frühgeborener Kinder aus Sicht der Väter – Ergebnisse der Längsschnittuntersuchung

Ziel und Fragestellungen

Mit der vorliegenden Untersuchung soll versucht werden, das Forschungsdefizit bezüglich der väterlichen Sicht der Partnerschaft nach einer Frühgeburt aufzuholen und der in der Forschung bislang vernachlässigten Frage nachzugehen, inwieweit sich die Entwicklung der Partnerschaftsqualität im Übergang zur Elternschaft von Vätern frühgeborener Kinder im Vergleich zu Vätern termingerecht geborener Kinder unterscheidet. Folgende Fragestellungen sollen dahingehend untersucht werden:

❏ Ist aufgrund der erhöhten elterlichen Belastungen durch eine Frühgeburt die Einschätzung der Beziehungsqualität zur Partnerin von Vätern frühgeborener Kinder niedriger als die von Vätern termingerecht geborener Kinder?

❏ Gibt es Faktoren, die zu unterschiedlichen Zeitpunkten im Übergang zur Elternschaft einen Einfluss auf die Paarbeziehung haben und sind hierbei Unterschiede bezüglich der Angaben von Vätern früh- und termingeborener Kinder erkennbar?

Teilnehmer der Untersuchung

Im Rahmen dieser Teilanalyse werden die ersten zwei Erhebungen (T1 und T2) berücksichtigt. Die erste wurde kurz vor bzw. nach der Entlassung des Kindes aus der Klinik durchgeführt und die zweite drei Monate später[1].

Für diese Untersuchung wurden insgesamt 188 Väter interviewt. Es handelte sich hierbei um 60,6% (n=114) Väter termingerecht geborener Einlinge, 27,7% (n=52) Väter frühgeborener Einlinge, 3,2% (n=6) Väter termingerecht geborener Mehrlinge und 8,5% (n=16) Väter frühgeborener Mehrlinge (vgl. Abb. 1).

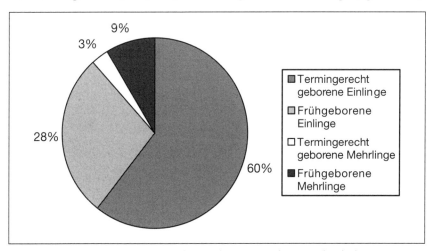

Abb. 1: Verteilung der Väter nach dem Geburtsstatus ihrer Kinder (T1)

Während der zweiten Erhebung nahmen insgesamt nur noch 156 Väter an der Untersuchung teil. 57 von ihnen waren Väter frühgeborener Kinder, der Rest stellt die Kontrollgruppe dar. Insgesamt liegt also eine Ausfallquote von 17,02% vor.

Entwicklungen der Partnerschaftszufriedenheit von Vätern frühgeborener und termingerecht geborener Kinder

Bei der Betrachtung der Ergebnisse zur Frage nach der Partnerschaftszufriedenheit ist vom Zeitpunkt vor der Schwangerschaft bis drei Monate nach der Entlassung ein starker Rückgang der Zufriedenheit auf Seiten der Väter zu verzeichnen. Auffällige Unterschiede zwischen Vätern termin- und frühgeborener Kinder sind jedoch nicht erkennbar. So gaben 84% der Väter frühgeborener und 89% der Väter termingerecht geborener Kinder an, dass sie vor der Schwangerschaft eine eher harmonische Beziehung geführt haben (vgl. Abb. 2).

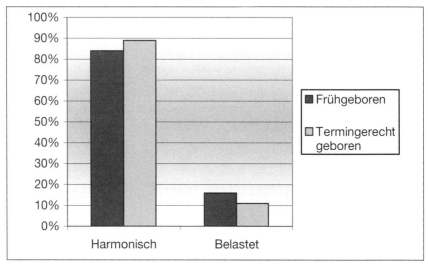

Abb. 2: Beziehung zur Partnerin vor der Schwangerschaft in Abhängigkeit vom Geburtsstatus

Sowohl bei den Vätern frühgeborener als auch bei den Vätern terminge-recht geborener Kinder änderte sich die Partnerschaftszufriedenheit nach der Geburt zunächst kaum. Das Verhältnis zwischen den beiden Gruppen war zu diesem Zeitpunkt fast ausgeglichen (p=1,000)[2]. Jeweils 85% der Väter berichteten von einer harmonischen Paarbeziehung (vgl. Abb. 3).

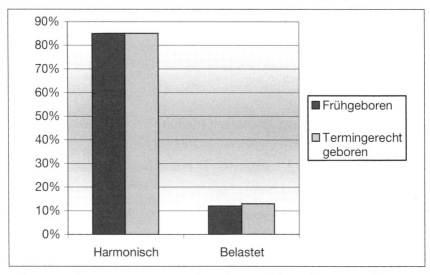

Abb. 3: Beziehung zur Partnerin seit der Geburt in Abhängigkeit vom Geburtsstatus

Drei Monate nach der Entlassung gaben nur noch 57% der Väter frühgeborener Kinder an, eine harmonische Beziehung zu führen, und 26% berichteten von einer belasteten Beziehung. Bei den Vätern termingerecht geborener Kinder waren es ebenfalls deutlich weniger (54%) als zum Zeitpunkt vor der Entlassung, die ihre Partnerschaft als harmonisch bezeichneten, und 28%, die sie als belastet einstuften (vgl. Abb. 4).

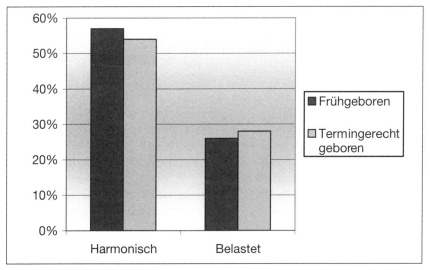

Abb. 4: Beziehung zur Partnerin seit der Entlassung in Abhängigkeit vom Geburtsstatus

Insgesamt ist somit kein negatives Verhältnis zwischen den Variablen Partnerschaftszufriedenheit und Frühgeburt erkennbar.

Veränderungen in der Paarbeziehung

Obwohl keine auffälligen Unterschiede in der Partnerschaftszufriedenheit von Vätern termin- und frühgeborener Kinder zu verzeichnen sind, stellt sich die Frage, inwiefern und wodurch sich die Partnerschaft der Eltern nach der Geburt eines Kindes verändert und ob hier Besonderheiten und Unterschiede zwischen den Angaben der Väter früh- und termingerecht geborener Kinder erkennbar werden.

Bei der Frage, wie sich die Paarbeziehung seit der Geburt verändert hat, zeigt sich eindeutig, dass es von den Vätern wahrgenommene Faktoren gab, die zu einer Veränderung der Partnerschaftsqualität führten. So berichteten z.B. 25% aller befragten Väter, die ihre Beziehung als harmonisch einstuften, und nur 14,3% der Väter, die ihre Beziehung eher belastet sahen, dass die Partnerschaft seit der Geburt intensiver geworden sei. Währenddessen gaben 10,7% der Väter mit einer belasteten Partnerschaft (und nur 2,5% der Väter mit einer harmonischen Beziehung) an, dass ihre Beziehung nicht mehr so intensiv wie früher sei. Auch sind es mehr Väter mit einer belasteten Partnerschaft, die ihre Partnerin als unausgeglichener beschrieben und angaben, dass nun das Kind im Mittelpunkt stehe, die Partner weniger Zeit füreinander hätten und eine Distanz entstanden sei. Auch bezüglich der Veränderungen, die innerhalb der ersten drei Monate seit der Entlassung des Kindes aus der Klinik eingetreten sind, fällt auf, dass sich insbesondere jene Veränderungen, die mit Distanziertheit, weniger Zeit und Intimität für die Paarbeziehung einhergehen, belastend auf die Partnerschaft der Eltern auswirken können.

Dieser Effekt scheint seit dem Zeitpunkt der Entlassung vor allem bei den Vätern frühgeborener Kinder ausgeprägter zu sein als bei den Vätern termingerecht geborener Kinder. 62% der Väter frühgeborener Kinder mit einer harmonischen Beziehung und nur 16,7% der Väter mit einer belasteten Beziehung gaben an, dass sich ihre Beziehung seit der Entlassung des Kindes nicht verändert habe. Bei den Vätern termingerecht geborener Kinder beträgt diese Differenz nur 15,8%. Dieser Trend ist auch bei allen „Negativantworten" zu beobachten. So gaben z.B. 13,9% der Väter frühgeborener Kinder mit einer belasteten Beziehung und 6% der Väter mit einer harmonischen Beziehung an, weniger Zeit (Intimität) füreinander zu haben. Die Differenz beträgt hier also 7,9%. Bei den Vätern termingerecht geborener Kinder liegt sie bei nur 0,6%. Somit scheinen sich für die Väter frühgeborener Kinder Veränderungen in der Partnerschaft eher negativ auf die Beziehungsqualität auszuwirken.

Einflussfaktoren auf die Paarbeziehung im Übergang zur Elternschaft

Die Beschreibung der Einflussfaktoren auf die Paarbeziehung im Übergang zur Elternschaft soll Aufschluss darüber geben, welche Risikofaktoren bzw. protektiven Faktoren die Partnerschaft der Eltern belasten oder verstärken. Es soll ermittelt werden, ob es hier auffällige Unterschiede zwischen Eltern termin- und frühgeborener Kinder gibt.

Die Zeit vor der Geburt

Vor der Geburt sind es hauptsächlich soziodemographische Faktoren, die die Partnerschaftszufriedenheit eines Paares bestimmen können. Die Auswertung der vorliegenden Untersuchung ergab jedoch, dass diese Faktoren keinen großen Einfluss auf die Zufriedenheit innerhalb der Paarbeziehung haben.

Interessanterweise zeigt sich, dass während der Schwangerschaft der Kontakt zu Verwandten und Bekannten bei Vätern frühgeborener Kinder von hoher Bedeutung für die Partnerschaftsqualität ist (vgl. Abb. 5).

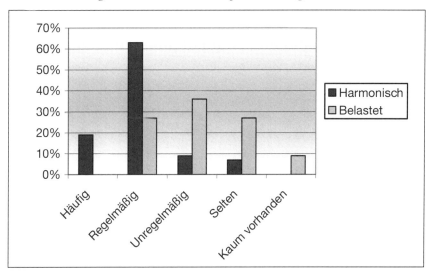

Abb. 5: Kontakt zu Verwandten in der Zeit der Schwangerschaft in Abhängigkeit zur Partnerschaftsqualität bei Vätern frühgeborener Kinder

Ein signifikanter Zusammenhang zwischen diesen beiden Variablen wird deutlich (p=0,004). Dies lässt sich damit erklären, dass der Familie im Übergang zur Elternschaft wieder eine höhere Bedeutung zukommt. Es stellt sich jedoch die Frage, warum dies bei Vätern termingerecht geborener Kinder nicht der Fall ist.

Es ist zu vermuten, dass die Partnerschaftszufriedenheit bei Paaren mit einer nicht spontan zustande gekommenen Schwangerschaft belastet ist, da die Eltern schon im Vorfeld einer Reihe von emotionalen und körperlichen Belastungen ausgesetzt waren. Umgekehrt kann die Freude über eine Schwangerschaft nach einem langen, beschwerlichen Weg überwiegen und damit auch die Partnerschaft der Eltern positiv beeinflussen. In der vorliegenden Untersuchung scheint Letzteres sowohl bei Vätern frühgeborener Kinder als auch bei Vätern termingerecht geborener Kinder der Fall zu sein. Jeweils nur ein Vater eines früh- bzw. terminrecht geborenen Kindes, bei dem die Schwangerschaft nicht spontan zustande gekommen ist, berichtete von einer belasteten Beziehung. Methoden der hormonellen Stimulation, IVF[3] und ICSI[4] wurden insgesamt wesentlich häufiger von Vätern frühgeborener Kinder angegeben (evtl. weil diese Risikofaktoren für eine Frühgeburt sein können).

Die Zeit nach der Geburt

Die Untersuchung bestätigt, dass die Partnerschaftszufriedenheit der Eltern insbesondere dann als harmonisch eingestuft wurde, wenn für die Väter das Gefühl des Vaterwerdens besonders positiv war. Väter frühgeborener Kinder mit einer harmonischen Partnerschaft beschrieben das Gefühl des Vaterwerdens wesentlich häufiger als „sehr schön" (63,8%) als diejenigen mit einer belasteten Beziehung (50%). Die Väter mit einer belasteten Partnerschaft nannten hingegen häufiger Besorgnis erregende und beängstigende (14,3% im Vergleich zu 5%) oder gar ablehnende Gefühle (7,1% im Vergleich zu 0%). Auffällige Unterschiede zwischen Vätern früh- und termingerecht geborener Kinder gibt es in diesem Zusammenhang nicht.

Es zeigt sich, dass das Geschlecht des Kindes bei Vätern früh- und termingerecht geborener Kinder Einfluss auf die Partnerschaft haben kann. Väter frühgeborener Kinder mit einer belasteten Partnerschaft gaben häufiger (75% im Vergleich zu 45,1%) an, eine Tochter bekommen zu haben. Auch die Väter termingerecht geborener Kinder führten zu einem größeren Teil eine harmonische Beziehung bei einem männlichen Kind (52,8% im Vergleich zu 37,5%). Zu dieser Feststellung kam bereits Adler (vgl. 1998, 72) mit der Begründung, dass unterbewusst immer noch gesellschaftlich tradierte Wertvorstellungen (höhere Erwünschtheit männlicher Nachkommen) vorherrschen.

Es hat den Anschein, dass durch schwerwiegende Komplikationen während der Klinikzeit die Partnerschaft der Väter frühgeborener Kinder negativ beeinflusst wurde, denn die Sorge um das Kind ist ein Faktor, der auch die Paarbeziehung der Eltern belastet. Jedoch wirkten sich leichtere gesundheitliche Störungen des Kindes nicht negativ auf die Partnerschaft der Eltern aus. So waren es 41,7% der Väter mit einer belasteten und nur 14,7% der Väter mit einer harmonischen Beziehung, die auf die Frage, ob gesundheitliche Störungen beim Kind vorliegen, „ja, schwerwiegende" angaben. Weiterhin antworteten 29,4% der Väter mit einer harmonischen Beziehung mit „ja, beherrschbare", 27,9% mit „ja, leichte" und 27,9% mit „nein". Bei den Vätern mit einer belasteten Beziehung gaben 25% an, dass es „beherrschbare", 16,7%, dass es „leichte" und 16,7%, dass es „gar keine Komplikationen" gab.

Bei den Vätern frühgeborener Kinder wird deutlich, dass eine weniger gute Beziehung zum Kind auch mit einer eher belasteten Partnerschaft einhergehen kann. So beschrieben 62,5% der Väter mit einer belasteten, aber nur 15,8% der Väter mit einer harmonischen Partnerschaft ihre Beziehung zum Kind als „wechselhaft", 12,5% der Väter mit einer belasteten und 7,0% der Väter mit einer harmonischen Beziehung als „mäßig".

Auch bei den Vätern termingerecht geborener Kinder zeigt sich ein positiver Zusammenhang zwischen der Beziehung zum Kind und der Beziehung zur Partnerin. Insgesamt gaben mehr Väter mit einer harmonischen Partnerschaft eine „sehr intensive" und „intensive" Beziehung zum Kind an, während Väter mit einer belasteten Paarbeziehung verhältnismäßig häufiger „wechselhaft", „mäßig" oder „kaum vorhanden" nannten.

Bezüglich der Schuldgefühle, die ein Vater aufgrund der Frühgeburt möglicherweise hat, und der Beziehung zur Partnerin seit der Geburt scheint ein Zusammenhang zu bestehen. So gaben 37,5% der Väter mit einer belasteten Partnerschaft an, Schuldgefühle zu haben. Von den Vätern mit einer harmonischen Beziehung waren dies nur 1,8% (vgl. Abb. 6).

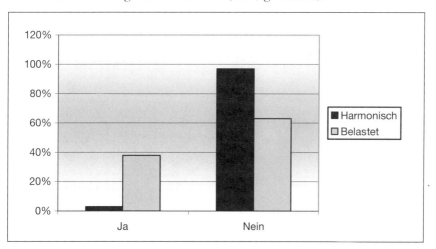

Abb. 6: Schuldgefühle in Abhängigkeit zur Partnerschaftsqualität bei Vätern frühgeborener Kinder (T1)

Es liegt also ein signifikanter Zusammenhang vor (p=0,005). Schuldgefühle scheinen eine derart hohe emotionale Belastung für die Väter darzustellen, dass die Paarbeziehung der Eltern zwangsläufig darunter leiden muss.

Die Zeit seit der Entlassung aus der Klinik

Als erstaunliches Ergebnis zeigt sich, dass innerhalb der ersten drei Monate nach der Entlassung des Kindes aus der Klinik die Beziehung zum Kind keinen positiven Einfluss mehr auf die Paarbeziehung hatte. Zwar gaben 45,8% der Väter frühgeborener Kinder mit einer harmonischen und 26,1% der Väter mit einer belasteten Paarbeziehung „sehr intensiv" an, jedoch bezeichneten 69,6% der Väter mit einer belasteten, aber nur 50% der Väter mit einer harmonischen Partnerschaft ihre Beziehung zum Kind als „intensiv". Außerdem gaben 4,2% der Väter mit einer harmonischen und kein

Vater mit einer belasteten Paarbeziehung eine „wechselhafte" Beziehung zum Kind an. Ein Vater mit einer belasteten Beziehung zur Partnerin beschrieb auch seine Beziehung zum Kind als „belastet".

Von den Vätern termingerecht geborener Kinder mit einer harmonischen Partnerschaft beschrieben 38% ihre Beziehung zum Kind als „sehr intensiv" und 62% als „intensiv". Von den Vätern mit einer belasteten Partnerschaft waren es hingegen 15%, die ihre Beziehung zum Kind als „sehr intensiv", 71,9% als „intensiv" und 12,5% als „belastet" einstuften. Dies kann evtl. daran liegen, dass sich Väter, die sich von ihrer Partnerin vernachlässigt fühlen, eher dem Kind zuwenden.

Als weiteres überraschendes Ergebnis zeigte sich, dass drei Monate nach der Entlassung kein Zusammenhang mehr zwischen Schuldgefühlen und der Beziehung zur Partnerin bestand (p=1,000). So beantworteten 94,9% der Väter frühgeborener Kinder mit einer harmonischen und 94,4% mit einer belasteten Beziehung die Frage nach Schuldgefühlen mit „nein" (vgl. Abb. 7).

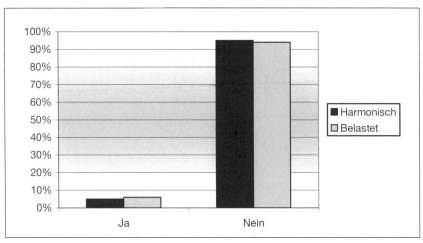

Abb. 7: Schuldgefühle in Abhängigkeit zur Partnerschaftsqualität bei Vätern frühgeborener Kinder (T2)

Dies könnte darin begründet liegen, dass nun das Überleben und die Gesundheit des Kindes weitestgehend gesichert sind und viel Zeit vergangen ist, so dass eine gewisse Distanz bezüglich der Schuldgefühle aufgebaut werden konnte. Jedoch fällt auf, dass Väter, die ihrer Partnerin die Schuld an der Frühgeburt zuwiesen, auch immer eine belastete Beziehung zu ihr hatten.

Des Weiteren ist deutlich erkennbar, dass Regulationsstörungen des Kindes eng mit der Paarbeziehungsqualität korrelierten. So gaben Väter, die von

Problemen beim Essen und Schlafen, von Zuständen, in denen das Kind ohne erkennbaren Grund schreit und sich schwer beruhigen lässt, und von generellen Schwierigkeiten beim Einleben berichteten, auch häufiger eine belastete Beziehung zu ihrer Partnerin an. Daher scheinen sich Belastung und Überforderung der Eltern negativ auf die Partnerschaftsqualität auszuwirken. Es ist leicht nachzuvollziehen, dass sich dieser Zusammenhang bei Vätern frühgeborener Kinder noch intensiver darstellt als bei Vätern termingerecht geborener Kinder. So antworteten auf die Frage, ob das Kind Phasen hat, in denen es ohne erkennbaren Grund schreit und sich nur schwer wieder beruhigen lässt, die Väter frühgeborener Kinder mit einer belasteten Beziehung häufiger mit „ja" (43,5% im Vergleich zu 19,1%). Bei 80,9% der Väter mit einer harmonischen und bei nur 56,5% der Väter mit einer belasteten Beziehung traten solche Phasen nicht auf. Bei den Vätern termingerecht geborener Kinder ist dieser Zusammenhang nur in abgeschwächter Form zu erkennen. So gaben hier 26,8% der Väter mit einer harmonischen und 35,3% mit einer belasteten Beziehung an, solche Phasen bei ihrem Kind zu beobachten.

Ähnliche Zusammenhänge sind auch bezüglich des Schlafverhaltens des Kindes zu beobachten. So gaben von den Vätern frühgeborener Kinder mit einer harmonischen Beziehung 71,4% „regelmäßig, hat nächtliche Ruhephasen", 22,4% „regelmäßig, muss jedoch nachts gefüttert werden", 2% „unregelmäßig, wacht nachts auf" und 4,1% „schläft nicht alleine ein, muss viel getragen werden" an. Demgegenüber antworteten nur 43,5% der Väter mit einer belasteten Beziehung „regelmäßig, hat nächtliche Ruhephasen", 26,1% „regelmäßig, muss nachts jedoch gefüttert werden", 17,4% „unregelmäßig, wacht häufig auf" und 13% „schläft nicht alleine ein, muss viel getragen werden". Bei den Vätern termingerecht geborener Kinder scheinen diese Zusammenhänge jedoch nicht zu bestehen. 5,6% der Väter mit einer harmonischen und nur 2,9% der Väter mit einer belasteten Beziehung gaben an, dass ihr Kind unregelmäßig schlafe und häufig aufwache. Außerdem berichteten 2,8% der Väter mit einer harmonischen, aber kein Vater mit einer belasteten Beziehung, dass das Kind nicht alleine einschlafe und viel getragen werden müsse.

Die Überforderung der Eltern frühgeborener Kinder scheint somit wesentlich größer zu sein, da ihr Umgang mit dem Kind häufiger von Angst und Unsicherheit geprägt ist. Generell gelten frühgeborene Babys als leichter irritierbar und schwieriger zu beruhigen als termingerecht geborene (vgl. Gloger-Tippelt 1988, 133).

In der Literatur wird erwähnt, dass es für die Eltern frühgeborener Kinder schwierig sei, einen Babysitter zu finden, der sich mit den speziellen Bedürfnissen des Kindes auskennt, was nicht selten zu einer sozialen Isolierung der Eltern führe (vgl. Sarimski 2000, 148) und die Paarbeziehung belasten könnte. In der vorliegenden Untersuchung lässt sich dies allerdings nicht bestätigen. 19,4% der Väter frühgeborener Kinder mit einer harmonischen und nur 10,7% der Väter mit einer belasteten Partnerschaft gaben an, dass sie bei der Betreuung ihres Kindes nicht unterstützt werden. Bei den Vätern termingerecht geborener Kinder sind es erstaunlicherweise noch mehr Väter, die gar nicht in der Betreuung ihres Kindes unterstützt werden. Hiervon sind es 31,8% mit einer harmonischen und 17,4% mit einer belasteten Partnerschaft, die „nein" angaben. Auch durch Spezifizierung der Frage, ob das Kind durch einen Babysitter betreut wird, sind keine statistischen Auffälligkeiten erkennbar ($p=0,862$). Jedoch antworteten hier 82,9% der Väter mit einer belasteten und nur 68,4% der Väter mit einer harmonischen Beziehung mit „nein" (vgl. Abb. 8).

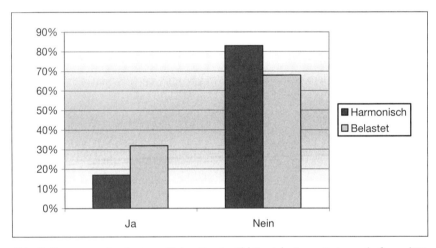

Abb. 8: Betreuung durch einen Babysitter in Abhängigkeit zur Partnerschaftsqualität bei Vätern frühgeborener Kinder (T2)

Dies ist möglicherweise wieder damit zu erklären, dass zu jenem Zeitpunkt noch kein Bedarf nach einem Babysitter bestand und die „Dreisamkeit" der jungen Familie zunächst noch im Mittelpunkt stand.

Die Stressbelastung durch die neue Lebenssituation weist bei den Vätern frühgeborener Kinder bei einem $p=0,001$ einen hochsignifikanten Zusammenhang mit der Paarbeziehung auf. 77,8% der Väter mit einer belasteten und nur 28,2% der Väter mit einer harmonischen Paarbeziehung gaben an, durch die neue Lebenssituation stressbelastet zu sein (vgl. Abb. 9).

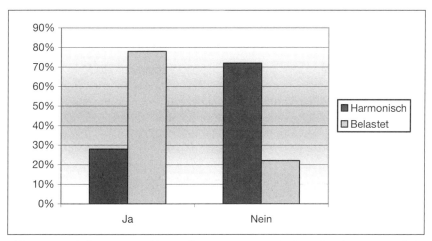

Abb. 9: Stressbelastung in Abhängigkeit zur Partnerschaftsqualität bei Vätern frühgeborener Kinder (T2)

Bei den Vätern termingerecht geborener Kinder ist der Chi-Quadrat-Wert
ebenfalls statistisch auffällig (p=0,009). Der Zusammenhang fällt jedoch
wesentlich geringer aus als bei den Vätern frühgeborener Kinder. So gaben
hier 30,2% der Väter mit einer harmonischen und 58,8% der Väter mit einer
belasteten Beziehung an, durch die neue Lebenssituation stressbelastet zu
sein.

Bodemann (vgl. 1998, 252) weist in diesem Zusammenhang darauf hin,
dass nicht allein der Aspekt, dass eine stresshafte Situation vorliegt, belastend für die Partnerschaft ist, sondern vielmehr, wie damit umgegangen
wird. So zeigt sich auch hier, dass Väter, die von ungünstigen Stressbewäl-
tigungsformen wie Verdrängung oder Flucht in die Arbeit berichteten, auch
vermehrt Probleme in der Paarbeziehung sahen. Paare, die mehr emotional
„supportives dyadisches Coping" praktizierten (z.B. mit der Partnerin sprechen), berichteten hingegen seltener von einer belasteten Paarbeziehung.

Bei den Vätern frühgeborener Kinder fällt weiterhin auf, dass sich gesundheitliche Probleme der Partnerin negativ auf die Paarbeziehung auswirken
können. So gaben 79,5% der Väter mit einer harmonischen und nur 55% der
Väter mit einer belasteten Beziehung keine gesundheitlichen Probleme bei
der Partnerin an. Beim Auftreten gesundheitlicher Probleme scheinen vor
allem psychische Probleme (5% mit belasteter Beziehung) oder Probleme
mit dem allgemeinen Wohlbefinden (20% mit belasteter Beziehung) die
Partnerschaftsqualität negativ zu beeinflussen. Bei den Vätern termingerecht geborener Kinder sieht dieses Verhältnis jedoch anders aus. Hier
gaben 61,2% der Väter mit einer harmonischen und 73% der Väter mit einer

belasteten Beziehung an, dass die Partnerin keine gesundheitlichen Probleme habe.

Dass die Partnerschaft von Vätern frühgeborener Kinder stärker belastet ist, wenn die Partnerin unter gesundheitlichen Problemen leidet, ist eine nicht unwichtige Erkenntnis. Das Wohlbefinden in einer Partnerschaft steht in einem wechselseitigen Verhältnis. Beachtet werden muss hierbei, dass Frauen in den ersten Wochen und Monaten nach der Geburt wesentlich höhere Depressionswerte aufweisen als die Männer (vgl. Fthenakis u.a. 2002, 81f.).

Fazit und Ausblick

Insgesamt hat die Untersuchung gezeigt, dass die Entwicklung der Paarbeziehungsqualität im Übergang zur Elternschaft bei Eltern frühgeborener Kinder ähnlich verläuft wie bei Eltern termingerecht geborener Kinder. Man kann generell nicht davon ausgehen, dass sich die Partnerschaftsqualität durch eine Frühgeburt verschlechtert. Jedoch stellte sich heraus, dass bei den Vätern frühgeborener Kinder das Nachlassen der Partnerschaftszufriedenheit wesentlich mehr mit dem Kind und den Veränderungen, die es mit sich bringt, zusammenhängt. Hierbei spielen vor allem Schuldgefühle, Stressbelastung und Stressbewältigung, Regulationsstörungen des Kindes sowie das Wohlbefinden der Mutter eine zentrale Rolle.

Da die Qualität der Partnerschaft der Eltern eine grundlegende Voraussetzung für die Bewältigung von Belastungen einer Frühgeburt ist und auch eine zentrale Rolle für die Entwicklung des Kindes spielt, sollten hier Interventionsmaßnahmen greifen. Die Untersuchung zeigt eine Notwendigkeit in der psychologischen Betreuung der Eltern nach der Geburt des Kindes, um zu lernen, mit Schuldgefühlen, Ängsten und Niedergeschlagenheit umzugehen. Positive Effekte scheinen hierbei vor allem auch Gesprächsgruppen zu bringen (vgl. Vonderlin 1999, 242ff.). Wichtig ist dabei jedoch, dass diese nicht nur von den Müttern besucht werden. Auch reine Vätergruppen sind denkbar, da in unterschiedlichen empirischen Studien gezeigt wurde, dass Väter die Frühgeburt ihres Kindes anders wahrnehmen und verarbeiten als die Mütter (vgl. z.B. Löhr 1999).

Von besonderer Bedeutung ist außerdem der Umgang mit den vielfältigen Problemen, die in der ersten Phase nach der Entlassung auftreten, wie z.B. Fütterungsschwierigkeiten, Schlafprobleme und Interaktionsstörungen. Präventiv sollte schon während der Klinikzeit darauf hingearbeitet werden, die kindliche Irritierbarkeit zu vermindern und vor allem die Eltern verstärkt mit in die Betreuung des Kindes einzubeziehen, so dass sie mehr Sicherheit und Kompetenz im Umgang mit ihm erlangen. Nach der Entlassung sollten die Eltern auf keinen Fall mit ihrem Kind und den auftretenden Problemen allein gelassen werden. Weitere kompetente Beratung durch den Kinderarzt, die Klinik oder spezielle Risikosprechstunden muss gewährleistet werden. Ideal wäre eine umfassende Interaktionsberatung als Begleitung der Familie im ersten Lebensjahr (vgl. Sarimski 1992). Nicht zuletzt sollte das Elternpaar dazu ermutigt werden, sich auch Auszeiten zu nehmen, um die Paarbeziehung zu pflegen und Stress abzubauen. Dazu ist jedoch ein erhöhtes Angebot an professioneller Unterstützung bei der Betreuung des Kindes notwendig.

[1] Eine genaue Beschreibung der Projektstudie und des Gesamtkollektivs befindet sich im einleitenden Beitrag dieses Buches.

[2] Der p-Wert wird mithilfe des Chi-Quadrat-Tests ermittelt, der für Kreuztabellen verwendet wird. Hierbei werden die Quadrate der Differenz zwischen den beobachteten und erwarteten Häufigkeiten durch die erwarteten Werte dividiert. Die Nullhypothese wird dann zurückgewiesen, wenn der Grenzwert 5% nicht überschreitet. In diesem Fall wäre der p-Wert signifikant. Alle Werte über 5% beruhen auf Zufall. Somit gelten die Ergebnisse mit einer Irrtumswahrscheinlichkeit von $p<0,05$ als signifikant, mit $p<0,01$ als sehr signifikant und mit $p<0,001$ als hochsignifikant.

[3] Bei der IVF (In-vitro-Fertilisation) geht es um die Befruchtung von Eizellen durch Spermien außerhalb des Körpers.

[4] Die ICSI ist eine Zusatzmaßnahme im Rahmen der IVF, die bei schlechterer Samenqualität des Mannes zur Anwendung kommt. Hierbei wird ein einzelnes Spermium direkt in die Eizelle injiziert.

Miriam Husseini

Stressbelastung und Stressbewältigung bei Vätern frühgeborener Kinder

Die Geburt eines Kindes stellt für die Eltern häufig ein krisenhaftes Ereignis dar, das mit unerwarteten Anforderungen verbunden ist, welche die Eltern bewältigen und in den Tagesablauf integrieren müssen. Wird ein Kind zu früh geboren, wirken zusätzliche Belastungsfaktoren auf die Eltern ein, die Stress erzeugen können. Dies ist nicht nur unmittelbar nach der Geburt der Fall, sondern auch noch viele Monate später:

„Während des fast 6-monatigen Krankenhausaufenthalts waren wir sehr zuversichtlich, dass dann zu Hause alles besser laufen würde. Die Fahrerei ins Krankenhaus würde wegfallen, täglich eine bzw. mehrere Besuchsfahrten. Als T. dann nach Hause kam, waren wir zuerst sehr glücklich und zufrieden über das Erreichte. Doch schon nach kurzer Zeit ergaben sich neue Probleme, ganz andere als im Krankenhaus. Er musste alle drei Stunden gefüttert werden, rund um die Uhr. Alle anderen Arbeiten im Haushalt, die bereits während der Krankenhauszeit völlig zu kurz kamen, konnten jetzt auch nicht zufrieden stellender erledigt werden. Er ging vor, die beiden anderen Kinder, die ganze Hausarbeit, litten darunter. In der Folgezeit kam es laufend zu Erkrankungen von T. Die Arztbesuche, Therapien (Ergotherapie, Krankengymnastik, Sehbehindertenförderung) verschafften uns einen vollen Terminkalender. Nahezu jeden Tag war ein Termin wahrzunehmen. Hinzu kam, dass bei manchen Problemen der Facharzt, der Kinderarzt und auch Ärzte der Neugeborenenstation, die ihn und seine zurückliegenden Komplikationen kannten, zu unterschiedlichen Bewertungen kamen. Wir fühlten uns oft überfordert und sehr ratlos. Wir wollten ja nur das Beste für T."

(Bericht von Eltern eines in der 25. SSW geborenen Kindes, Sarimski 2000, 94).

Stress ist jedoch „im wesentlichen der Anteil an Belastung und Verschleiß, den das Leben mit sich bringt" (Selye o.J., zit. nach Linneweh 1985) und somit ein Bestandteil unseres Lebens. Erst wenn der Organismus – aus inneren oder äußeren Gründen – nicht in der Lage ist, sich anzupassen, wirkt der Stress schädigend.

Im Rahmen dieser Teilanalyse soll daher das Stressempfinden bei Vätern frühgeborener Kinder im ersten Jahr nach der Entlassung des Kindes aus der Klinik ermittelt und nachgeforscht werden, welche Bewältigungsstrategien (Coping) zu einem positiven Umgang mit den vorhandenen Stressbelastungen führen.

Theoretische Grundlagen zum Thema Stress und Stressbewältigung

Die Stressforschung ist mittlerweile ein sehr komplexes Gebiet. Es gibt die unterschiedlichsten theoretischen Überlegungen, empirischen Erkenntnisse und Sichtweisen. Stress wird entweder als ein schädigender Umweltreiz, also als Input, oder als eine Belastungsreaktion des Organismus auf Umweltanforderungen, also als Output verstanden (vgl. Selye 1974). Weiterhin kann Stress auch als transaktionales Geschehen aufgefasst werden, dem „eine Wechselwirkung von Situation und Person zugrunde liegt und das den kognitiven Prozessen und der Stressbewältigung eine primäre Bedeutung zuschreibt" (Schwarzer 2000, 14). Für die vorliegende Untersuchung wird von letzterer Theorie ausgegangen, die im Folgenden näher erläutert wird.

Die kognitiv-transaktionale Stresstheorie

In diesem Modell (Lazarus u. Folkman 1984) wird davon ausgegangen, dass eine Person nicht passiv irgendwelchen Belastungen ausgesetzt ist, sondern dass zwischen der Person und ihrer Umwelt eine prozesshafte, dynamische und wechselseitige Beziehung besteht. Stress tritt dann auf, wenn die Person Aspekte der Umwelt wahrnimmt, die ihre eigenen Kräfte überfordern und die ihr Wohlbefinden bedrohen können. Man spricht hierbei von der kognitiven Bewertung (mentale Vorgänge, um Ereignisse in eine Reihe von Bewertungskategorien einzuordnen), die als primäre und sekundäre Bewertungen postuliert werden. Bei der primären Bewertung geht es überwiegend um Informationen aus der Umwelt, also um Schicksalsschläge, Alltagsanforderungen oder Reizkonfigurationen, während die sekundäre Bewertung sich vor allem auf die Merkmale der Person stützt, auf ihre Kompetenzen, Wertvorstellungen, Ziele, Überzeugungen, aber auch auf Umweltmerkmale wie z.B. die Verfügbarkeit eines hilfreichen sozialen Netzes oder anderer Ressourcen wie Geld oder Gesundheit.

Aus der Art und Weise der Einschätzungen resultieren unterschiedliche Bewältigungsformen (Coping). Hierzu gehören alle kognitiven oder verhaltensmäßigen Versuche der Person, die belastenden Anforderungen, die sich aus ihrer Auseinandersetzung mit den bedrohlichen Aspekten der Umwelt ergeben haben, in den Griff zu bekommen. Lazarus und Folkmann unterscheiden hier allgemein zwischen einem problemzentrierten und einem emotionszentrierten Coping. Beim problemzentrierten Coping wird das Ziel immer in einer entsprechenden Veränderung der Situation gesehen, während beim emotionszentrierten Coping die Person die Affekte, die sich aus den Bewertungsprozessen ergeben haben, erst einmal kontrollieren will. Oft geht es hierbei um verhaltensbeeinträchtigende Emotionen wie Angst, Zorn oder Hilflosigkeit, die unter eine bestimmte Schwelle gebracht werden müssen, damit die Person ein effizientes problemzentriertes Coping betreiben kann.

Beide Bewältigungsprozesse führen zu Veränderungen. Während das problemzentrierte Coping direkt in das Person-Umwelt-Verhältnis eingreift, verändern die emotionszentrierten Bewältigungen die Bedeutung bestimmter Sachverhalte und bewirken eine Verschiebung der Aufmerksamkeit. Durch beide Bewältigungsformen kommt die Person zu einer Neubewertung der Belastungssituation, die dann wieder mit bestimmten Emotionen verbunden ist. Das Wechselspiel von Bewältigungsversuchen und Neubewertungen setzt sich schließlich so lange fort, bis entweder die Bedrohung eliminiert, das Ziel erreicht wird oder die Person sich von nicht erreichbaren Zielen innerlich abgelöst hat.

Bewältigungsverhalten

Zahlreiche Autoren haben versucht, zu einer Klassifikation von Bewältigungsformen zu gelangen. Lazarus u.a. (vgl. 1981, 252f.) unterscheiden hier zwischen vier Formen, die sowohl problemzentriert als auch emotionszentriert sein können: Informationssuche, direkte Aktion, Aktionshemmung und intrapsychische Formen.

Die Informationssuche beschreibt den Umstand, dass Personen die relevanten Informationen, die sie zur Bewältigung einer Situation benötigen, selegieren und daraus sowohl stressorbezogene Handlungen ableiten, als auch emotionale Verbesserungen durch die Rechtfertigung und Rationalisierung bereits getroffener Entscheidungen erzielen.

Bei den direkten Aktionen geht es um alle nicht kognitiven Handlungen zur Beseitigung von Stressoren. Aber auch offene affektive Handlungen wie das Ausleben von Wut und Ärger fallen unter die direkten Aktionen. Sie können darüber hinaus sowohl auf die Umwelt als auch auf die eigene Person gerichtet sein (z.B. beim Trinken, Einnehmen von Beruhigungsmitteln usw.).

Weiterhin kann eine Person Handlungen, die ineffektiv oder kontraproduktiv sind, aktiv hemmen, was zu einer Voraussetzung für eine effektive Bewältigung werden kann.

Schließlich gibt es noch die intrapsychischen Bewältigungsformen. Hierunter fallen alle kognitiven Prozesse, die durch Verbesserung des Wohlbefindens der Person Emotionen regulieren sollen. So können Mechanismen der Selbsttäuschung, der Abwehr (Verleugnung, Projektion, Reaktionsbildung), der Intellektualisierung und der Vermeidung entstehen, die das Gefühl der subjektiven Kontrolle erhöhen können.

Die beschriebenen Bewältigungsverhalten müssen keineswegs immer positiv, d.h. Erfolg versprechend sein (vgl. Schlebusch 1995, 70). Somit stellt sich die Frage nach der Effektivität von Copingreaktionen. Darauf soll im nächsten Kapitel eingegangen werden.

Effektivität von Bewältigungsprozessen

Die Beurteilung der Effektivität von Bewältigungsprozessen ist schwierig (vgl. Lazarus u.a. 1981, 253). Einzelne Copingmechanismen können in Abhängigkeit von der jeweiligen Situation sowohl positive als auch negative Auswirkungen haben. So kann z.B. die Verleugnung beim Vorliegen einer schweren Krankheit zur Vernachlässigung der Medikation führen, andersherum jedoch dazu beitragen, dass sich die betroffene Person nicht ausschließlich mit krankheitsrelevanten Themen beschäftigt. Außerdem können Verleugnungen z.B. bei dauerhaften Belastungen positiv wirken, indem sie der Person über eine gewisse Zeit Raum zur Entwicklung verschaffen.

Bailer (1989, zit. nach Schlebusch 1995) bezeichnet beispielsweise realitätsfliehende Wunschphantasien, das Auslassen emotionaler Spannungen an Unbeteiligten, Selbstbeschuldigungen und einige defensive Reaktionen (z.B. Verleugnung) als wenig effektive Bewältigungsformen. Dahingegen seien problemlösende Reaktionen, positive Neubewertungen und freier Ausdruck von Gefühlen effektive Formen der Stressbewältigung.

In Anlehnung an die Theorie der Handlungskontrolle nach Kuhl (1990) führte Bossong (1999) Untersuchungen durch, bei denen ermittelt werden sollte, ob eher handlungs- oder lageorientierte[1] Personen in unterschiedlichen aversiven Situationen zu effektiven Stressbewältigungsmechanismen greifen. Es zeigte sich, dass lageorientierte Personen intensivere Stressreaktionen wie Antriebsarmut, Gereiztheit oder Perspektivlosigkeit zeigten als handlungsorientierte. Lageorientierte Personen waren depressiver und erlebten Misserfolge länger und schmerzlicher (vgl. ebd. 149ff.).

Copingressourcen

Copingressourcen sind eine Reihe von Merkmalen der Person und der Umwelt, die Einfluss auf den Ablauf des Bewältigungsprozesses haben.

Dies können Gegenstände (z.B. Nahrungsmittel, Kleidung usw.), Bedingungen (z.B. Ehe, berufliches Fortkommen usw.) Persönlichkeitsmerkmale (stabile Fähigkeiten oder Fertigkeiten, persönliche Überzeugungen) und Energien sein, die als wertvoll und nützlich erscheinen (vgl. Hobfoll 1988, 1989, zit. nach Schwarzer 2000).

Als eine wesentliche Copingressource wird immer wieder auf soziale Integration und soziale Unterstützung verwiesen (vgl. Schwarzer 2000). Unter sozialer Unterstützung versteht man emotionale Unterstützung (sich umeinander kümmern, Vertrauen, Empathie), instrumentelle Unterstützung (Hilfe bei der Arbeit, finanzielle Hilfen, Unterstützung bei schwierigen Aufgaben), Unterstützung durch Informationen (Bereitstellung von Informationen oder Vermittlung von Fähigkeiten, die der Person bei der Lösung von Problemen helfen) sowie Unterstützung durch Bewertungen (Informationen, die die Person bei der Bewertung der eigenen Fähigkeiten unterstützen, Bestätigungen und Verstärkungen) (vgl. Leavy 1983, zit. nach Schlebusch 1995, 74). Hierbei ist vor allem die Qualität und weniger die Quantität der sozialen Unterstützung von Bedeutung. Leavy (vgl. 1983, zit. nach Schlebusch 1995, 74f.) stellt in einer Untersuchung fest, dass Personen mit verschiedenen psychischen Beeinträchtigungen sowohl kleinere als auch weniger unterstützende Netzwerke aufweisen. Weiterhin zeigen Personen, die große Unterstützung durch ihre Familien erfahren, geringere Wahrscheinlichkeiten psychischer Beeinträchtigungen als Personen, die sich eher auf extrafamiliäre Ressourcen verlassen.

Stressbelastung und Stressbewältigung bei Vätern frühgeborener Kinder – Ergebnisse der Längsschnittuntersuchung

Ziel und Fragestellungen der Untersuchung

Im Rahmen der hier beschriebenen Teilanalyse soll ermittelt werden, ob sich Väter frühgeborener Kinder durch die besonderen Anforderungen nach der Entlassung aus der Klinik stressbelastet fühlen und wie sie damit umgehen. Folgenden Fragestellungen soll daher nachgegangen werden:

❏ Sind Väter frühgeborener Kinder stressbelasteter als Väter termingeborener Kinder?

❏ Welcher Copingmechanismen bedienen sich Väter frühgeborener Kinder, um die zu frühe Geburt und die damit einhergehenden zusätzlichen Belastungen zu bewältigen, und wie effektiv sind diese?

❏ Gibt es Ressourcen oder destabilisierende Faktoren, die einen Einfluss auf die Stressbelastung der Väter frühgeborener Kinder haben?

Teilnehmer

Diese Teilanalyse bezieht sich auf die zweite und dritte Erhebung[2]. Es werden nur die Väter berücksichtigt, die an allen drei Interviews teilgenommen haben. Somit ergibt sich ein Kollektiv von insgesamt 111 Probanden. Davon sind es 31 (27,9%) Väter frühgeborener Einlinge, 9 (8,1%) Väter frühgeborener Mehrlinge, 66 (59,5%) Väter termingerecht geborener Einlinge und 5 (4,5%) Väter termingerecht geborener Mehrlinge.

Stressbelastung bei Vätern frühgeborener Kinder im Vergleich zu Vätern termingerecht geborener Kinder

Zum Zeitpunkt T2 (3 Monate nach der Entlassung des Kindes aus der Klinik) fühlten sich 55% der Väter frühgeborener Kinder durch ihre neue Lebenssituation stressbelastet. Bei den Vätern termingeborener Kinder lag dieser Wert bei nur 42%. Dieser Zusammenhang ist zwar statistisch nicht auffällig, jedoch ist ein Trend erkennbar (p=0,134). Ein Jahr später (T3) gaben immer noch 55% der Väter frühgeborener Kinder, aber mittlerweile 49,3% der Väter termingerecht geborener Kinder an, sich durch die neue Situation stressbelastet zu fühlen.

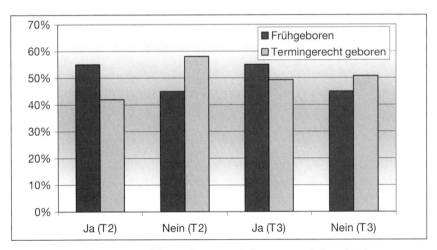

Abb. 1: Stressbelastung in Abhängigkeit vom Geburtsstatus (T2 und T3)

Somit lässt sich insgesamt feststellen, dass die zu frühe Geburt eines Kindes erwartungsgemäß zu einer erhöhten Stressbelastung der Väter führt. Jedoch ist die Abweichung von den Vätern termingeborener Kinder vor allem nach einem Jahr nicht sehr groß.

Die weiteren Ausführungen beziehen sich ausschließlich auf die Angaben der Väter frühgeborener Kinder.

Nach 12 Monaten seit der Entlassung des Kindes aus der Klinik wurde den Vätern die Frage gestellt, ob sie denken, dass die Situation der Frühgeburt generell für Väter eine Belastung darstellt. Von den Vätern, die sich stressbelastet fühlten, bestätigten dies 90,5%. Daraus lässt sich schließen, dass die Stressbelastung unmittelbar mit den zusätzlichen Anforderungen einer Frühgeburt zusammenhängt. Jedoch gaben auch 66,7% der Väter, die sich nicht stressbelastet fühlten, an, die Situation der Frühgeburt stelle generell für Väter eine Belastung dar. Diese Väter scheinen über Copingmechanismen und Ressourcen zu verfügen, die es ihnen ermöglichen, die besonderen Belastungen so zu bewältigen, dass kein Stress für sie entsteht.

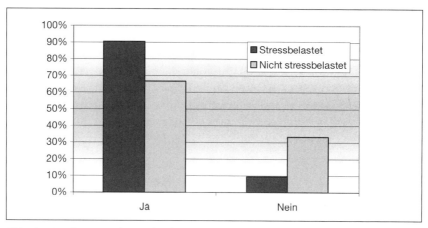

Abb. 2: Einschätzung der Frühgeburt als generelle Belastung für Vätern in Abhängigkeit zur Stressbelastung bei Vätern frühgeborener Kinder (T3)

Bewältigungsverhalten

Zunächst stellt sich die Frage, ob die Väter über allgemeine Copingmechanismen verfügen, die es ihnen ermöglichen, die belastende Situation der Frühgeburt zu bewältigen.

Hierbei fällt auf, dass es lediglich minimale Unterschiede zwischen den stressbelasteten und den nicht stressbelasteten Vätern gibt. In beiden Gruppen wird am häufigsten das Gespräch mit der Partnerin gesucht (30,6% der stressbelasteten Väter, 28,9% der nicht stressbelasteten Väter). 10,8% der Väter, die sich durch ihre Lebenssituation stressbelastet fühlten, und 10,9% der nicht stressbelasteten Väter gaben an, Stress im Allgemeinen zu verdrängen. Weiterhin gaben von den stressbelasteten Vätern 14,4% an, Stress in sich hineinzufressen, ebenfalls 14,4% suchten Gesprächspartner im Freundeskreis und 9% Gesprächspartner in der Familie, 18% bewältigten

Stress allgemein durch körperlichen Ausgleich und 0,9% durch sonstige Aktivitäten. 2 Väter (1,8%) suchten professionelle Hilfe auf. Von den Vätern, die sich durch ihre neue Lebenssituation nicht stressbelastet fühlten, waren es 11,7%, die den Stress in sich hineinfressen, 14,1%, die Gesprächspartner im Freundeskreis aufsuchen, 10,9%, die Gesprächspartner in der Familie aufsuchen, 17,2%, die körperlichen Ausgleich suchen, und 6,3% gaben „Sonstiges" an.

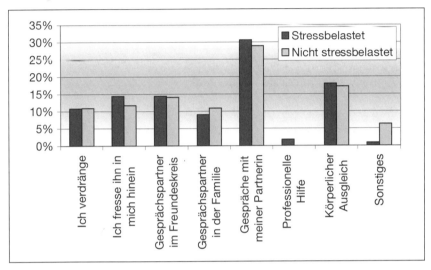

Abb. 3: Allgemeiner Umgang mit Stress in Abhängigkeit zur Stressbelastung durch die neue Lebenssituation bei Vätern frühgeborener Kinder

Bezüglich der Frage, wie mit dem Stress, der durch die neue Lebenssituation entstanden ist, umgegangen wird, sieht die Verteilung anders aus. So gaben nur 10,7% an, das Gespräch mit ihrer Partnerin zu suchen, zum Zeitpunkt der dritten Erhebung waren es lediglich 8,8%. Mehrheitlich (28,6%) wurde während des zweiten Interviews „Sonstiges" angegeben. Bei der dritten Erhebung fällt auf, dass die meisten Väter (20,6%) versuchten, „die Umstände zu akzeptieren". Währenddessen wurden hier die Antworten „ich verdränge", „ich fresse ihn in mich hinein", „ich suche Gesprächspartner im Freundeskreis" und „ich suche Gesprächspartner in der Familie" kaum noch gegeben. 11,8% suchten körperlichen Ausgleich, 5,9% traten beruflich kürzer, 8,8% versuchten, die Umstände zu ändern, und 14,7% gaben „Sonstiges" an. Somit wird eine deutliche Verlagerung der Copingmechanismen erkennbar. Während Gespräche hauptsächlich zur allgemeinen Bewältigung von Stress genutzt wurden, wird bezüglich der Bewältigung der neuen Lebenssituation nach einer Frühgeburt vor allem auf intrapsychische Copingstrategien zurückgegriffen und versucht, die Situation zu akzeptieren.

Einflussfaktoren auf die Stressbelastung drei Monate nach der Entlassung des Kindes aus der Klinik

Bezüglich des Geschlechts des Kindes fällt ein statistischer Zusammenhang zur Stressbelastung der Väter auf (p=0,055). Die Kinder der stressbelasteten Väter waren zu 31,8% weiblich und zu 68,2% männlich. Von den Vätern, die sich durch die neue Lebenssituation nicht stressbelastet fühlten, waren die Kinder zu 66,7% weiblich und zu 33,3% männlich.

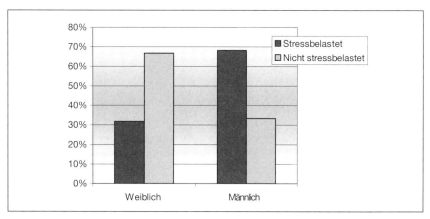

Abb. 4: Stressbelastung in Abhängigkeit vom Geschlecht des Kindes

Wenn bei den Kindern gesundheitliche Störungen vorlagen, schienen die Väter stressbelasteter zu sein. So lagen bei 11,1% (im Vergleich zu 4,5%) der Väter, die sich durch die neue Lebenssituation stressbelastet fühlten, beim Kind gesundheitliche Störungen vor, die eine Behinderung erwarten lassen.

Generell berichteten Väter, die sich durch ihre neue Lebenssituation stress-belastet fühlten, öfter von wahrgenommenen Regulationsstörungen ihres Kindes. 57,1% gaben an, dass ihr Kind Mahlzeiten regelmäßig und vollstän-dig einnehme. 21,4% sagten, es trinke unregelmäßig, aber in einer ausrei-chenden Menge, 17,9% nannte „regelmäßig und unvollständig" und 3,6% gaben an, dass ihr Kind unregelmäßig und unvollständig Mahlzeiten zu sich nehme. Dahingegen gaben die Väter, die sich nicht stressbelastet fühlten, zu 68,2% an, dass ihr Kind Mahlzeiten regelmäßig und vollständig einnehme, 18,2% sagten, dass es unregelmäßig trinke, aber die ausreichende Menge zu sich nimmt, und nur 13,6% sagten „regelmäßig und unvollständig".

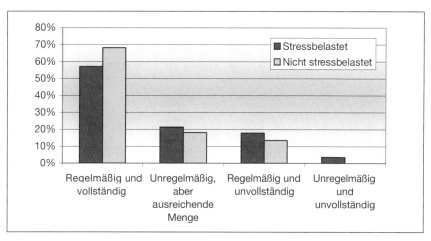

Abb. 5: Stressbelastung in Abhängigkeit vom Essverhalten des Kindes

Auch bezüglich des Schlafverhaltens des Kindes ist ein ähnliches Verhältnis erkennbar. 77,3% der Väter, die sich durch die neue Lebenssituation stressbelastet fühlten, geben an, dass ihr Kind regelmäßig schlafe und nächtliche Ruhephasen habe. Bei den stressbelasteten Vätern waren dies nur 50%. Die Antwort „regelmäßig, muss nachts jedoch gefüttert werden" nannten 21,4% der stressbelasteten und 22,7% der nicht stressbelasteten Väter. Die Antworten „unregelmäßig, wacht häufig auf" und „schläft nicht allein ein, muss viel getragen werden" wurden von den nicht stressbelasteten Vätern gar nicht genannt. Die Väter, die sich stressbelastet fühlten, machten diese Angabe zu jeweils 14,3%.

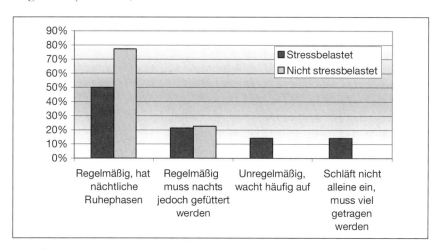

Abb. 6: Stressbelastung in Abhängigkeit vom Schlafverhalten des Kindes

Bezüglich des Schreiverhaltens fällt der Zusammenhang zwischen Regulationsstörungen des Kindes und der Stressbelastung der Väter am deutlichsten auf. So gaben 40,7% der Väter, die sich durch ihre neue Lebenssituation stressbelastet fühlten, und nur 18,2% der nicht stressbelasteten Väter an, dass ihr Kind Phasen habe, in denen es ohne erkennbaren Grund schreit und sich nur schwer wieder beruhigen lässt.

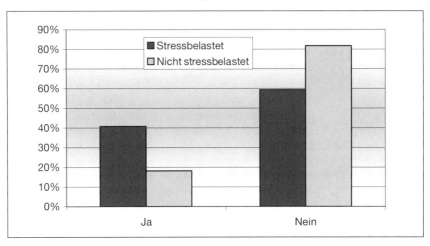

Abb. 7: Stressbelastung in Abhängigkeit vom Schreiverhalten des Kindes

Auch die Partnerschaft der Eltern scheint einen Einfluss auf die Stressbelastung des Vaters zu haben. So gaben 50% der stressbelasteten, aber nur 22,2% der nicht stressbelasteten Väter an, dass sich ihre Beziehung zur Partnerin seit der Entlassung des Kindes aus der Klinik verändert habe.

27,8% der nicht stressbelasteten Väter (im Vergleich zu 13,6%) gaben an, eine sehr harmonische Beziehung mit ihrer Partnerin zu führen. 66,7% von ihnen (im Vergleich zu 36,4% der Väter mit einer stressbelasteten Beziehung) beschrieben ihre Partnerschaft als „harmonisch" und 5,6% (im Vergleich zu 45,5%) als „wechselhaft". Lediglich die Väter, die sich stressbelastet fühlten, gaben zu 4,5% auch eine belastete Beziehung an. Es besteht ein signifikanter Zusammenhang ($p=0{,}011$).

Es stellt sich jedoch die Frage, ob sich Stress negativ auf die Partnerschaft auswirkt oder ob andersherum eine positive Partnerschaft eine Ressource zur Stressbewältigung darstellt. Möglicherweise spielen beide Aspekte eine Rolle.

36,4% der stressbelasteten und 22,2% der nicht stressbelasteten Väter berichteten von gesundheitlichen Problemen ihrer Partnerin, die seit der Entlassung des Kindes aus der Klinik auftraten. Somit scheint auch hier ein – wenn auch geringer – statistischer Zusammenhang zu bestehen.

Bezüglich der sozialen Unterstützung, welche die Väter frühgeborener Kinder erhielten, zeigen sich kaum Unterschiede zwischen den Vätern, die sich stressbelastet fühlten, und den nicht stressbelasteten Vätern. Ein leichter Trend ist jedoch dahingehend zu erkennen, dass gerade die Väter, die sich durch die neue Lebenssituation stressbelastet fühlten, auch vermehrt Unterstützung durch ihr soziales Umfeld erhielten. So antworteten auf die Frage, ob sie Unterstützung in der Betreuung ihres Kindes erhalten, 14,7% der Väter, die sich stressbelastet fühlten, und 24,1% der nicht stressbelasteten Väter mit „nein".

Auch auf die Frage, ob sie seit der Entlassung des Kindes von ihrer Familie unterstützt wurden, antworteten 90,5% der stressbelasteten und 88,2% der nicht stressbelasteten Väter mit „ja". Ähnlich sieht es bezüglich der Unterstützung durch Freunde und Bekannte aus.

In Bezug auf die Frage nach der aktuellen beruflichen Zufriedenheit ist festzustellen, dass die Väter, die sich nicht stressbelastet fühlten, eher auch beruflich zufrieden waren.

Es fällt auf, dass 33,3% der stressbelasteten Väter und nur 16,7% der Väter, die sich nicht stressbelastet fühlten, von einer wechselhaften Zufriedenheit mit dem Beruf sprachen.

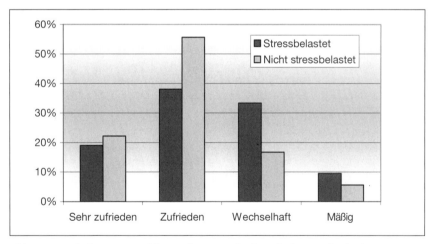

Abb. 8: Stressbelastung in Abhängigkeit von der beruflichen Zufriedenheit

9,1% der stressbelasteten Väter berichteten über ein Nettofamilieneinkommen von 801–1500 Euro, jedoch kein Vater, der sich nicht stressbelastet fühlte. Dahingegen waren es 27,8% der nicht stressbelasteten Väter und nur 9,1% der stressbelasteten Väter, die ein Einkommen über 3500 Euro erzielten.

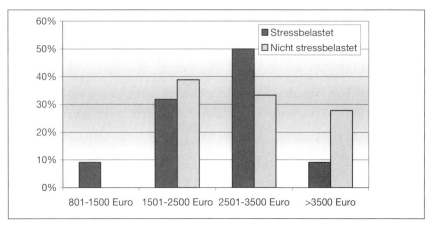

Abb. 9: Stressbelastung in Abhängigkeit vom Nettofamilieneinkommen

Einflussfaktoren auf die Stressbelastung ein Jahr nach der Entlassung des Kindes aus der Klinik

12 Monate, nachdem das Kind aus der Klinik entlassen wurde, beschrieben 24,2% der stressbelasteten Väter ihre gegenwärtige Gesamtsituation mit „Ich habe einige Probleme". Diese Antwort gaben nur 5,7% der Väter, die sich nicht stressbelastet fühlten. Ähnlich sieht auch das Verhältnis bezüglich der Gesamtsituation der Partnerin aus. So gaben 25% der stressbelasteten und 6,5% der nicht stressbelasteten Väter an, „Sie hat einige Probleme", und 3,6% der stressbelasteten Väter sogar „Sie hat viele Probleme". Letztere Antwort gab kein Vater, der sich nicht stressbelastet fühlte.

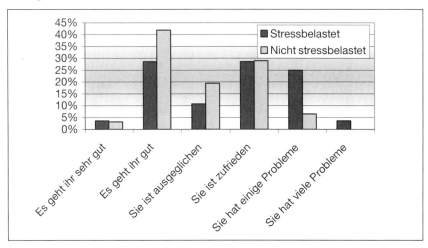

Abb. 10: Stressbelastung des Vaters in Abhängigkeit vom Wohlbefinden der Partnerin

Ein signifikanter Zusammenhang fällt bezüglich der Frage, ob es seit der letzten Befragung einschneidende Ereignisse gegeben hat, und der Stressbelastung der Väter auf (p=0,011). Dies bestätigten 40,9% der stressbelasteten, aber nur 5,6% der nicht stressbelasteten Väter.

Hierbei waren es vermutlich es vor allem die Faktoren Krankheit oder Tod eines nahe stehenden Menschen und ein Wohnortwechsel, die zu einer Stressbelastung führten.

Auf die Frage, wie sich das Kind zu Hause eingelebt hat, antworteten 75% der stressbelasteten Väter und 90,1% der nicht stressbelasteten Väter mit „schnell und problemlos".

Auch noch ein Jahr nach der Entlassung des Kindes aus der Klinik berichten eher die stressbelasteten Väter von Schwierigkeiten beim Essverhalten ihres Kindes. 57,1% (im Vergleich zu 72,7% der nicht stressbelasteten Väter) sagten aus, dass ihr Kind Mahlzeiten regelmäßig und vollständig einnehme.

Beim Schlafverhalten sieht dies ähnlich aus. 78,6% der stressbelasteten und 86,4% der nicht stressbelasteten Väter beschrieben, dass das Kind regelmäßig schlafe und nächtliche Ruhephasen habe. 3,6% der stressbelasteten (im Vergleich zu 5,5%) Väter gaben an, „regelmäßig, muss nachts jedoch gefüttert werden", und 17,9% (im Vergleich zu 9,1%) sagten „unregelmäßig, wacht häufig auf".

Besonders auffällig ist jedoch wieder, dass vor allem die stressbelasteten Väter von Phasen berichten, in denen das Kind ohne erkennbaren Grund schreit und sich schwer wieder beruhigen lässt (53,6% im Vergleich zu 4,5%).

Auch bezüglich der sozialen Unterstützung zeigte sich erneut, dass die Väter, die sich durch die neue Lebenssituation stressbelastet fühlten, etwas mehr Unterstützung erhielten als die nicht stressbelasteten Väter (86,4% im Vergleich zu 72,2%).

Bei der Frage nach der Unterstützung durch die Familie ist ein statistisch auffälliger Zusammenhang zu erkennen (p=0,33). 100% der stressbelasteten, aber nur 77,8% der nicht stressbelasteten Väter wurden durch ihre Familie unterstützt.

Bei 9,1% der stressbelasteten Väter, aber bei keinem Vater, der sich durch die neue Lebenssituation nicht stressbelastet fühlte, ergaben sich Probleme am Arbeitsplatz.

94,4% der nicht stressbelasteten und 72,2% der stressbelasteten Väter gaben an, dass sich die Beziehung zur Partnerin seit der letzten Befragung nicht geändert habe. Dass sie intensiver geworden sei, sagten 9,1% der stressbelasteten Väter. Von einer distanzierteren Beziehung berichteten 13,6% der stressbelasteten und 5,6% der nicht stressbelasteten Väter und 4,5% der stressbelasteten Väter hatten sich bereits von ihrer Partnerin getrennt.

In Bezug auf die Einschätzung der Partnerschaftsqualität bei Vätern frühgeborener Kinder ist festzustellen, dass – im Gegensatz zur zweiten Erhebung – nach einem Jahr kein Unterschied mehr zwischen den Vätern, die sich durch die neue Lebenssituation stressbelastet fühlten, und den nicht stressbelasteten Vätern besteht.

Auch der Zusammenhang zwischen gesundheitlichen Problemen (Komplikationen) der Partnerin und der Stressbelastung des Vaters ist zum Zeitpunkt der dritten Befragung nur noch minimal. So gaben 15% der stressbelasteten und 11% der nicht stressbelasteten Väter gesundheitliche Probleme ihrer Partnerin an.

Fazit und Ausblick

Die Situation von Vätern frühgeborener Kinder ist auch noch nach der Entlassung des Kindes aus der Klinik geprägt von besonderen Anforderungen und Belastungen. Die vorliegende Untersuchung hat gezeigt, dass sich diese Väter im Vergleich zu Vätern termingerecht geborener Kinder stressbelasteter fühlten und dass dies unmittelbar mit der Situation zusammenhängt, die durch die Frühgeburt entstanden ist.

Jedoch gab auch ca. die Hälfte der Väter frühgeborener Kinder an, sich durch die neue Lebenssituation nicht stressbelastet zu fühlen. Diese Väter scheinen über effektivere Copingmechanismen zu verfügen. Es zeigte sich allerdings, dass es keinen Unterschied zwischen diesen Vätern und den stressbelasteten Vätern im allgemeinen Umgang mit Stress gab.

Dahingegen fiel auf, dass sich die Väter, die sich durch die Frühgeburt stressbelastet fühlten, zur Bewältigung der neuen Situation anderer Copingstrategien bedienten als zur allgemeinen Stressbewältigung. Vor allem wurde nicht mehr nach Gesprächen mit der Partnerin oder im Verwandten- und Bekanntenkreis gesucht, sondern es wurde versucht, die Situation so zu akzeptieren, wie sie ist.

Es zeigte sich jedoch, dass es eine Reihe von Einflussfaktoren gab, die sich auf die Stressbelastung der Väter auswirkte. Es konnte zunächst festgestellt werden, dass das Geschlecht des Kindes die Stressbelastung der Väter beeinflusste. So fühlten sich die Väter eines Jungen stressbelasteter als die Väter von Mädchen, was möglicherweise mit vermehrten Regulationsstörungen bei Jungen zusammenhängt (siehe auch den Beitrag von Daniel Handke in diesem Buch).

Weiterhin zeigte sich, dass Regulationsschwierigkeiten des Kindes zu einer erhöhten Stressbelastung der Väter führten. Besonders häufiges Schreien der Kinder ohne einen erkennbaren Grund belastete die Väter sehr. Diese Zusammenhänge waren sowohl drei Monate als auch ein Jahr nach der Entlassung des Kindes aus der Klinik erkennbar.

Die Partnerschaft der Väter frühgeborener Kinder scheint zunächst eine wichtige Ressource für die Bewältigung von Stress darzustellen. Veränderungen in der Partnerschaft, vor allem wenn sie mit Distanziertheit einhergehen, sowie eine geringe Partnerschaftszufriedenheit führen zu einer erhöhten Stressbelastung. Andersherum könnten sich jedoch auch Stressbelastungen negativ auf die Partnerschaft auswirken. Zu diesem Ergebnis kamen bereits andere Autoren wie Kallenbach (vgl. 1994, 238) oder Lacher (vgl. 1997, 138).

Erstaunlicherweise zeigte sich nach einem Jahr jedoch kein Zusammenhang mehr zwischen der Partnerschaftsqualität und der Stressbelastung der Väter.

Soziale Unterstützung wird in der Literatur immer wieder als Copingressource hervorgehoben. Im Rahmen dieser Untersuchung zeigte sich jedoch, dass sie hauptsächlich dann eingefordert wurde, wenn sich die Väter bereits stressbelastet fühlten.

Schließlich stellen auch die berufliche Zufriedenheit der Väter sowie eine finanzielle Absicherung nicht zu unterschätzende Ressourcen bei der Bewältigung von Stress dar.

Insgesamt muss bezüglich dieser Studie festgehalten werden, dass das befragte Klientel über überdurchschnittlich viele Copingressourcen verfügt und die Väter allgemein eine hohe Resilienz aufweisen. Dennoch wird deutlich, dass in einigen Bereichen Unterstützungsbedarf vorhanden ist. Da sich besonders Regulationsstörungen als stressbelastend für die Väter erweisen, sollte hier verstärkt nach Möglichkeiten für Interventionen, z.B. durch Familienentlastende Dienste, Informationen usw. gesucht werden.

---

[1] Eine Person ist dann handlungsorientiert, wenn es ihr gelingt, Intentionen in Handlungen umzusetzen. Dahingegen beschreibt die Lageorientierung den Zustand, der entsteht, wenn es der Person nicht gelingt, ihre Absichten in Handlungen zu realisieren.

[2] Eine Beschreibung der gesamten Studie sowie des Gesamtkollektivs befindet sich im einleitenden Beitrag dieses Buches.

Kristina Klose

Väterliches Erleben und Handeln
bei der Geburt eines Kindes

Der Vater, insbesondere der Vater von Frühgeborenen, ist erst seit den Siebzigerjahren Gegenstand der Forschung. Während die Psychologie die Psychodynamik des Übergangs von der Frauen- in die Mutterrolle in zahlreichen Studien untersuchte, beschränken sich Konzeptualisierungen der Vaterrolle weitgehend auf die Perspektive des Kindes bzw. den väterlichen Einfluss auf dessen Entwicklung. Die Einflüsse auf den Vater selbst und die damit verbundenen Entwicklungsprozesse und Konsequenzen bleiben auch heute noch weitgehend im Hintergrund.

Für diese Untersuchung stellt sich damit die Frage, wie der Vater als wichtiger Bestandteil des Familiensystems eine Frühgeburt erlebt und empfindet. Hierzu werden nachfolgende Leitfragen behandelt:

❏ Wie erleben Väter Frühgeborener als wichtiger Teil der Mutter-Vater-Kind-Triade die Situation der vorzeitigen Geburt ihres ersten Kindes und die damit verbundenen Belastungen im Vergleich zu Vätern von termingerecht geborenen Kindern?

❏ Welche Verhaltensweisen entwickeln sich aus diesem Erleben?

❏ Sind besondere Unterstützungen für Väter von Frühgeborenen erforderlich, um das Erleben und das damit verbundene Verhalten bei der Geburt und unmittelbar nach der Geburt des ersten Kindes zu bewältigen bzw. zu verarbeiten?

Durch den Vergleich von Daten soll zum einen festgestellt werden, welches Erleben und Verhalten Väter bei der Geburt eines ersten Kindes generell entwickeln. Zum anderen soll gezeigt werden, welche eventuellen Besonderheiten im Erleben und Verhalten auf die spezielle Situation einer Frühgeburt zurückzuführen sind.

Teilnehmer der Studie

In dieser Sozialstudie[1] wurden ausschließlich Probanden berücksichtigt, die zum ersten Mal Vater wurden und deren Partnerinnen keine Mehrlinge erwarteten. Die Auswertung der Ergebnisse bezieht sich lediglich auf den ersten Erhebungszeitpunkt (T1).

Der hier verwendete Datensatz umfasst insgesamt 108 Interviews. Die Zahl der Interviews setzt sich aus 35 (32,4%) Befragungen von Vätern Frühgeborener und 73 (67,6%) Befragungen von Vätern termingerecht Geborener zusammen. Im Durchschnitt sind die Väter 35 Jahre (5,41 Jahre) alt. Die Spannbreite erstreckt sich von 21 bis 58 Jahre.

Ergebnisse der Befragung zum väterlichen Erleben und Handeln

Die Zeit von der Planung einer Schwangerschaft bis zur Geburt des Kindes

Im Folgenden werden die Fragen ausgewertet, die einen Einblick in die Zeit vor der Geburt geben. Herausgestellt werden soll, wie sich die Reaktionen auf eine geplante Schwangerschaft bei Vätern Frühgeborener und Vätern termingerecht Geborener unterscheiden. Behandelt werden das Erleben und das Gefühl des Vaterwerdens.

Zusammenfassend ist festzustellen, dass zum Zeitpunkt, in dem sich die Väter über die Schwangerschaft der Partnerin bewusst werden, sowie in der ersten Reaktion des Vaters auf diese keine prägnanten Unterschiede zwischen den Vätergruppen bestehen.

Die Zahlen weichen nicht wesentlich voneinander ab. Von insgesamt 13 Anmerkungen der Väter zu dieser Frage dominieren die Gefühle von Stolz und Steigerung des Verantwortungsbewusstseins. Nennenswerte Differenzen des Erlebens und Verhaltens treten erst kurz vor der Geburt bzw. bei der Geburt auf.

Das Erleben der Geburt

Gegenstand dieser Teilstudie ist die Anwesenheit der Väter der einzelnen Gruppen bei der Geburt ihres ersten Kindes. Weiterhin wird betrachtet, welche unterschiedlichen Empfindungen sich bei den Vätern der verschiedenen Gruppen in der Geburtssituation entwickelten. Festgestellt werden soll darüber hinaus, inwieweit es für die einzelnen Gruppen möglich ist, sich in die Situation (im Kreißsaal bzw. Operationssaal) einzubringen. Gegenübergestellt wird schließlich die Häufigkeit von Lebensgefahren für die Mütter sowie für die Kinder der einzelnen Gruppen.

Über die Art der Geburt gaben alle befragten Väter Auskunft. Durch diese Antworten wird sichtbar, dass knapp über die Hälfte (51,43%) der Frühgeburten durch einen Notkaiserschnitt erfolgte. 15 (42,86%) frühgeborene Kinder wurden durch einen Kaiserschnitt geholt, 2 (5,71%) kamen durch eine Spontangeburt zur Welt und nur ein Kind (2,86%) wurde durch eine eingeleitete Geburt geboren.

Dagegen kamen 30 (41,1%) termingerecht geborene Kinder durch eine Spontangeburt zur Welt. 25 (34,25%) termingerecht geborene Säuglinge wurden durch einen Kaiserschnitt geholt und bei 19 (26,03%) wurde die Geburt eingeleitet. Ein Notkaiserschnitt erfolgte bei einer Mutter (1,37%) der Kontrollgruppe.

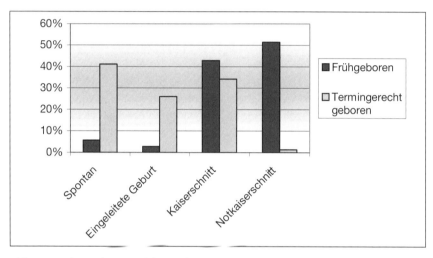

Abb. 1: Art der Geburt in Abhängigkeit vom Geburtsstatus

Die Antworten der entsprechenden Vätergruppen verdeutlichen, dass eine Frühgeburt im Gegensatz zu einer Termingeburt zu einem großen Teil unerwartet erfolgt und ohne Vorbereitung durch einen Notkaiserschnitt vollzogen werden muss. Grund dafür sind auftretende Komplikationen.

Aufgrund dieser Komplikationen war es nur 10 (30,3%) Vätern Frühgeborener (von 33 verwertbaren Antworten) möglich, bei der Geburt ihres Kindes anwesend zu sein. Im Vergleich dazu waren 72 (98,6%) Väter der Kontrollgruppe bei der Geburt ihres Kindes präsent. Dies deutet wiederum auf die speziellen Umstände einer Frühgeburt hin. Findet eine längere Operation statt, in der Mutter und Kind oft in Gefahr schweben, ist es dem Vater nicht möglich, die Geburt seines Kindes mitzuerleben.

Die Väter Frühgeborener, die bei der Geburt anwesend waren, erlebten dieses Ereignis unterschiedlich. 7 (63,6%) Väter sagten aus, dass das Geschehen für sie „aufregend" war. Als „sehr schön" bezeichneten es 6 (54,5%) Väter Frühgeborener und 4 (36,4%) als „beängstigend". 2 (18,2%) Väter beschrieben die Geburt als „anstrengend".

In der Kontrollgruppe dominieren gleichfalls die Antworten „aufregend"
(n=52, 73,2%) und „sehr schön" (n=45, 63,4%). 35 (49,3%) Väter der Kontrollgruppe gaben an, dass sie die Geburt als „anstrengend" empfanden und
weitere 17 (23,9%) als „beängstigend". 2 (2,8%) Väter termingerecht Geborener empfanden sie als „unangenehm".

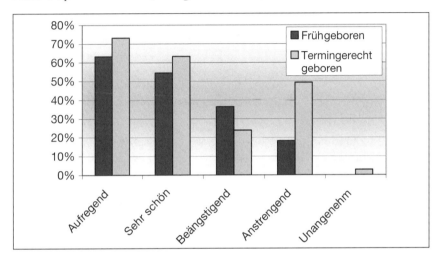

Abb. 2: Empfindungen des Vaters bei der Geburt in Abhängigkeit vom Geburtsstatus

Die Empfindungen der beiden Vätergruppen gehen in diesem Zusammenhang nicht weit auseinander. Das Erlebnis der Geburt gleich welcher Art
lässt die bevorstehenden Schwierigkeiten vergessen. In 17 Anmerkungen
dominieren Aussagen wie „es war beruhigend", „interessant" und „emotional beeindruckend". Der Vater eines Frühgeborenen berichtet in diesem
Zusammenhang jedoch: „Die Geburt war beängstigend aufgrund des
Gesundheitszustands des Kindes. Es war schockierend, da man alles sehen
konnte, z.B. wie die Ärzte arbeiten."

Da Väter in Geburtsituationen mit auftretenden Komplikationen nicht
anwesend sein können, fallen die Väter, die sich sowohl um die Partnerin
als auch um ihre Kinder ängstigen und auf einen positiven Ausgang hoffen,
für die Auswertung dieser Fragen heraus.

9 (75%) Väter Frühgeborener, die während der Geburt anwesend waren,
konnten ihre Partnerin während der Geburt unterstützen, indem sie ihr see-
lisch beistanden (n=8, 80%), Mut zusprachen (n=6, 60%) und sie unterhiel-
ten bzw. ablenkten (n=3, 30%).

In der Kontrollgruppe gaben 64 (90,1%) Väter an, im Kreißsaal bzw. Operationssaal geholfen zu haben. Die Mehrzahl (n=61, 96,8%) unterstützte die

Partnerin durch seelischen Beistand (n=44, 77,2%), Unterhaltung bzw. Ablenkung (n=12, 21,1%) und Mutmachen (n=16, 28,1%). Weitere 9 (14,3%) Väter unterstützen die Arbeit der Hebamme und 2 (3,2%) die der Ärzte im Kreißsaal bzw. im Operationssaal. Diese Hilfe bestand im Angeben von Instrumenten (n=9, 15,8%), Anlegen von Infusionen (n=1, 1,8%) und im Wechseln der Wäsche (n=1, 1,8%).

Deutlich wird, dass sich die Väter der Frühgeborenen auf ihre Partnerin konzentriert haben, um diese zu unterstützen. Dies deutet auf eine vorrangige Sorge um die Partnerin hin. Das Kind wird zu früh geborenen, also außerhalb der Norm. Die Angst, die auch die Mutter wahrscheinlich dabei empfindet, versucht der Vater zu kompensieren. Er fühlt sich verantwortlich, seiner Partnerin Stärke zu geben.

Bei der Beschreibung der Atmosphäre im Kreißsaal bzw. Operationssaal dominieren in beiden Gruppen die Antworten „ich fühlte mich sicher", „ich fühlte mich gut aufgehoben, informiert und beachtet" und „alle kümmerten sich um meine Frau und das Kind". 4 (33,3%) Väter Frühgeborener charakterisierten die Atmosphäre als „sehr angespannt" und „sehr beängstigend". Ebenso taten dies 11 (15,3%) Väter von termingerecht Geborenen. Weitere Beschreibungen der Atmosphäre sind „der Ablauf war hektisch" und „ich fühlte mich allein gelassen".

Auffällig ist, dass Väter Frühgeborener die Atmosphäre auf der einen Seite ähnlich positiv wie die Väter der Kontrollgruppe sahen, aber auf der anderen Seite auch negativer beschrieben. Vermutlich ist dies ein Zeichen für die unterdrückte Angst der Gruppe der Väter Frühgeborener in Verbindung mit dem verkürzten Übergang zur Vaterschaft und die Sorge um Partnerin und Kind.

Insgesamt 78 Väter berichteten über Empfindungen gegenüber ihrer Partnerin während der Geburt. Sie nannten Mitgefühl, Mitleid und Hilflosigkeit. Weiterhin beschrieben sie die Empfindungen Verbundenheit, Zuneigung und Liebe. Auch Glücksgefühle und Erleichterung bewegten sie. Des Weiteren fühlten einige in dieser Situation Distanziertheit und Fremdsein, Respekt, ein Wechselbad der Gefühle sowie Angst und Sorge.

Anhand der Prozentverteilung in beiden Vätergruppen ist zu sehen, dass Angst und Sorge um die Partnerin in enger Beziehung zu dem Empfinden von Verbundenheit, Zuneigung, Liebe und Mitgefühl stehen.

Von den verwertbaren Antworten der Väter von Frühgeborenen gaben 11 (32,4%) an, dass sich ihre Partnerin in Lebensgefahr befand. 3 (8,8%) der Väter wissen nicht, ob für ihre Partnerin eine Lebensgefahr bestand. In der Kontrollgruppe bestand für 68 (93,2%) Mütter keine Lebensgefahr und 2 (2,7%) waren gefährdet.

Ein statistischer Zusammenhang zwischen dem Vorkommen einer Frühgeburt und der Lebensgefahr der Mutter (p<0,0001) ist erkennbar. Die Beantwortung der Frage bestätigt, dass sich ein Drittel der Partnerinnen der Väter Frühgeborener in Lebensgefahr befand. Als Folge hatten die betroffenen Väter neben der Sorge um ihr Kind auch Angst um ihre Partnerin.

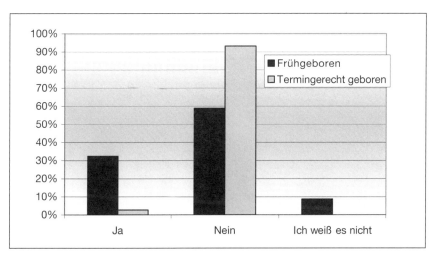

Abb. 3: Lebensgefahr der Partnerin bei der Geburt in Abhängigkeit vom Geburtsstatus

Deutliche Unterschiede sind auch in der Verteilung der Aussagen bezüglich der Lebensgefahr der Kinder der einzelnen Gruppen zu erkennen. Über die Hälfte der Frühchen (19, 55,9%) schwebte in Lebensgefahr. Dagegen befanden sich nur 3 (4,2%) der termingerecht geborenen Kinder in Lebensgefahr. Es besteht somit ein Zusammenhang zwischen der Frühgeburt und der Lebensgefahr des Kindes (p<0,0001).

Aus den Reaktionen der Väter beider Untersuchungsgruppen, die bei der Geburt anwesend waren, lässt sich schließen, dass dies für sie ein überaus ergreifender Moment war. Diesen kann ein großer Teil der Väter Frühgeborener nicht in dieser Form wahrnehmen. Bei diesen Vätern überwiegen vermutlich Ängste und Sorgen um Partnerin und Kind. Der erste Kontakt zu dem Neugeborenen wird verschoben.

Im Vergleich zu den Empfindungen der Väter termingerecht Geborener bei der Geburt zeigen die Väter Frühgeborener eine Mischung von angenehmen und unangenehmen Gefühlen. Die Freude über das Kind wird durch Ängste und Sorgen um Mutter und Kind überschattet.

Die ersten Reaktionen und Verhaltensweisen des Vaters

Gegenstand dieses Auswertungsabschnittes bildet die erste väterliche Kontaktaufnahme zu dem Neugeborenen und das damit verbundene Erleben und Verhalten des Vaters. Weitere Schwerpunkte bilden der Vergleich der Betreuungsbeteiligung der Väter in der Klinik und die Beschreibung der Vater-Kind-Beziehung.

Im Vergleich der Antworten der beiden Vätergruppen zur Frage, wann sie zum ersten Mal ihr Kind gesehen haben, zeigen sich deutliche Unterschiede.

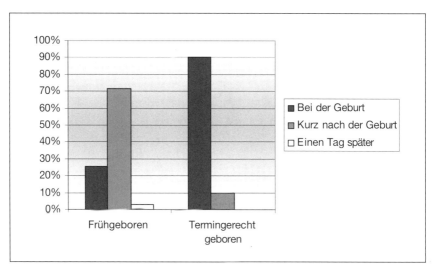

Abb. 4: Zeitpunkt des ersten Sehens

9 (25,7%) Väter Frühgeborener sahen ihre Kinder direkt bei der Geburt, 25 (71,4%) Väter noch am selben Tag der Geburt und ein Vater (2,9%) einen Tag später. Dagegen sahen 66 (90,4%) Väter der Kontrollgruppe ihre Kinder direkt bei der Geburt und die übrigen 7 (9,6%) noch am selben Tag.

Die geringe Anzahl der anwesenden Väter Frühgeborener bei der Geburt bestätigt, dass Väter Frühgeborener ihre Kinder signifikant oft (p=0,0001) später betrachten können und somit später kennen lernen.

Auch die Antworten auf die Frage nach der ersten Berührung zeigen Differenzen zwischen den Gruppen auf:

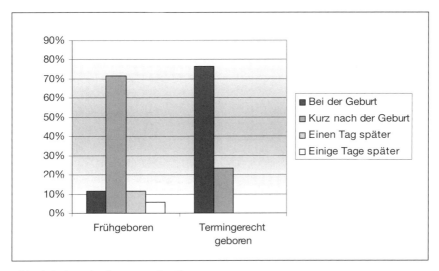

Abb. 5: Zeitpunkt der ersten Berührung

Während 4 (11,4%) Väter von Frühgeborenen ihr Kind bei der Geburt selbst, die Mehrzahl (n=25, 71,4%) später am Geburtstag, 4 Väter (11,4%) einen Tag später und 2 (5,7%) sogar mehrere Tage später berührten, nahmen 56 (76,7%) Väter der Kontrollgruppe den ersten Kontakt zu ihrem Kind durch Berührung direkt bei der Geburt auf und 17 (23,3%) noch am selben Tag. Auch hier besteht ein statistischer Zusammenhang (p<0,0001) zwischen der Frühgeburt und der Möglichkeit, das Kind zu einem frühen Zeitpunkt zu berühren.

Aufgrund der Möglichkeit von Mehrfachnennungen gehen 62 Antworten von Vätern Frühgeborener und 134 Antworten von Vätern termingerecht Geborener in die Auswertung der Empfindungen bei der ersten Berührung des Kindes ein. 22 (64,7%) Väter von Frühgeborenen charakterisierten die erste Berührung als „schön" und 12 (35,3%) als „sehr angenehm". Im Vergleich gaben 53 (72,6%) Väter der termingerecht Geborenen an, dass die erste Berührung „schön" war und 49 (67,1%) stellten sie als „sehr angenehm" dar. 12 (35,3%) Väter Frühgeborener und 23 (35,6%) Väter termingerecht Geborener sagten aus, dass sie die erste Berührung als „ungewöhnlich" empfanden. Als „verunsichernd" und „beängstigend" bezeichneten 12 (35,3%) Väter Frühgeborener und 5 (6,8%) Väter der Kontrollgruppe ihre Empfindungen. 2 (5,9%) Väter Frühgeborener empfanden die Berührung als „unheimlich". Eine übereinstimmende Antwort gab ein Vater der Kontrollgruppe (1,4%). 2 (5,9%) Väter Frühgeborener konnten sich nicht erinnern.

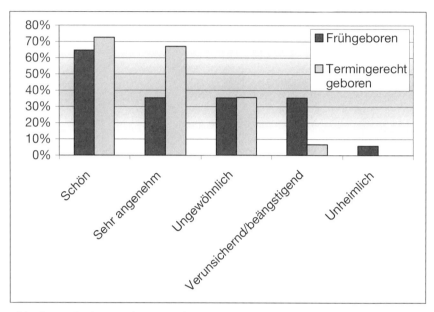

Abb. 6: Empfindungen des Vaters bei der ersten Berührung des Kindes in Abhängigkeit zum Geburtsstatus

Auffällig bei der Beschreibung der Berührung ist, dass die verunsichernden, beängstigenden Gefühle in der Kontrollgruppe minimal waren. Die Väter Frühgeborener nannten sowohl freudige Empfindungen als auch Unsicherheit und Angst. Es kristallisiert sich eine Gefühlsmischung aus Freude und Unsicherheit heraus.

Dies ist auch bei der Beschreibung der Känguru-Methode festzustellen. Alle Väter von Frühgeborenen känguruten mit ihrem Kind. Die Empfindungen, die die Väter dabei erlebten, bezeichneten 25 (71,4%) als „sehr angenehm" und weitere 24 (68,6%) Väter als „schön". „Ungewöhnlich" und „verunsichernd" bzw. „beängstigend" nannten jeweils 6 (17,1%) Väter. Als „unheimlich" bezeichneten 2 (5,7%) Väter ihr Gefühl. Dass sich alle Väter an ihre Empfindungen erinnern, deutet auf die Wichtigkeit des Känguruns für die Väter bei einer Frühgeburt hin. Sie nehmen ihr Kind dabei körperlich wahr.

Im Durchschnitt verbrachten die Väter der Frühgeborenen an Werktagen 3,33 Stunden (±1,8) mit ihrem Kind. Am Wochenende besuchten sie ihre Kinder im Mittel 5,33 Stunden (± 2,75). An Werktagen verbrachte die Kontrollgruppe durchschnittlich 8,51 Stunden (± 8,16) mit ihrem Kind. Am Wochenende lag der Durchschnitt bei 10,37 Stunden (± 8,72). 20 (57,1%) Väter Frühgeborener und 48 (67,6% von 71 verwertbaren Aussagen) Väter der Kontrollgruppe gaben an, dass sie diese Zeit als ausreichend empfanden.

Beim Vergleich der Besuchszeiten fällt auf, dass die Väter von Frühgeborenen sowohl werktags als auch am Wochenende beträchtlich weniger Zeit mit dem Neugeborenen verbrachten als die Väter der Kontrollgruppe, aber dennoch diese Zeit überwiegend als ausreichend empfanden. Aufgrund des längeren Klinikaufenthaltes ist es den Vätern schon aus beruflichen Gründen oft nicht möglich, eine längere Zeit bei ihren Kindern zu verbringen. Dass sie dennoch Gelegenheit finden, sich wie die Väter der Kontrollgruppe an der Betreuung des Kindes zu beteiligen und eine Beziehung zu ihrem Kind zu entwickeln, zeigen die folgenden Auswertungen.

Die Väter von Frühgeboren gaben auf die Frage nach der Betreuungsbeteiligung an, dass sie sich zum Zeitpunkt der Befragung an der Durchführung der Pflege (34, 97,1%), am Kängurun (34, 97,1%) und am Füttern (32, 91,4%) beteiligten. 18 (51,4%) Väter Frühgeborener beschäftigten sich mit ihren Kindern (erzählen, spazieren gehen).

In den verwertbaren Antworten der Kontrollgruppe (n=71) dominiert die Pflege des Kindes (67, 94,4%). Weiterhin brachten sich 21 (29,6%) Väter beim Füttern und 50 Väter (70,4%) in die Kinderbeschäftigung ein.

Auf die Frage nach den wichtigsten Aufgaben während der ersten Lebenstage antworteten 32 Väter von Frühgeborenen und 66 Väter termingerecht Geborener.

Für die Väter Frühgeborener zählten zu den wichtigsten Aufgaben, eine Beziehung zu ihrem Kind aufzubauen (12, 37,5%), die Beschäftigung mit

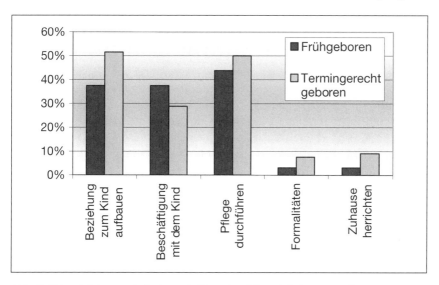

Abb. 7: Die wichtigsten Aufgaben als Vater in Abhängigkeit vom Geburtsstatus

dem Kind (12, 37,5%), Pflege durchzuführen (14, 43,8%), „Papierkram" zu erledigen (1, 3,1%) und für das Kind ein Zuhause einzurichten (1, 3,1%).

Die Kontrollgruppe nannte als wichtigste Aufgaben den Beziehungsaufbau zum Kind (34, 51,5%), die Beteiligung an der Pflege (33, 50%) und die Beschäftigung mit dem Kind (19, 28,8%). 6 (9,1%) Väter der Kontrollgruppe richteten das Zuhause her und 5 (7,6%) Väter erledigten den „Papierkram".

In den beiden vorhergehenden Auswertungen zeigen sich zwischen den Vergleichsgruppen deutliche Unterschiede. Zum einen ist zu sehen, dass die Väter Frühgeborener vermehrt an der Nahrungsgabe beteiligt waren. Frühgeborene wurden oftmals nicht gestillt, so war es dem Vater möglich, die Aufgabe des Fütterns zu übernehmen. Zum anderen fällt auf, dass die Väter Frühgeborener sich weniger mit ihren Kindern beschäftigen.

Da die Frühgeborenen anfangs in einem Inkubator liegen, ist es nicht möglich mit ihnen zu spielen, spazieren zu gehen usw. Die Beschäftigung ist meist auf die Pflege und das Füttern beschränkt, auch aufgrund der Tatsache, dass Frühgeborene nicht mit Reizen überflutet werden sollen. Weiterhin auffällig ist die hohe Prozentzahl des Kängurns. Wiederum wird dadurch die Bedeutsamkeit der Beziehungs- bzw. der Kontaktaufnahme deutlich.

Von 34 Vätern Frühgeborener charakterisierten 8 (23,5%) Väter die Beziehung zu ihrem Kind als „sehr intensiv"; weitere 21 (61,8%) als „intensiv". Als „wechselhaft" bezeichneten die Beziehung 4 (11,8%) Väter Frühgeborener und als „mäßig" ein Vater (2,9%). Im Vergleich beschreiben jeweils 29 (41,4%) Väter termingerecht Geborener die Beziehung zu ihrem Kind als „sehr intensiv" und „intensiv". 8 (11,4%) Väter der Kontrollgruppe beschreiben sie als „wechselhaft" und 4 (5,7%) Väter als „mäßig".

Von 34 Vätern Frühgeborener sagten 18 (52,9%) und von 69 Vätern termingerecht Geborener 38 (55,1%) aus, dass sich ihre Beziehung zu ihrem Kind während der Klinikzeit nicht änderte. 4 (11,8%) Väter Frühgeborener und 14 (20,3%) Väter termingerecht Geborener gaben an, dass sich die Beziehung durch die Gewöhnung an die Situation wandelte. Die Beziehung veränderte sich weiterhin durch mehr Sicherheit im Umgang mit dem Kind. Ein weiterer Faktor für eine Beziehungsänderung ist, dass die Situation realer wurde. Der Zeitaspekt machte sich nach Angaben bei 3 (4,3%) Vätern termingerecht Geborener bemerkbar.

Veränderungen vollziehen sich durch die Gewöhnung und den Verarbeitungsprozess der Geburt unabhängig vom Geburtsstatus des Kindes. Die positive Entwicklung des Kindes trägt zu einer positiven Veränderung der Beziehung bei. Auf der anderen Seite kann die Beziehung durch die Sorge um das Kind beeinträchtigt werden, wenn Probleme auftreten.

Bei 7 (20%) Frühchen kam es während der Klinikzeit zu schwerwiegenden Komplikationen, bei 13 (37,1%) zu beherrschbaren und bei 9 (25,1%) zu leichten. Bei nur 6 (17,1%) traten gar keine Komplikationen auf. Dagegen traten bei 57 (78,1%) der termingerecht Geborenen keine Komplikationen auf, bei 12 (16,4%) nur leichte, bei 3 (4,1%) beherrschbare und bei einem Kind (1,4%) schwerwiegende.

Hier zeigt sich ein statistischer Zusammenhang (p<0,0001) zwischen Frühgeburt und auftretenden Komplikationen nach der Geburt. Demnach müssen die Väter Frühgeborener vermehrt mit Komplikationen rechnen, was die Angst und Sorge um das Kind verstärken kann.

Auffällig im Verhalten der Väter ist des Weiteren, dass alle 35 Väter der Frühgeborenen die erste Lebensphase ihres Kindes dokumentiert haben. In der Kontrollgruppe hielten 69 (94,5%) die erste Lebensphase fest. Hauptsächlich geschah dies zur Erinnerung für sich selbst aber auch für das Kind, zur Dokumentation der Entwicklung, zur Dokumentation für Verwandte und Bekannte und aufgrund der großen Bedeutung dieser Lebensphase.

Diese Ergebnisse zeigen, inwieweit eine Frühgeburt die Kontaktaufnahme bzw. Beziehungsaufnahme beeinträchtigen bzw. verzögern kann. Die Ambivalenz der Gefühle der Väter Frühgeborener, die schon während der Geburt auffiel, ist weiterhin nachweisbar. Trotzdem oder gerade deshalb suchen die Väter Frühgeborener nach Möglichkeiten, sich an der Betreuung ihres Kindes zu beteiligen, und entwickeln im Vergleich zur Kontrollgruppe keine auffällig unterschiedlich intensive Beziehung zu ihrem Kind.

Väterliches Verhalten im sozialen Umfeld

In diesem Abschnitt wird dargestellt, in welchem Maß die beiden verschiedenen Vätergruppen ihr Erleben der Geburt ihres Kindes ihrem sozialen Umfeld mitteilen und in welcher Weise sie eine Unterstützung des Familien-, Freundes- und Bekanntenkreises zulassen. Auch die unterschiedlichen Auswirkungen auf den Beruf, hervorgerufen durch das Erleben und Verhalten bei und kurz nach der Geburt, werden behandelt.

Innerhalb der Studie stellte sich heraus, dass Väter Frühgeborener mehr Unterstützung im Alltag bedürfen und auch zulassen als Väter der Kontrollgruppe.

28 (80%) Väter Frühgeborener sagten aus, dass sie von der Familie unterstützt wurden. Dies geschah meist durch die Eltern (n=13, 81,3%) und Schwiegereltern (n=11, 68,8%).

Im Vergleich dazu wurden 46 (63%) Väter termingerecht Geborener von ihrer Familie unterstützt. In 26 Fällen erfolgte die Unterstützung ebenfalls vorrangig durch die Eltern (n=17, 58,6%) und Schwiegereltern (n=15, 51,7%).

Anhand des Chi-Quadrat-Tests nach Pearson (p=0,075) ist hier ein schwacher statistischer Zusammenhang zwischen Frühgeburt und der Unterstützung der Familie nachzuweisen. Das heißt, dass aufgrund der erschwerten Situation, hervorgerufen durch die Frühgeburt, vermehrt eine Unterstützung durch die Familie erfolgt, durch die die Väter entlastet werden.

Im Beruf versuchen Väter soweit wie möglich Abstand zu ihrer Vaterrolle zu nehmen. Dies gelingt den Vätern Frühgeborener trotz ihrer großen familiären Belastung.

Bei 25 (78,1%) der Väter Frühgeborener ergaben sich nach 32 verwertbaren Angaben am Arbeitsplatz keine Probleme. Leichte Probleme kamen beispielsweise durch Konzentrationsschwäche (n=1, 3,1%), weniger Zeit für die Arbeit (n=3, 9,4%), allgemeine Koordinationsprobleme (n=1, 3,1%) und das Verschieben von beruflichen Vorhaben (n=1, 3,1%) zustande.

Im Vergleich dazu gaben 62 (87,3%) Väter der Kontrollgruppe von 71 auswertbaren Aussagen an, dass keine beruflichen Probleme auf sie zukamen. Bei 9 (12,7%) Vätern termingerecht Geborener wurden Probleme ebenfalls durch die oben genannten Faktoren verursacht.

Deutlich wird, dass vor allem die Väter Frühgeborener weniger Zeit für die Arbeit haben und durch das Erleben der Geburt gedanklich abgelenkt werden. Für den Großteil der Väter Frühgeborener und der Kontrollgruppe trifft jedoch zu, dass das Berufsleben keinen großen Schaden nimmt.

Väterliches Erleben der Beziehung zur Partnerin seit der Geburt

Ein statistischer Zusammenhang zwischen einer Frühgeburt und der Qualität der Partnerbeziehung besteht nicht (p= 0,373). Dennoch sind Tendenzen in dieser Stichprobe zu erkennen.

22 (62,9%) Väter Frühgeborener und 26 (35,6%) Väter der Kontrollgruppe gaben an, dass sich die Beziehung zu ihrer Partnerin nicht geändert hat. Intensiver geworden ist die Beziehung bei 7 (20%) Vätern von Frühgeboren und bei 20 (27,4%) Vätern termingerecht Geborener.

Väter Frühgeborener gaben weitere Gründe für die Veränderung ihrer Beziehung an, z.B. veränderte sich die Beziehung durch weniger Zeit füreinander (n=4, 11,4%) und durch das Kind, das im Mittelpunkt steht (n=2, 5,7%).

Anhand dieser Zahlen ist zu erkennen, dass sich Partnerbeziehungen bei der Geburt eines Kindes vor allem eines ersten Kindes leicht verändern können. Dabei spielt der Geburtsstatus des Kindes nicht unbedingt eine Rolle.

Für die Väter beider Gruppen zählen zu den wichtigsten Aufgaben als Partner, ein Gesprächspartner zu sein, den Haushalt zu führen, Zuneigung bzw. Aufmerksamkeit zu schenken und die Partnerin zu versorgen. Zwei weitere wichtige Aufgaben bestanden darin, einfach nur da zu sein und einen Ruhepol darzustellen.

In beiden Gruppen scheint es wichtig zu sein, dass die Väter ihre Partnerin in der neuen Situation unterstützen. Auch für die Aufgabenverteilung ist es anscheinend nicht relevant, welchen Geburtsstatus das Neugeborene besitzt. Die Väter konzentrieren sich im Wesentlichen auf das Kind, in großem Maße auch auf ihre Partnerin. Möglicherweise werden dabei die eigenen Bedürfnisse verdrängt.

Eine Belastung stellt für 10 (28,6%) Väter Frühgeborener das Alleinsein während des Klinikaufenthaltes dar. Belastet aufgrund des Alleinseins fühlten sich im Vergleich 11 (15,5%) Väter der Kontrollgruppe.

Dies zeigt noch einmal, dass Väter Frühgeborener vermehrt Unterstützung brauchen, da sie sich in der Situation der Frühgeburt zunächst isoliert vorkommen. Sie fühlen sich allein, da sie Mutter und Kind nur begrenzt unterstützen können und sich zu Hause hilflos fühlen. Sie benötigen in größerem Maße jemanden, dem sie sich anvertrauen können.

Erleben und Verhalten bezüglich der Zukunftsplanung

Im Folgenden werden die Empfindungen der Vätergruppen bei der Entlassung des Kindes aus dem Krankenhaus verglichen. Untersucht wird, ob Väter Frühgeborener nach einer Frühgeburt Schuldgefühle entwickeln. Unterschiede in Bezug auf den Kinderwunsch der Väter Frühgeborener und Väter termingerecht Geborener werden ermittelt. Den Abschluss bildet die Auswertung der Frage, ob Väter Frühgeborener nach der Frühgeburt Kontakt zu einer Elterninitiative aufgenommen haben.

103 verwertbare Antworten wurden auf die Frage nach den Empfindungen bei der Entlassung gegeben. „Ich freue mich, dass nun alles vorbei ist", gaben 25 (80,6%) Väter Frühgeborener und 36 (50%) Väter der Kontrollgruppe an. Die Aussage „ich freue mich auf das Zusammenleben mit unserem Kind" machten 24 (77,4%) Väter Frühgeborener und 66 (91,7%) Väter termingerecht Geborener. 5 (16,1%) Väter Frühgeborener und 9 (12,5%) der Kontrollgruppe gaben an, „Angst vor der Zukunft" zu haben. „Ich hoffe, dass ich als Vater nicht versage", nannten 9 (19,4%) Väter Frühgeborener und 20 (27,8%) Väter termingerecht Geborener.

Auffällig ist die höhere Prozentzahl Väter Frühgeborener bei der Antwort „ich freue mich, dass jetzt alles vorbei ist" im Vergleich zur Kontrollgruppe. Die Antwort zeigt, dass die Entlassung für die betreffenden Väter ein weiterer, positiver Schritt in der Entwicklung des Kindes ist. Väter hoffen vermutlich, dass ihre Kinder „das Schlimmste" überstanden haben und Normalität einkehren kann.

Die niedrigere Prozentzahl der Väter Frühgeborener der Kategorie „ich hoffe, dass ich als Vater nicht versagen werde" weist darauf hin, dass der Geburtsstatus des Kindes die Unsicherheit eines Vaters nicht unbedingt beeinflusst. Eine Geburt, welcher Art auch immer, verändert das Leben eines Mannes, der sich in jedem Fall auf seine Rolle einstellen muss.

Schuldgefühle aufgrund der Frühgeburt entwickelte nur ein Vater (2,9%). Die Aufmerksamkeit der Väter galt vermutlich eher ihrem Kind und ihrer Partnerin. Nach den vorherigen Auswertungen ist davon auszugehen, dass Sorge und Angst, aber auch Freude und Glück die Gedanken des Vaters beherrschen.

27 (77,1%) Väter Frühgeborener hatten zum Zeitpunkt der Interviews keinen Kontakt zu Elterninitiativen für Eltern frühgeborener Kinder. 2 (5,7%) Väter Frühgeborener dachten zu diesem Zeitpunkt über eine Kontaktaufnahme nach und 4 Väter (11,4%) nahmen an Elterntreffen teil. 2 (5,7%) Väter Frühgeborener hatten keinen Kontakt, wussten aber von Elternabenden, an denen sie teilnehmen können, wenn sie Hilfe brauchen.

Hier lassen sich verschiedene Vermutungen aufstellen. Zum einen ist es möglich, dass die hohe Anzahl der Väter, die keinen Kontakt zu einer Elterninitiative haben, abwarten und sich Zeit lassen möchten, bis sich das Kind zu Hause eingelebt hat. Zum anderen ist es möglich, dass kein Interesse bzw. kein Bedarf vorliegt oder aber auch der Ehrgeiz vorherrscht, alleine mit der Situation fertig zu werden.

Auf die Frage nach weiterem Kinderwunsch antworteten 107 Väter. 21 (60%) Väter Frühgeborener und 44 (61,1%) Väter termingerecht Geborener sagten aus, dass sie sich noch weitere Kinder wünschen. 5 (14,3%) Väter Frühgeborener und 21 (29,2%) Väter der Kontrollgruppe hatten zu dem Zeitpunkt des Interviews noch keine Meinung dazu. 9 (25,7%) Väter Frühgeborener und 7 (9,7%) Väter der Kontrollgruppe wünschten sich keine weiteren Kinder.

Der Chi-Quadrat-Test nach Pearson (p=0,046) zeigte einen statistischen Zusammenhang zwischen einer Frühgeburt und dem weiteren Kinderwunsch. So kann eine vorausgegangene Frühgeburt den Kinderwunsch verringern. Darauf deuten die unterschiedlichen Prozentzahlen bei Verneinung des Kinderwunsches hin.

Andererseits zeigen die in beiden Gruppen relativ gleich hohen Prozentzahlen bezüglich des Wunsches nach weiteren Kindern, dass trotz aller Schwierigkeiten und Belastungen, die die Väter erfahren haben und durchstehen mussten, eine Frühgeburt nicht grundsätzlich Auslöser für einen Entschluss zu keinen weiteren Kindern ist. Offenbar ist der Kinderwunsch stärker als alle schmerzhaften Erlebnisse bei der vorausgegangenen Frühgeburt. Man kann allerdings annehmen, dass die Erfahrung mit einer Frühgeburt die befragten Väter zum Nachdenken und zu kritischer Abwägung bezüglich weiterer Kinder anregt.

Fazit und Ausblick

Die Vateridentität, die Vaterrolle in der Familie und die Vater-Kind-Beziehung werden durch unterschiedliche Faktoren wie gesellschaftliche Vorstellungen, Erziehung, Selbstbild des Mannes, die Persönlichkeit des Kindes und die Art der Partnerbeziehung in ihrem Charakter und ihrer Qualität beeinflusst.

Einen weiteren bedeutenden Einfluss hat die Frühgeburt eines Kindes. Für Väter entsteht eine stark von der Norm abweichende Situation. Schon der Übergang zur Vaterschaft, der bereits bei der Geburt eines termingerecht geborenen Kindes als schwierig empfunden wird, erweist sich möglicherweise als sehr problematisch.

Wie die Auswertung der Studie ferner zeigt, ist es Vätern Frühgeborener aufgrund der häufig schwierigen Frühgeburt oder der damit verbundenen Komplikationen oft verwehrt, bei der Geburt ihres Kindes anwesend zu sein. Damit ist es ihnen nicht möglich, das einschneidende Erlebnis des Vaterwerdens zu erleben.

Können Väter Frühgeborener jedoch bei der Geburt ihres Kindes anwesend sein, beeinflusst eine Mischung der Gefühle aus Freude, Angst und Sorge, vielleicht sogar ein Gefühlschaos, hervorgerufen durch die Belastung und Schwierigkeiten einer Frühgeburt, ihr väterliches Erleben und Verhalten.

Die Geburt wird von Angst und Unsicherheit wegen der möglichen Gefahren für das Kind und evtl. auch für die Mutter überschattet. Dieser Zustand hält häufig noch eine Zeit nach der Geburt an, da sich, wie die Auswertungsergebnisse zeigen, Kind und/oder Mutter oft weiterhin in einem kritischen Zustand befinden.

Die Kontaktaufnahme der Väter Frühgeborener zu ihrem Kind wird durch die notwendige medizinische Betreuung der Neugeborenen verzögert. Die Sorge und Angst um die Partnerin beeinflussen den unvoreingenommenen Kontaktaufbau. Auch hier mischen sich Gefühle von Freude und Angst. Es ist sogar möglich, dass Väter Frühgeborener aus Angst um das Kind keine Freude empfinden können.

Da Lebensgefahren häufig für Mutter und Kind bestehen, sind die Väter Frühgeborener doppelt belastet. Oft steht zum Zeitpunkt der Geburt die Sorge um das Überleben der Frau gegenüber dem Vatergefühl im Mittelpunkt.

Väter Frühgeborener verbergen häufig ihre eigene Befindlichkeit, um ihre Partnerinnen zu stärken und ihnen Mut zu geben. Sie funktionieren sozusagen weiter. In ihrem Umfeld artikulieren sie vorrangig die Sorgen und Ängste ihrer Partnerin.

Aufgrund der belastenden Situation lassen sich Väter Frühgeborener vermehrt von Familie und Freunden unterstützen. Hierbei muss berücksichtigt werden, dass jeder Vater andere Unterstützungsangebote benötigt und diese auch einfordern kann.

Auffällig ist, dass der Zeitpunkt der Entlassung der Frühgeborenen aus der Klinik einen Wendepunkt im väterlichen Erleben darstellt. Väter Frühgeborener verbinden dies mit einem neuen, hoffnungsvollen Schritt, der einen Neuanfang darstellen kann.

Trotz der festgestellten Unterschiede ist deutlich zu erkennen, dass das väterliche Erleben und Verhalten der beiden Vergleichsgruppen in dieselbe Richtung tendieren.

Die Geburt eines Kindes ist der Beginn einer neuen Lebensphase. Daher sind ähnliche Reaktionen (die sich unterschiedlich verteilen) vorzufinden. Beachtenswert dabei ist, dass jeder einzelne Vater seine eigene Persönlichkeit hat, sich jedes Kind anders entwickelt und dass jeder Arzt und jede Schwester mit den Kindern und deren Eltern anders umgeht, was wiederum unterschiedliches Verhalten auch bei den Vätern zur Folge hat.

Die Differenzen im Erleben und Verhalten zwischen Vätern von Frühgeborenen und Vätern von termingerecht geborenen Kindern gehen in erster Linie auf die Frühgeburt zurück. Betrachtet man väterliches Erleben und Verhalten in der ersten Zeit nach der Frühgeburt, geprägt durch schwere Belastungen und Anpassungsstörungen sowie die besonderen Risiken des Interaktionsaufbaus bei Frühgeborenen und ihren Vätern, wird die Notwendigkeit deutlich, auch Väter unkomplizierter Frühgeborener zu unterstützen, um ihre Belastung zu minimieren und Ressourcen zu maximieren. Es sind also unterschiedliche Unterstützungsmaßnahmen speziell für den Vater sinnvoll und notwendig. Dies kann zum Beispiel geschehen, indem Gespräche mit Professionellen angeboten werden.

Da es aus medizinischer Sicht notwendig ist, den Vater bei schwierigen Frühgeburten wegen den damit verbundenen Komplikationen bei der Geburt seines Kindes außen vor zu lassen, müssen Hilfen und Unterstützungen in der Betreuung und Begleitung während der Geburt und für den Aufbau des verzögerten Vater-Kind-Kontakts gegeben werden.

Dies sollte durch speziell ausgebildetes Personal geschehen, da das Krankenhauspersonal oftmals überlastet und nicht genügend qualifiziert ist.

Auch wenn die befragten Väter beschreiben, dass ihre Beziehung zu ihrem Kind intensiv ist, muss man berücksichtigen, dass das Interview in der ersten Woche nach der Entlassung stattfand. Anhand der Antworten zur Geburt und den ersten Reaktionen gegenüber dem Kind ist eine Unsicherheit durch die Mischung der Gefühle festzustellen, die durch gezielte Hilfen vermutlich schneller in Sicherheit umschlagen könnte.

Eine weitere Hilfe bzw. Unterstützung kann durch eine Beratung speziell für Väter geschehen. Hier finden sie Ansprechpartner, die speziell auf ihre Bedürfnisse, ihre Sorgen und Ängste eingehen können.

Der Sinn bzw. die Notwendigkeit einer solchen Unterstützung wird durch die Auswertung belegt, aus der sich ergibt, dass die betreffenden Väter das Gespräch suchen, wobei es einfacher zu sein scheint, mit „neutralen" Gesprächspartnern über die eigenen Ängste und Sorgen zu sprechen, ohne dabei Rücksicht auf die übrigen Familienmitglieder nehmen zu müssen.

Darüber hinaus ist eine Unterstützung im Alltag durch Familie und Freunde sinnvoll. Für die Fälle, in denen eine Unterstützung durch den oben genannten Personenkreis nicht möglich ist, sollten andere Ersatzhilfen entwickelt werden.

Den Vätern Frühgeborener sollte weiterhin nahe gelegt werden, mit einer Elterninitiative oder Elterngruppen Frühgeborener Kontakt aufzunehmen, da auf diese Weise viele praktische Tipps betroffener Eltern weitergegeben werden.

Zusammenfassend zeigt sich, dass Hilfsangebote für Väter Frühgeborener ausgebaut werden müssen. Vor allem aber sollten bereits bestehende und entwickelte Hilfsangebote den Vätern nahe gebracht werden. Jeder Vater muss jedoch nach seinen Bedürfnissen frei wählen können, ob und zu welchem Zeitpunkt er ein Angebot wahrnimmt.

---

[1] Eine detaillierte Beschreibung der gesamten Studie und aller Probanden befindet sich im einleitenden Beitrag dieses Buches.

Meike Kühn

Elterliche Partnerschaft und Beziehung zum Kind in der retrospektiven Bewertung von Vätern frühgeborener Kinder

Ausgehend von der Überlegung, dass eine Frühgeburt mit einer Reihe von hohen emotionalen und organisatorischen Belastungen für die Eltern verbunden ist, wurden im Rahmen der vorliegenden Teilanalyse die Lebensbereiche der Partnerschaft und der Beziehung zum Kind aus der Sicht der Väter im Längsschnitt untersucht mit dem Ziel, abschließend die retrospektive Bewertung der Lebenssituation durch den Vater nach einem Jahr zu beleuchten.

Anhand der Fragestellung, ob sich die Väter frühgeborener Kinder durch die Belastung der Situation der Frühgeburt in einer veränderten Lebenssituation befinden und inwieweit sie sich dabei von Vätern termingerecht geborener Kinder unterscheiden, sollen schließlich mögliche Präventions- und Interventionsmaßnahmen für die betroffenen Väter herausgestellt werden.

Untersuchungsdesign

Da für die vorliegende Untersuchung die Daten von drei Erhebungszeitpunkten (T1–T3) zur Verfügung standen[1], bot es sich an, diese als längsschnittliche Panelforschung[2] zu konzipieren. Auf diese Weise sollten neben der eigentlichen Datenanalyse anhand einiger ausgesuchter Variablen auch individuelle Veränderungen bei den befragten Vätern in den Blick genommen werden.

Teilnehmer der Untersuchung

Für die vorliegende Untersuchung wurde eine Stichprobe aus der Gesamtstichprobe des Forschungsprojekts erstellt. Dabei wurden alle Väter frühgeborener Einlinge berücksichtigt, die zum ersten Mal Vater wurden und an allen drei Erhebungen teilgenommen haben. Diesen Auswahlkriterien entsprachen 22 Väter Frühgeborener. Um Besonderheiten und Unterschiede feststellen zu können, wurde aus der Gesamtstichprobe eine entsprechende Kontrollgruppe von Vätern termingerecht Geborener gebildet.

Mithilfe der Methode des Matching wurden anschließend möglichst „gleiche" Personen der Experimental- und Kontrollgruppe zugeordnet. Da diese Paare aber anhand mehrerer Variablen gebildet werden, ist eine solche Paarbildung mit einigen Schwierigkeiten verbunden (vgl. Schnell u.a. 1999, 212). Neben den genannten gemeinsamen Kriterien wurden die Paare dieser Stichprobe auch ausgehend von den Daten der 22 Väter frühgeborener Kinder gebildet. Als Zuordnungsfaktoren dienten neben dem Alter der Befragten auch das angegebene Nettofamilieneinkommen und die selbst eingeschätzte Partnerschaftsqualität zum Zeitpunkt T1. Auf diese Weise sollten die gleichen Voraussetzungen für alle Beteiligten der Stichprobe zugrunde gelegt werden, um dann anhand der leitenden Fragestellung mögliche tendenzielle Unterschiede zwischen den Vätern frühgeborener und termingerecht geborener Kinder herausstellen zu können.

Leitfragen der Untersuchung

Entsprechend der Annahme, dass eine Frühgeburt mit einer Reihe von hohen emotionalen und organisatorischen Belastungen für die Eltern verbunden ist, sollte überprüft werden, ob sich der Übergang zur Vaterschaft bei Vätern frühgeborener Kinder anders gestaltet als bei Vätern termingerecht geborener Kinder. Die in diesem Rahmen zu untersuchende Leitfrage lautete demnach:

Erleben Väter frühgeborener Kinder ihre Lebenssituation im Übergang zur Elternschaft bis ein Jahr nach der Geburt anders als Väter termingerecht geborener Kinder?

Zur Überprüfung bzw. Konkretisierung dieser Leitfrage wurden die Lebensbereiche „Partnerschaft" und „Beziehung zum Kind" aus der Sicht des Vaters im Längsschnitt untersucht. Abschließend wurde der Fokus anhand des Fragenkomplexes der dritten Erhebung (T3) auf die retrospektive Bewertung der Lebenssituation durch den Vater nach einem Jahr gelegt. Aufgrund dieser Überlegungen wurden folgende Unterfragen formuliert:

1. Bewerten die Väter frühgeborener Kinder die Qualität der Partnerschaft im Übergang zur Elternschaft bis ein Jahr nach der Geburt tendenziell als schlechter im Vergleich zu Vätern termingerecht geborener Kinder?

2. Empfinden die Väter frühgeborener Kinder die Beziehung zu ihrem Kind nach der Geburt tendenziell als schlechter im Vergleich zu Vätern termingerecht geborener Kinder?

3. Bewerten die Väter frühgeborener Kinder ihre Lebenssituation nach einem Jahr retrospektiv tendenziell als schlechter im Vergleich zu Vätern termingerecht geborener Kinder?

Ergebnisse der Untersuchung

Die im Rahmen dieser Längsschnittstudie gewonnen Ergebnisse sollen nachfolgend anhand einiger ausgesuchter Variablen der drei Unterfragen zusammenfassend dargestellt werden, um anschließend ein Fazit zu ziehen, das die gewonnenen Ergebnisse auch in Bezug auf einen weiteren Forschungsbedarf bzw. mögliche Interventionsmaßnahmen kritisch in den Blick nimmt.

Partnerschaft

Die Eltern frühgeborener Kinder erleben einen erschwerten Start in die Elternschaft, da die natürliche Zeit der Schwangerschaft verkürzt ist und somit die entsprechenden Schwangerschaftsphasen nicht vollständig durchlebt werden können (vgl. Gloger-Tippelt 1985, 67 und 1988, 70; Vonderlin 1999, 19). Daher wurde im Zusammenhang dieser Untersuchung gefragt, ob Väter frühgeborener Kinder die Qualität ihrer Partnerschaft tendenziell als schlechter bewerteten als Väter termingerecht geborener Kinder. Fasst man nun die unterschiedlichen Tendenzen der beiden Vätergruppen zusammen, so kommt diese Untersuchung hinsichtlich der Faktoren Partnerschaftsqualität, Veränderung der Beziehung zur Partnerin über den Zeitraum eines Jahres und der Selbsteinschätzung der Väter bezüglich ihrer Aufgaben als Partner zu den folgenden Schlüssen.

Die erste Zeit nach der Geburt ist in der Regel durch die Sorge um eine gesunde Entwicklung des Kindes geprägt. Gerade der Vater ist – sowohl im Falle der frühen als auch der termingerechten Geburt – in dieser Anfangszeit besonders gefordert, da er meist den ersten Kontakt zu seinem Kind hat und somit auch den ersten Ansprechpartner für das Klinikpersonal darstellt bzw. wichtiger Informant für die Partnerin ist (vgl. auch Fthenakis 1985, 149). Im Falle der Frühgeburt kommt erschwerend hinzu, dass der Vater aufgrund der unerwarteten Geburt und der damit einhergehenden organisatorischen Probleme des Alltags einer zusätzlichen Stressbelastung ausgesetzt ist (vgl. Löhr 1999, 84). Er hat somit in dieser Zeit nicht nur die Rollen des Vaters und Ehemanns inne, sondern übernimmt insgesamt eine nicht zu unterschätzende Funktion als Vermittler, Botengänger und Organisator (vgl. Himmelreich 1996, 130).

Nach Gloger-Tippelt (vgl. 1985, 77) verringert sich die Zufriedenheit mit der Partnerschaft in der Phase der Herausforderung (2. bis 6. Lebensmonat des Kindes). Da die Eltern Frühgeborener nach der Geburt allerdings länger mit der Sorge um das Kind beschäftigt sind, ist zu vermuten, dass die Zufriedenheit in der Partnerschaft, im Vergleich zu den Eltern termingerecht geborener Kinder, tendenziell später abgenommen hat.

Trotz einer nicht ablesbaren statistischen Signifikanz (p>0,05 nach Fisher-Exakt-Test[3]), bestätigte sich diese Annahme auch in den Ergebnissen der Untersuchung, die offen legten, dass die Einschätzung der Partnerschafts-qualität – ausgehend vom Zeitpunkt vor der Schwangerschaft bis ein Jahr nach der Geburt – bei beiden Vätergruppen tendenziell sank.

Demgegenüber fiel allerdings auch auf, dass die Väter Frühgeborener ihre Partnerschaft vor der Schwangerschaft wesentlich häufiger als „sehr harmo-nisch" bezeichneten als Väter termingerecht Geborener (vgl. Abb. 1). Eine mögliche Begründung für dieses Bewertungsverhalten mag darin liegen, dass die Väter Frühgeborener dazu neigten, ihre jeweilige Beziehung vor der belastenden Situation Frühgeburt zu idealisieren. Inwieweit dies aber ein spezifisches Verhalten im Kontext der Frühgeborenenproblematik oder ein allgemeines psychologisches Phänomen darstellt, muss an dieser Stelle offen bleiben bzw. unterliegt einem anderen Diskussionsrahmen. Allerdings waren es schon ein Jahr nach der Geburt der Kinder 6 Väter Frühge-borener (27,3%) und sogar 10 Väter termingerecht Geborener (45,5%), die ihre Partnerschaft als „wechselhaft" beschrieben.

Da zu allen Erhebungszeitpunkten mehr Väter Frühgeborener ihre Paarbe-ziehung als „sehr harmonisch" einschätzten, scheinen die Väter Frühgebo-rener ihre Beziehung positiver zu bewerten als die Väter termingerecht Geborener. Die Verteilung der gegebenen Antworten zeigt jedoch, dass die Väter Frühgeborener stärker zwischen den Antworten „sehr harmonisch" und „wechselhaft" pendelten und somit weniger konstant waren als die

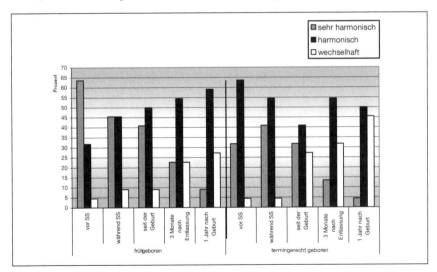

Abb. 1: Qualität der Partnerschaft vom Zeitpunkt vor der Schwangerschaft bis ein Jahr nach der Geburt des Kindes (T1–T3)

Väter termingerecht Geborener, die über alle drei Erhebungszeiträume in der Einschätzung ihrer Partnerschaft konstanter bei „harmonisch" blieben. Dass sich hinsichtlich der Bewertung der Partnerschaft nur tendenzielle Unterschiede aufzeigen lassen, ist somit bestätigt, dies kann allerdings auch auf den recht ungenau gefassten Aussagerahmen der vorgegebenen Bewertungsparameter zurückzuführen sein.

Zu den Zeitpunkten T1 und T3 gab es bezüglich der Frage nach Veränderungen innerhalb der Partnerschaft Detailantworten, die zum Zeitpunkt T2 nicht gegeben wurden. Somit lässt sich lediglich festhalten, dass Väter frühgeborener Kinder über alle drei Erhebungszeitpunkte die Beziehung zu ihrer Partnerin konstanter als „unverändert" beschrieben. Ein möglicher Erklärungsansatz wäre auch hier das von Gloger-Tippelt angeführte Absinken der Zufriedenheit mit der Partnerschaft (vgl. 1985, 77f.). Jedoch lässt sich eine solch qualitative Unterscheidung aus den angegebenen Bewertungskriterien nur schwer ablesen, da die Veränderung innerhalb der Partnerschaft beispielsweise nicht zwangsläufig mit einer Verschlechterung einherging. Weiterhin kann aus den gegebenen Antworten kein eindeutiger Rückschluss auf einen kausalen Zusammenhang zwischen der Situation der Frühgeburt und den Veränderungen der Partnerschaft gezogen werden.

Auch hinsichtlich der Einschätzung der wichtigsten Aufgaben als Partner durch den Vater lassen sich keine divergierenden Tendenzen feststellen. Aufgrund der Tatsache, dass 7 Väter termingerecht geborener Kinder (35% gegenüber 19% der Väter aus der Kontrollgruppe) bereits bei der ersten Befragung die Versorgung der Familie als eine der wichtigsten Aufgaben als Partner verstanden, wäre zwar zu vermuten, dass das traditionelle Exposé[4] (vgl. Schülein 1994, 92f.) schneller greift als bei Familien mit frühgeborenen Kindern. Dabei gaben Väter frühgeborener Kinder gegenüber der Kontrollgruppe auffällig häufiger „Sonstiges" als eine ihrer wichtigsten Partneraufgaben an (38,1% gegenüber 20%). Dass diese Aufgaben der spezifischen Situation der Frühgeburt zugeschrieben werden können, wäre durchaus denkbar, wird aber durch die Daten von T2 und T3 wieder ausgeglichen und kann insofern nur als temporäre Tendenz festgehalten werden.

Beziehung zum Kind

Gegenüber den Eltern termingerecht geborener Kinder kann die Beziehung der Eltern zu ihrem frühgeborenen Kind kurz nach der Geburt zwiespältig sein, da sie sich in einer instabilen Gefühlslage befinden (vgl. Sarimski 1996, 29). Weiterhin haben sie mit einigen Erschwernissen für einen positiven Beziehungsaufbau zu rechnen. Gründe dafür können in der körperlichen Unreife des Kindes liegen. So haben viele der Frühgeborenen z.B. Probleme in der sensorischen Erregbarkeit, der Modulation von Erregungen und

Aufmerksamkeit sowie der zentralen Steuerung der Koordination motorischer Reaktionen (vgl. Sarimski 2000, 88).

Vor dem Hintergrund dieser Faktoren wurde die zweite Unterfrage dieser Untersuchung formuliert, die ermitteln sollte, ob Väter frühgeborener Kinder die Beziehung zu ihrem Kind nach der Geburt tendenziell als schlechter empfinden im Vergleich zu Vätern termingerecht geborener Kinder. Zur Beantwortung dieser Frage wurden qualitative Aspekte herangezogen, die neben der Einschätzung der Beziehungsqualität zum Kind, den Veränderungen in Bezug auf die Beziehung zum Kind auch nach der Bewertung des Gefühls des Vaterseins und der Bedeutung der Beschäftigung mit dem Kind fragte. Der zuletzt genannte Aspekt wurde dabei nur zu den Erhebungszeitpunkten T2 und T3 untersucht.

Obwohl auch hier keine statistische Signifikanz (p>0,05 nach Fisher-Exakt-Test) vorliegt, hat sich hinsichtlich der Einschätzung der Beziehungsqualität zum Kind durch den Vater gezeigt, dass Väter Frühgeborener die Beziehung zu ihrem Kind tendenziell konstanter bewerteten als Väter termingerecht Geborener (vgl. Abb. 2). Diese Konstanz lässt sich allerdings nur für die positiven Beziehungsbewertungen „sehr intensiv" und „intensiv" feststellen. Inwieweit dies mit dem Aspekt der Frühgeburt zusammenhängt, kann aus der vorliegenden Angaben nicht abgeleitet werden.

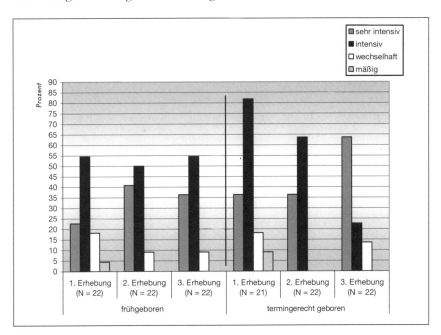

Abb. 2: Qualität der Beziehung zum Kind über alle drei Erhebungszeitpunkte

Bei der Frage nach der Beziehung zum Kind stellte sich heraus, dass sich um den Zeitpunkt der Geburt bei den Vätern Frühgeborener andere Antworten ergaben, die im Wesentlichen durch die medizinische Situation bestimmt waren. Auch zum Zeitpunkt T1 standen spezifische Probleme der Frühgeburt im Vordergrund. Auch wenn nur ein Vater schilderte, dass sich die Sicht auf die Kinder geändert habe, so kann, wenn man sich z.B. mit dem Thema der Frühgeburt vertraut gemacht hat, eine positive Veränderung der Beziehung durch einen nachlassenden Einsatz der Technik eindeutig ausgemacht werden (vgl. Sarimski 2000a, 148). Weiterhin ist zu bedenken, dass diese Kategorien in keiner Weise für die Kontrollgruppe der Väter termingerecht geborener Kinder relevant sind und diese unterschiedlichen Tendenzen nur im Rahmen von T1 nachweisbar sind.

Erfreulicherweise zeigen die Ergebnisse der Frage zum Gefühl des Vaterwerdens, dass der überwiegende Teil beider Vätergruppen bemüht war, ein guter Vater zu sein und im Wesentlichen das Zusammenleben mit den Kindern genoss. Die vorliegenden Werte der beiden Gruppen unterscheiden sich dabei nur unwesentlich, weisen aber bei den Vätern frühgeborener Kinder leicht höhere Tendenzen auf (48,9% gegenüber 36,2%). Mit Blick auf die Stichproben bleibt jedoch zunächst offen, warum einerseits 2 Väter der Kontrollgruppe das Zusammenleben mit ihrem Kind anscheinend nicht genießen konnten und warum andererseits zum Zeitpunkt T1 keiner der Frühgeborenenväter angab, besorgt oder verängstigt gewesen zu sein. Die Väter termingerecht geborener Kinder gaben schon kurz nach der Geburt an, Angst vor der Zukunft gehabt zu haben. Eine mögliche Erklärung dafür lässt sich sicherlich in den Erwartungen bzw. Hoffnungen hinsichtlich einer möglichen Zukunft des Kindes suchen, da gerade um den Zeitpunkt der Geburt bei den Vätern Frühgeborener eher die Sorge um das Kind in den Vordergrund trat und somit wenig Raum für solche Vorausblicke ließ.

Da die untersuchte Stichprobe relativ klein ist, scheint es an dieser Stelle sinnvoll, exemplarisch einigen Einzelfällen nachzugehen und im Detail zu überprüfen, mit welchen Parametern das Gefühl des Überfordertseins oder die Gefühle der Angst um die Zukunft zusammenhängen könnten. Die gewählten Untersuchungsparameter für diesen Zusammenhang beziehen sich auf den Gesundheitszustand des Kindes, die Einschätzung der Partnerschaftsqualität, die berufliche Situation, die Beschreibung der Gesamtsituation nach einem Jahr und abschließend auf die Frage, wie die Väter in die Zukunft schauen.

So gab ein Vater der Frühgeborenen zum Zeitpunkt T2 auf die Frage nach dem Gefühl des Vaterseins an, sich überfordert zu fühlen. Ein detaillierter Blick auf Daten dieses Vaters lässt vermuten, dass dieses Gefühl in erster Linie mit der beruflichen Situation zusammenhängt. Er hatte die Position eines leitenden Angestellten oder Beamten und arbeitete 60 Stunden in der Woche. Ein Jahr nach der Geburt gab er zwar an, sich nicht mehr überfordert zu fühlen, allerdings äußerte er eine Stressbelastung durch seine berufliche Situation. Die Beurteilung der Partnerschaftsqualität schwankte zwischen „sehr harmonisch" und „wechselhaft" und die Beziehung zum Kind wurde zu allen Erhebungszeiten als „wechselhaft" beschrieben. Seine Gesamtsituation schätzte er allerdings als „gut" ein und blickte auch zuversichtlich in die Zukunft. Da bei seinem Kind keine gesundheitlichen Störungen vorlagen, lässt sich also das Gefühl der Überforderung – zumindest nicht offensichtlich – mit der Frühgeburt in Verbindung bringen. Zu vermuten wäre, dass die schwankende Bewertung der Paarbeziehung wie auch die als „wechselhaft" eingeschätzte Beziehung zum Kind mit der beruflichen Belastung und der daraus resultierenden mangelnden Zeit für die Familie in Verbindung stand. Dies deckt sich durchaus mit der Beobachtung, dass der Übergang zur Vaterschaft häufig mit einem Abschnitt des väterlichen Berufslebens zusammenfällt, der einen großen Aufwand an Zeit und Engagement erfordert (vgl. Werneck 1998, 43).

Ein anderer Vater eines Frühgeborenen konnotiert erst zum Zeitpunkt T3 das Gefühl des Vaterseins mit der Angst vor der Zukunft. Gegenüber dem vorherigen Beispiel erscheint also weniger die berufliche Situation als vielmehr der Gesundheitszustand des Kindes das entscheidende Bewertungskriterium zu sein. Das Frühgeborene war mit einem Hydrozephalus[5] zur Welt gekommen und ein Jahr nach der Geburt in seiner Entwicklung verzögert. Da der Vater aber seine Gesamtsituation als „positiv" bewertete, optimistisch in die Zukunft schaute und die Beziehung zu seinem Kind zu allen drei Erhebungszeitpunkten als „intensiv" einschätzte, hatte dieses Gefühl der Angst vor der Zukunft in Bezug auf das Gefühl des Vaterseins offensichtlich keine negativen Auswirkungen auf die allgemeine Lebenssituation. Väterliche Einstellungen, so lässt sich zusammenfassend sagen, stellen wesentliche Moderatorvariablen für die erlebte Qualität des Vaterwerdens dar (vgl. Werneck 1998, 46).

Um zu zeigen, dass ähnliche Sorgen beim Übergang zur Elternschaft bis ein Jahr nach der Geburt auch bei Vätern termingerecht Geborener zu beobachten sind, sollen noch entsprechende Fälle aus der Kontrollgruppe aufgezeigt werden. Auch hier gab es einen Vater, der sich zum Zeitpunkt T2 überfordert fühlte, und es erscheint offensichtlich, dass diese Überforderung mit der beruflichen Situation zusammenhängt. Dieser Vater war selbstständig und hatte daher viel Verantwortung bezüglich der Versorgung seiner Familie zu tragen. Seine Beziehung zur Partnerin schätzte er als „harmonisch" und die Beziehung zu seinem Kind als „sehr intensiv" ein. Wie bei einem termingerecht geborenen Kind zu erwarten ist, lagen keine Gesundheitsstörungen vor, und auch dieser Vater bewertete zum Zeitpunkt T3 – trotz Stressbelastung durch Freizeitmangel – seine Gesamtsituation als „gut" und blickte optimistisch in die Zukunft.

Ein anderer Vater der Kontrollgruppe fühlte sich zu den Zeitpunkten T2 und T3 bei der Frage nach dem Gefühl des Vaterseins überfordert. Anhand seiner Angaben lassen sich jedoch keine eindeutigen Ursachen für dieses Gefühl ausmachen. Die Beziehung zu seinem Kind beschrieb er in beiden Erhebungen als „sehr intensiv". Lediglich die Beziehung zur Partnerin wurde seit der Geburt des Kindes als „wechselhaft" beschrieben. Bei der Frage nach der Gesamtsituation zum Zeitpunkt T3 gab er an, einige Probleme zu haben, und fühlte sich durch die Familie stressbelastet.

Abschließend lässt sich durch diese exemplarischen Einzelfallschilderungen zumindest andeuten, dass alle Väter mit unterschiedlichen oder ähnlichen Sorgen umzugehen hatten, die nicht unbedingt mit der Frühgeburt, sondern mit anderen zum Teil typischen Lebensumständen im Übergang zur Vaterschaft in Verbindung standen. Entscheidender für die Wahrnehmung und die Bewältigungsformen der zu überstehende Anforderungen scheinen demnach also eher individuelle Faktoren zu sein.

Ähnliches ließ sich durch die väterliche Selbsteinschätzung der wichtigsten Aufgaben als Vater feststellen, die keine unterschiedlichen Tendenzen aufzeigten. Lediglich zum Zeitpunkt T1 fiel auf, dass mehr Väter Frühgeborener unter der Kategorie „Sonstiges" eine Angabe machten. Aufgrund fehlender Detailangaben kann jedoch nicht festgestellt werden, welche Aufgaben und Aspekte gemeint sein könnten, noch ob sie mit der konkreten Problemsituation der Frühgeburt in Verbindung stehen. Auch in Bezug auf die Art und Weise, wie die Väter die Zeit mit ihren Kindern verbrachten, ließen sich keine tendenziellen Unterschiede zwischen den zu vergleichenden Vätergruppen ausmachen.

Drei Monate nach der Entlassung des Kindes aus der Klinik zeigten die Väter Frühgeborener eine „vorsichtigere" Bewertung hinsichtlich der Kategorien „Spaß", „inneres Bedürfnis", „Gefühl des Gebrauchtwerdens" und „Ausgleich zum Beruf". Bei der dritten Erhebung pendelte sich dieses Verhältnis allerdings wieder auf einen ungefähren Gleichstand ein, wobei diesmal die Kategorie „inneres Bedürfnis" tendenziell häufiger von Vätern Frühgeborener beschrieben wurde.

Bewertung der Lebenssituation des Vaters nach einem Jahr

Die dritte Unterfrage, ob Väter frühgeborener Kinder ihre Lebenssituation retrospektiv nach einem Jahr tendenziell nicht als schlechter bewerteten als die Väter termingerecht geborener Kinder, wurde durch die Bewertung des

Vaters hinsichtlich seiner Gesamtsituation zum Zeitpunkt T3 sowie durch die Retrospektion des vergangenen Jahres beleuchtet. In Ergänzung dazu wurde nach besonders hilfreich und besonders belastend empfundenen Faktoren sowie Wünschen nach anderen Unterstützungsmöglichkeiten innerhalb dieses Zeitraums gefragt. Weiter wurde darauf geschaut, ob Väter frühgeborener Kinder die Situation der Frühgeburt als eine generelle Belastung wahrnehmen. Abschließend wurden wieder alle Väter gefragt, wie sie in die Zukunft schauen.

Mit Blick auf das Erleben der Gesamtsituation der Väter zum Zeitpunkt T3 zeichneten sich in der untersuchten Stichprobe keine unterschiedlichen Tendenzen ab. Hinsichtlich der Fragen nach den als hilfreich bzw. als belastend empfundenen Faktoren ist auffällig, dass mehr Väter Frühgeborener das letzte Jahr als belastend ansahen (38,5% gegenüber 24,3%), während die Väter der Kontrollgruppe eher spannende und abwechslungsreiche Elemente wahrgenommen hatten. Die Tatsache, dass relativ viele Väter das vergangene Jahr als sehr schön und erfreulich beschrieben, lässt vermuten, dass sich die negativen Begleiterscheinungen einer Frühgeburt auf die Lebenssituation nach einem Jahr insgesamt gesehen nicht mehr ganz so stark auswirkten wie z.B. in den ersten Monaten des Lebens des Neugeborenen. Diese Beobachtung machte auch Sarimski (vgl. 1996, 28), der die väterliche Selbsteinschätzung im Vergleich zu ihren Partnerinnen auch noch zwei Jahre nach der Frühgeburt als weniger emotional belastet herausgestellt hat.

Mit Blick auf den Wunsch nach möglichen anderen Unterstützungsmöglichkeiten neben der Partnerin zeigten sich beide Vätergruppen, allerdings mit etwas Überhang auf Seiten der Kontrollgruppe, mit der gegebenen Unterstützung größtenteils zufrieden. Auffällig bei einem Vergleich beider Gruppen sind aber die durchweg höheren Werte bei den Vätern frühgeborener Kinder. Hier zeigte sich ein tendenzieller Wunsch nach einer besseren Betreuung unter dem Aspekt der Beratung und Vorsorge sowohl vor, während und als auch nach der Klinikzeit, so dass hier durchaus von einem spezifischen Einfluss der Situation Frühgeburt gesprochen werden kann. Dementsprechend antworteten die meisten Väter der Frühgeborenen, dass diese Situation eine generelle Belastung für einen Vater darstelle.

Trotzdem war diese Gruppe im Vergleich mit den anderen Vätern tendenziell optimistischer und zuversichtlicher, was die Gedanken bezüglich der Zukunft betrifft. Eine mögliche Erklärung hierfür lässt sich darin finden, dass die Väter frühgeborener Kinder den Übergang zur Elternschaft nach einem Jahr als das Überstehen bzw. Überwinden einer schwierigen Situation betrachteten und dementsprechend optimistischer in die Zukunft blickten.

Fazit und Ausblick

Was lässt sich also als Ergebnis der drei untersuchten Unterfragen zu der eingangs formulierten Leitfrage, ob die Väter frühgeborener Kinder ihre Lebenssituation im Übergang zur Elternschaft ein Jahr nach der Geburt anders erleben als Väter termingerecht geborener Kinder, festhalten? Ganz allgemein zunächst wohl, dass es – wenn überhaupt – nur tendenzielle Unterschiede im Erleben und Bewerten dieses Übergangs gab, die hauptsächlich im Erhebungszeitraum direkt nach der Geburt zum Tragen kommen. Als Antwort auf die oben formulierte Leitfrage lässt sich mit hoher Wahrscheinlichkeit annehmen, dass Väter Frühgeborener diese Differenz nur in der Zeit nach der Geburt wahrnahmen und sozusagen anders in ihre Elternschaft starteten. Danach sind keine auffälligen Differenzen mehr festzustellen. Dies lässt sich durchaus anhand der gewonnenen Ergebnisse darstellen und findet auch eine theoretische Begründung in der Forschungsliteratur.

Ein wesentliches Problem der vorliegenden Untersuchung liegt darin, dass aufgrund der nicht repräsentativ ausgewählten Stichprobe die gewonnenen Ergebnisse nicht bzw. kaum auf die Grundgesamtheit aller Väter Frühgeborener übertragbar sind. Begründet ist dieser Kritikpunkt vor allem in der hauptsächlichen Teilnahme von Vätern mit relativ hohem sozialen Status und der in den Befragungen gezeigten hohen Resilienz gegenüber der Gesamtsituation. Dies wäre für zukünftige Untersuchungen sicherlich zu berücksichtigen. Eine mögliche Alternative hierzu wäre, wie in der obigen Diskussion angedeutet, die Untersuchung von Einzelfallanalysen, da nur auf diesem Wege explizite Erkenntnisse über das Empfinden der Väter auch in Bezug zu der Paarbeziehung bzw. in der Beziehung zum Kind ermittelt werden können.

Da aber ein tendenzieller Unterschied im Übergang zur Elternschaft um den Zeitpunkt der Geburt im Erleben Väter frühgeborener im Vergleich zu Vätern termingerecht geborener Kinder festgestellt werden konnte, sollte in zukünftigen Studien ein Fokus auf diesen Zeitraum gerichtet werden. Außerdem erscheint es im Rahmen sonderpädagogischer Forschung viel versprechend, auf der Grundlage solcher Ergebnisse Erhebungen zu einem wesentlich späteren Zeitpunkt durchzuführen, wenn sich eventuelle Entwicklungsschäden resultierend aus der Frühgeburt herausgestellt haben bzw. ausgeschlossen sind. Es wäre dann z.B. darauf zu achten, ob sich eine „negativ" verlaufende Entwicklung des Kindes anders auf die Beziehung zum Kind und die Beziehung zur Partnerin auswirkt.

[1] Eine genaue Beschreibung der Projektstudie sowie des gesamten Datensatzes befindet sich im einleitenden Beitrag dieses Buches.

[2] Als Panelforschung wird die wiederholte Befragung der gleichen Personen bezeichnet.

[3] Der Fisher-Exakt-Test dient der Signifikanzprüfung, vor allem bei kleineren Stichproben (vgl. Schnell u.a. 1999, 417).

[4] Beim Übergang zur Elternschaft kommt es häufig zu einer Rückkehr zur traditionellen Rollenaufteilung (vgl. Schmidt-Denter 1984, 177). So zeigt die Mehrzahl von Längsschnittuntersuchungen, dass Frauen nach der Geburt den überwiegenden Teil der Hausarbeit übernehmen, während sich die Väter um die Sicherung des Unterhalts für die Familie kümmern (vgl. u.a. Gloger-Tippelt u.a. 1995, 257). Dieses Phänomen der Rückkehr in traditionelle Rollenmuster bzw. das traditionelle Exposé tritt auch bei Paaren auf, die in ihrer vorherigen Zweierbeziehung ein mühsam erarbeitetes und ausgehandeltes, egalitäres und partnerschaftliches Konzept der Arbeitsaufteilung vertreten haben (vgl. Schülein 1994, 92f.).

[5] Eine Ansammlung von Hirnwasser (Liquor) im Schadelinneren fült zu einer Vergrößerung des Kopfes (Hydrozephalus). In Folge einer Hirnblutung kann der ständig neu gebildete Liquor nicht mehr abfließen und staut sich in den Ventrikeln an. Eine rechtzeitige Operation (Ventrikeldrainage) kann Folgeschäden vermeiden (vgl. Sarimski o.J., 11).

Valentin Sartor

Einflussfaktoren auf die Vater-Kind-Beziehung bei Vätern frühgeborener Kinder

Die frühe Eltern-Kind-Beziehung bildet die Basis für die zukünftige kognitive, sozio-emotionale und geschlechtsrollenspezifische Entwicklung eines Kindes. Ihre Grundlagen und Muster werden bereits im ersten Lebensjahr ausgebildet und bleiben bis in die Pubertät relativ stabil. Eine positive Eltern-Kind-Beziehung gilt somit als protektiver Faktor, um späteren Verhaltensauffälligkeiten oder Entwicklungsverzögerungen auf Seiten des Kindes vorzubeugen.

Bei frühgeborenen Kindern und ihren Eltern findet dieser erste Kontakt unter erschwerten Bedingungen statt. Eine durch Unreife oder gesundheitliche Komplikationen verursachte verminderte soziale Responsivität des Säuglings, die vielfältigen psychischen Belastungen der Eltern und die allgemein stressbelastete Atmosphäre auf der Neugeborenen-Intensivstation können die frühen Interaktionen behindern.

Die vorliegende Teilanalyse zielt darauf ab, die Einflussfaktoren auf die Beziehungsqualität zum Kind bei Vätern frühgeborener Kinder im Vergleich mit einer Kontrollgruppe von Vätern termingerecht geborener Kinder zu explorieren und in ihrer Wichtigkeit aufzuschlüsseln. Anschließend sollen Anregungen für vertiefende Forschungsarbeiten gegeben bzw. Möglichkeiten zu einem anderen Umgang mit diesen Vätern in der Praxis aufgezeigt werden.

Die frühe Eltern-Kind-Beziehung

Der frühen Eltern-Kind-Beziehung kommt eine besondere Bedeutung für die spätere soziale, kognitive und psychische Entwicklung des Kindes zu. Insbesondere bei frühgeborenen Kindern, bei denen biologische Risikofaktoren die Entwicklung kognitiver Störungen bedingen können, haben soziale Faktoren einen entscheidenden Einfluss auf mögliche Entwicklungsdefizite. Diese Kinder sind daher auf eine kompensatorische Umwelt besonders angewiesen (vgl. Jotzo & Schmitz 2001, 82).

Entstehung und Bedeutung für die kindliche Entwicklung

Der Beziehungsaufbau setzt bereits im Interaktionsprozess zwischen Säugling und Eltern direkt nach der Geburt ein (vgl. Papousek 1996, 45). Nach dem Grundkonzept der Bindungstheorie entwickelt sich in den ersten Lebenstagen und vertiefend in den folgenden Wochen und Monaten ein spezifisches emotionales und kommunikatives Beziehungssystem, das die Voraussetzung für eine gesunde körperliche und psychische Entwicklung, insbesondere der Lese- und sozialen Kompetenz, bildet (vgl. Petzold 1994, 63). Die kognitiven, kommunikativen und sozialen Fähigkeiten des Säuglings einerseits und die intuitiven elterlichen Fähigkeiten andererseits bilden dabei ein reziprokes Bedingungsgefüge für eine gelingende frühe Interaktion (vgl. Sarimski 2000, 84).

Dabei rückte in den letzten Jahren auch zunehmend die aktive Rolle des Kindes in den Vordergrund der wissenschaftlichen Betrachtung. „Demnach wird der menschliche Säugling mit einzigartigen Fähigkeiten geboren, sich die Umwelt vertraut zu machen, sie aktiv zu erkunden, auf sie einzuwirken und diese frühen Erfahrungen mit der sozialen Umwelt zu teilen" (Papousek 1996, 46).

Das angeborene Repertoire umfasst Blickverhalten, Mimik, Vokalisation und Motorik, die zur Aufmerksamkeitsregulation, Handlungssteuerung und Informationsverarbeitung eingesetzt werden (vgl. Sarimski 2000, 85). Unterstützend wirkt dabei die Präferenz von menschlichen Stimmen und Gesichtern gegenüber der dinglichen Welt (vgl. Rauh 2002, 154).

Da die selbstregulatorischen Kompetenzen des Säuglings zunächst jedoch noch eingeschränkt sind, bedarf es der komplementären Hilfe der Eltern, die ihrerseits ebenfalls über intuitive Verhaltensanpassungen (Ammensprache, Grußreaktionen) verfügen. Durch Prosodie der Stimme oder durch rhythmisch-taktile, kinästhetische und vestibuläre Stimulationen passen sie ihr Kommunikationsverhalten den integrativen und kommunikativen Fähigkeiten des Kindes an. Dieser frühe reziproke Prozess bildet die Grundlage für den Beziehungsaufbau (vgl. Papousek 1996, 46).

Neben der inneren Repräsentation von Beziehungen, die sich in der individuellen Lebensgeschichte entwickelt haben, beeinflussen darüber hinaus noch andere Faktoren den frühen Interaktionsprozess. Zu erwähnen sind hier insbesondere das soziale Umfeld, der kulturelle Hintergrund, die Qualität der Partnerbeziehung und nicht zuletzt auch das Wesen des Kindes (vgl. Himmelreich 1996, 127).

Frühgeburt – Beziehungsaufbau unter erschwerten Bedingungen

Nach einer Frühgeburt kann in vielfältiger Weise die frühe Eltern-Kind-Beziehung erschwert werden Das reziproke Wechselspiel zwischen den intuitiven Eltern und dem kompetenten Säugling kann nur selten in gewohntem Maße ablaufen.

Die höhere Irritabilität, die schlechtere Affektregulation und das daraus resultierende schlecht vorhersehbare Verhalten können zu einer Einschränkung der sozialen Responsivität führen, die wiederum die Basis für die frühe Interaktion bildet (vgl. Jotzo & Schmitz 2001, 82).

Die Eltern können diese kindlichen Verhaltensmerkmale als geringere positive Resonanz des Kindes auf ihre Interaktionsbemühungen werten. Als Folge können die psychischen Belastungen der Eltern zunehmen und die Fähigkeit, adäquat auf ihr Kind einzugehen, gemindert werden. Dieser Teufelskreis aus negativen Rückkopplungen kann langfristig zu Interaktions- oder Entwicklungsstörungen des Kindes führen (vgl. Pauli-Pott 1991, zit. nach Jotzo & Schmitz 2001, 83).

Die Problematik liegt vornehmlich darin begründet, dass sich ungünstige Beziehungsformen verfestigen können. Diese können überregulierender (überstimulierend bzw. überfürsorglich) oder unterregulierender (unterstimulierender) Art sein. Obwohl die Vulnerabilität der Beziehung zwischen Eltern und Frühgeborenen insbesondere unter Berücksichtigung möglicher gesundheitlicher Beeinträchtigungen einen großen Risikofaktor für die weitere Entwicklung bildet, sollte man dennoch keine pauschale Psychopathologisierung der Frühchen-Eltern-Beziehung vornehmen (vgl. Sarimski 1999, 35).

Die Rolle des Vaters bei einer Frühgeburt

Dem Vater kommt bei einer frühen im Vergleich zu einer termingerechten Geburt eine besondere Bedeutung zu. Da die Geburten in der Regel aufgrund von Schwangerschaftskomplikationen operativ stattfinden, hat er oftmals vor der Mutter den ersten Kontakt mit seinem Kind. Viele Väter leisten in der Folgezeit zudem einen wesentlichen Beitrag zur Entstehung der Beziehung zwischen dem Frühchen und der Mutter, die häufig stärkeren psychischen Belastungen ausgesetzt ist. Außerdem muss er als Kontaktperson zur familiären und sozialen Umwelt sowie zu den Ärzten fungieren (vgl. Köhntop u.a. 1995, 106).

Weitere Belastungsfaktoren in der Klinikzeit des Kindes stellen die Verantwortung für den Haushalt und evtl. Geschwisterkinder sowie der Beruf dar. Väter frühgeborener Kinder müssen also einer Vielzahl von Aufgaben nachkommen, die ihnen selbst kaum Zeit und Raum geben, die Situation für sich selbst angemessen zu verarbeiten (vgl. Löhr 1999, 84).

Besonders in dieser ersten Zeit der Trennung von Mutter und Kind zeigen die Väter oft großes Engagement in Form häufiger Besuche. Je näher jedoch die Entlassung rückt, desto mehr ziehen sich die Väter auch zugunsten der Mütter zurück. Insbesondere nach der Entlassung scheint eine gewisse Verdrängung der Klinikzeit stattzufinden und eine vermehrte Zuwendung zum Beruf zu erfolgen (vgl. Hunziker & Largo 1986, 248).

Väter weisen generell weniger psychische Belastungen durch eine Frühgeburt auf als die Mütter. Dies könnte in der früheren konkreten Interaktion mit dem Kind begründet sein, die mögliche Ängste nehmen kann (vgl. Hunziker & Largo 1986, 250).

Die Entwicklung einer guten Vater-Kind-Beziehung wirkt sich bei frühgeborenen ebenso wie bei termingerecht geborenen Kindern deutlich positiv auf die weitere Entwicklung des Kindes aus. Die Verhaltens- und Einstellungsmerkmale von Vätern und ihre Besuchshäufigkeit in der Klinik stellen einen Prädiktor für die spätere Beziehung zum Kind und dessen sprachliche, soziale und verhaltensmäßige Entwicklung dar.

Levy-Shiff u.a. (vgl. 1990, 292) konnten in einer Studie zeigen, dass Frühchen mit Vätern, die positive Einstellungen und eine hohe Besuchsfrequenz aufwiesen, vergleichsweise schneller an Gewicht zunahmen und auch schneller aus der Klinik entlassen wurden. Des Weiteren scheint ein früher Kontakt mit dem Kind einen schnelleren Beziehungsaufbau zu begünstigen (vgl. Sullivan 1999, 37).

Einflussfaktoren auf die Vater-Kind-Beziehung bei Vätern frühgeborener Kinder – Ergebnisse der Untersuchung

Ziel und Fragestellungen

Ziel dieser Untersuchung ist es zu ermitteln, ob es Unterschiede im Aufbau der Vater-Kind-Beziehung und bezüglich der Einflussfaktoren auf diese zwischen Vätern frühgeborener und Vätern termingerecht geborener Kinder gibt.

Es soll daher folgenden Fragestellungen nachgegangen werden:

❑ Wirken sich eine positive Einstellung des Vaters zur Schwangerschaft, gesicherte soziale Kontakte, die Anwesenheit des Vaters bei der Geburt sowie eine frühe Kontaktaufnahme mit dem Kind positiv auf die Vater-Kind-Beziehung aus?

❑ Belasten hingegen Probleme in der Partnerschaft, im Berufsleben und schwerwiegende gesundheitliche Probleme des Kindes den Beziehungsaufbau zum Kind? Und tritt dieser Effekt bei Vätern frühgeborener Kinder verstärkt auf?

Teilnehmer

Die Ergebnisse dieser Querschnittsuntersuchung beziehen sich auf die erste Erhebung (T1)[1]. Es wurden nur die Väter von Einlingen berücksichtigt, da durch eine Mehrlingsschwangerschaft zusätzliche Belastungen entstehen, die das Ergebnis beeinflussen könnten.

Somit lässt sich für diesen Beitrag folgendes Kollektiv beschreiben: Insgesamt nahmen 166 Väter an dieser Untersuchung teil. Davon waren 52 Väter von frühgeborenen Kindern und 114 Väter von termingerecht geborenen Kindern.

Die Väter frühgeborener Einlinge waren im Durchschnitt 35,44 Jahre alt, die der termingerecht geborenen 35,75 Jahre. Die Mütter der frühgeborenen Kinder waren etwas älter (33,19 Jahre) als die der termingerecht geborenen (32,42 Jahre).

Die Vater-Kind-Beziehung bei Vätern frühgeborener Kinder im Vergleich zu Vätern termingerecht geborener Kinder

Zunächst sei an dieser Stelle festgehalten, dass immerhin 80,8% (n=43) der Väter frühgeborener Kinder ihre Beziehung zum Säugling als „sehr intensiv" oder „intensiv" beschrieben.

Bei den Vätern termingerecht geborener Kinder waren es insgesamt 73,7% (n=84). Das Ereignis der Frühgeburt scheint also zunächst eine engere Zuwendung zum Kind zu bewirken. Dennoch verbleibt fast ein Fünftel an Vätern, bei denen das Verhältnis zum Kind als „wechselhaft" oder „mäßig" erlebt wird.

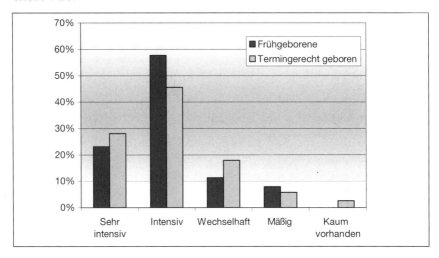

Abb. 1: Beziehung zum Kind in Abhängigkeit vom Geburtsstatus

Die Befragung zeigte, dass die Faktoren, die die Qualität der frühen Vater-Kind-Beziehung beeinflussen, in wesentlichen Teilen bei Vätern von Frühgeborenen und Termingeborenen übereinstimmen. Dennoch sind einige Differenzen zu erkennen.

In beiden Gruppen entwickeln die Väter mit höheren Bildungsabschlüssen, höherem Nettofamilieneinkommen, längeren Arbeitszeiten und auch höheren beruflichen Stellungen tendenziell eher schlechtere Beziehungen zu den Neugeborenen. Bei diesen Faktoren spielt vermutlich vor allem der Zeitfaktor eine entscheidende Rolle, da eine gemeinsame Zeit mit dem Kind eher selten realisierbar ist.

Beruf

Differenzen zwischen beiden Gruppen sind im beruflichen Bereich zu finden. So besteht bei den Vätern von Frühgeborenen ein statistisch auffälliger Zusammenhang zwischen beruflicher Zufriedenheit und der Beziehung zum Kind, wohingegen bei den Vätern termingerecht geborener Kinder keine derartigen Tendenzen auffallen.

58,3% der Väter, die mit ihrer beruflichen Situation sehr zufrieden waren, gaben eine „sehr intensive" Beziehung zum Kind an. Dagegen empfanden 33,3% der Väter mit mäßiger Zufriedenheit auch die Vater-Kind-Beziehung als „mäßig".

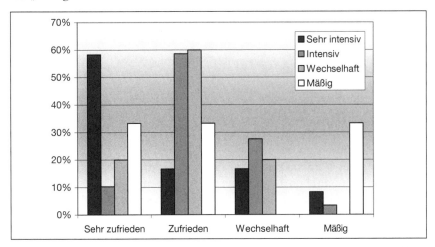

Abb. 2: Berufliche Zufriedenheit in Abhängigkeit zur Beziehung zum Kind bei Vätern frühgeborener Kinder

Bei den Vätern der Termingeborenen werden keine Zusammenhänge zwischen beruflicher Zufriedenheit und der Beziehung zum Kind sichtbar [p=0,693]². In dieser Gruppe beschrieben stattdessen 50% der Väter, die mit ihrer beruflichen Situation unzufrieden waren, und 40% derer, die sie als wechselhaft erlebten, die Beziehung zum Kind als „sehr intensiv".

Somit scheint dem Beruf eine wichtige kompensatorische Wirkung bei Vätern frühgeborener Kinder zuzukommen, d.h., dass eine zusätzliche psychische Belastung durch berufliche Unzufriedenheit den Beziehungsaufbau zum Kind negativ beeinflussen kann, während die berufliche Zufriedenheit einen positiven Einfluss hat.

Soziales Umfeld

Eine gute Einbettung in soziale Kontakte während der Schwangerschaft wirkt sich hingegen in beiden Vätergruppen vermehrt positiv auf die Vater-Kind-Beziehung aus.

Deutliche Unterschiede treten allerdings bezüglich der familiären Unterstützung in den ersten Lebenstagen des Kindes auf. So scheinen Hilfestellungen bei den Vätern von frühgeborenen Kindern eher zu besseren Beziehungen zu führen, während sie sich bei den Vätern termingerecht geborener Kinder tendenziell negativer auswirken. Möglicherweise bietet die familiäre Unterstützung bei den Vätern frühgeborener Kinder vermehrt psychischen Halt nach dem Schock der Frühgeburt und erzeugt Entlastung, während die Väter termingerecht geborener Kinder sie evtl. als zusätzlichen Belastungsfaktor, z.B. durch Besuchskoordination o.Ä., empfinden.

Beziehung zur Partnerin

Bezüglich der Beziehung zur Partnerin verhalten sich die beiden Vätergruppen entgegen der Hypothese sehr ähnlich. Insbesondere die Qualität der Partnerbeziehung vor der Schwangerschaft sowie nach der Geburt scheint mit der Beziehung zum Kind in Zusammenhang zu stehen.

42,9% der Väter termingeborener Kinder, die vor der Schwangerschaft in einer sehr harmonischen Beziehung lebten, gaben auch später eine „sehr intensive" Beziehung zum Kind an. Dagegen wiesen 40% der Väter, deren Partnerbeziehung als „wechselhaft" beschrieben wurde, auch eine wechselhafte Beziehung zum Kind auf. Der einzige Vater dieser Gruppe, dessen Partnerbeziehung belastet war, empfand auch die Beziehung zum Kind als „kaum vorhanden".

In der Gruppe der Väter frühgeborener Kinder besteht zwar kein signifikanter Zusammenhang; dennoch gaben die Väter mit einer sehr harmonischen Partnerbeziehung auch prozentual am häufigsten eine „sehr intensive" Beziehung zum Kind an. Diejenigen, die sie als „wechselhaft" empfanden, besaßen nur zu 14,3% eine sehr intensive Beziehung zum Kind.

Bezüglich der Partnerschaftsqualität nach der Geburt und der Beziehung zum Kind besteht in beiden Vätergruppen ein statistisch auffälliger Zusammenhang. Je besser das Verhältnis zur Partnerin, desto intensiver ist auch die Beziehung zum Kind.

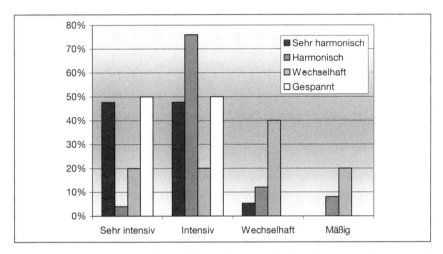

Abb. 3: Beziehung zum Kind in Abhängigkeit von der Beziehung zur Partnerin seit der Geburt bei Vätern frühgeborener Kinder

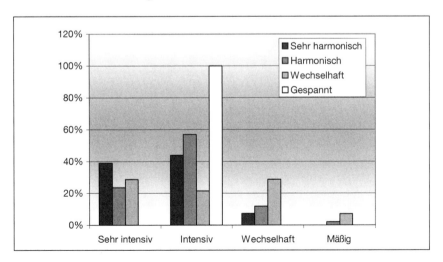

Abb. 4: Beziehung zum Kind in Abhängigkeit von der Beziehung zur Partnerin seit der Geburt bei Vätern termingerecht geborener Kinder

Bei den Vätern frühgeborener Kinder beurteilten 47,4% mit einem sehr harmonischen Partnerschaftsverhältnis auch die Beziehung zum Kind als „sehr intensiv". 76% derer, die eine harmonische Partnerbeziehung angaben, hatten eine „intensive" Beziehung zum Kind, und 40% mit einer wechselhaften Partnerbeziehung beschrieben auch das Verhältnis zum Kind als „wechselhaft".

Auch in der Gruppe der Väter termingerecht geborener Kinder ist diese Verschiebung auffällig. Dort gaben 39% der Väter mit einer sehr harmonischen Partnerbeziehung auch eine „sehr intensive" Beziehung zum Kind an. 56,9% mit einem harmonischen Verhältnis zur Partnerin beschrieben die Kindbeziehung als „intensiv" und 28,6% derer, die die Partnerbeziehung als „wechselhaft" empfanden, gaben die gleiche Tendenz in der Beziehung zum Kind wieder. Der einzige Vater mit einem gespannten Partnerschaftsverhältnis schilderte seine Beziehung zum Kind als „kaum vorhanden".

Der erste Kontakt

Bezüglich der Anwesenheit bei der Geburt und der ersten Kontaktaufnahme zeichnet sich ein sehr differenziertes Bild ab. Während sich die Anwesenheit bei der Geburt zunächst positiv auf die Vater-Kind-Beziehung in beiden Gruppen auszuwirken scheint, hat ein früher Blickkontakt mit dem frühgeborenen Kind tendenziell eher negative, eine frühe Berührung eher bessere Beziehungen zur Folge.

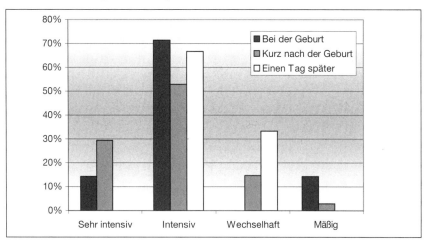

Abb. 5: Beziehung zum Kind in Abhängigkeit zum Zeitpunkt des ersten Sehens bei Vätern frühgeborener Kinder

14,3% der Väter frühgeborener Kinder, die ihre Kinder direkt bei der Geburt zum ersten Mal sehen konnten, bezeichneten ihre Beziehung zum Kind als „sehr intensiv". Konnten sie ihr Kind erst kurz nach der Geburt, d.h. noch am selben Tag sehen, waren es bereits 29,4% (n=10). Zudem empfanden mit 14,3% (n=2) deutlich mehr Väter, die ihr Kind bei der Geburt zum ersten Mal sahen, ihre Beziehung zum Kind als „mäßig" als die Väter, die ihr Kind erst später sehen konnten.

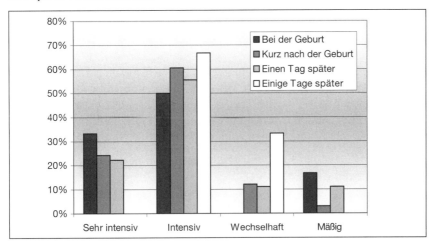

Abb. 6: Beziehung zum Kind in Abhängigkeit zum Zeitpunkt der ersten Berührung bei Vätern frühgeborener Kinder

Beim Zeitpunkt der ersten Berührung beschrieben die Väter frühgeborener Kinder, die ihr Kind früher berühren konnten, tendenziell gehäuft eine „sehr intensive" Beziehung zum Kind. Fand der Kontakt bereits bei der Geburt statt, waren es 33,3%, kurz nach der Geburt 24,2%, einen Tag später 22,2% und einige Tage später keiner mehr.

Möglicherweise kann durch die körperliche Nähe zum frühgeborenen Kind der Schock aufgrund des kindlichen Aussehens kompensiert werden. Dafür spricht auch, dass ein angenehmes Gefühl bei der ersten Berührung vermehrt zu intensiveren Beziehungen führt, negative Empfindungen dagegen nicht zwangsläufig zu schlechteren.

Bei den Vätern termingerecht geborener Kinder hat ein früher Kontakt generell positive Auswirkungen. Dennoch kann die Annahme, dass die Anwesenheit bei der Geburt und eine frühe Kontaktaufnahme mit dem Kind zu einer positiven Beziehung führt, nicht bestätigt werden, da bei den Vätern frühgeborener Kinder die Art des Kontaktes entscheidend ist.

Fragestellung generierende weitere Faktoren

Väter beider Gruppen, deren Kinder vermehrt gesundheitlichen Risiken, z.B. durch niedriges Geburtsgewicht, frühe Geburt oder Komplikationen, ausgesetzt sind, entwickeln entgegen der Hypothese eher engere Beziehungen zu ihren Kindern.

Bezüglich des Einflusses der Einstellung zur Schwangerschaft lassen sich in beiden Gruppen kaum Auffälligkeiten erkennen. Weder die Geplantheit noch das Gefühl des Vaterwerdens scheinen Auswirkungen zu haben. Lediglich eine positive erste Reaktion geht vermehrt mit einer guten Beziehung zum Kind einher.

Das Vorhandensein von ausreichenden Gesprächsmöglichkeiten mit dem Klinikpersonal hat insbesondere bei den Vätern von frühgeborenen Kindern tendenziell positiven Einfluss, während es bei den Vätern termingerecht geborener Kinder, evtl. wegen des meist nur kurzen Klinikaufenthalts, nur eine untergeordnete Rolle zu spielen scheint.

Die genannten möglichen Einflussfaktoren sollten in prospektiven Studien evaluiert werden.

Fazit und Ausblick

Im Rahmen dieser Untersuchung wurde nach Unterschieden im Aufbau der Vater-Kind-Beziehung und bezüglich der Einflussfaktoren auf diese zwischen Vätern frühgeborener und Vätern termingerecht geborener Kinder gesucht.

Es hat sich gezeigt, dass zusätzliche Belastungen im sozialen Bereich oder im Beruf negative Auswirkungen auf die Qualität der Vater-Kind-Beziehung haben können. Aus diesem Grunde sollte zukünftig über eine noch bessere Beratung bzw. über vermehrte Möglichkeiten zu Gesprächen der Väter mit Fachpersonal nachgedacht werden. Dass diese tendenziell positive Auswirkungen besitzen, wurde in der Befragung deutlich. Es ist zudem anzustreben, die Gespräche in reinen Vätergruppen stattfinden zu lassen. Der offene Austausch über die Probleme kann dabei möglicherweise eine Entlastung im sozialen und beruflichen Bereich begünstigen.

Da insbesondere die Qualität der Partnerbeziehung nach der Geburt mit der Beziehung zum Kind statistisch auffällig zusammenhängt, droht in diesem Bereich bei einer Verfestigung negativer Beziehungen eine langfristige familiäre Belastung, die im schlimmsten Fall in einer Trennung (vgl. den Beitrag zur Partnerbeziehung von Miriam Husseini in diesem Buch) enden könnte. Neben den Gesprächsangeboten für die Väter sollte daher auch genügend Raum für gemeinsame Gespräche der Partner mit professionellen Helfern gegeben werden, in denen die Ängste und Probleme innerhalb der Paarbeziehung angesprochen werden können.

Weiterhin scheint die erste Kontaktaufnahme mit dem Neugeborenen eine wichtige Rolle für den Beziehungsaufbau einzunehmen. Aus den Ergebnissen der Befragung geht hervor, dass sich ein früher Blickkontakt eher negativ, ein früher Körperkontakt dagegen eher positiv auf die Vater-Kind-Beziehung auswirken kann. Da auch negative Empfindungen bei der ersten Berührung zumindest nicht zu schlechteren Beziehungen führen, sollte man in weiteren Studien klären, ob es den Vätern möglicherweise hilft, wenn der erste Kontakt mit dem Kind nicht nur optisch erfolgt, sondern auch körperlich möglich ist.

Sicherlich wird es nicht gelingen, allen Vätern eine intensive Beziehung zu ihren Kindern zu ermöglichen. Da diese jedoch eine wichtige Ressource für die positive Entwicklung eines Kindes darstellt, sollten Unterstützungsmaßnahmen weiterhin ausgeschöpft werden.

1 Eine genaue Beschreibung der Projektstudie und des Gesamtkollektivs befinden sich im einleitenden Beitrag dieses Buches.

2 Der p-Wert wird mithilfe des Chi-Quadrat-Tests ermittelt, welcher für Kreuztabellen verwendet wird. Hierbei werden die Quadrate der Differenz zwischen den beobachteten und erwarteten Häufigkeiten durch die erwarteten Werte dividiert. Die Nullhypothese wird dann zurückgewiesen, wenn der Grenzwert 5% nicht überschreitet. In diesem Fall wäre der p-Wert signifikant. Alle Werte über 5% beruhen auf Zufall. Somit gelten die Ergebnisse mit einer Irrtumswahrscheinlichkeit von $p<0,05$ als signifikant, mit $p<0,01$ als sehr signifikant und mit $p<0,001$ als hochsignifikant.

Emilie Thomas

Wohlbefinden und Resilienz bei Vätern frühgeborener Kinder

Die Frühgeburt eines Kindes geht in der Regel mit einer Reihe von hohen emotionalen und organisatorischen Belastungen für die Eltern und ihr soziales Umfeld einher. Die vorliegende Untersuchung geht der Frage nach, welche Auswirkungen mögliche Belastungsfaktoren auf das allgemeine Wohlbefinden des Vaters haben.

Schwerpunkt dieser Analyse bildet die Untersuchung der verschiedenen Lebensbedingungen, die sich stabilisierend wie auch destabilisierend auf das väterliche Wohlbefinden auswirken können. Es wird der Frage nachgegangen, welche objektiven Faktoren die Zufriedenheit und das Belastungserleben positiv bzw. negativ beeinflussen.

Theoretische Grundlagen zum Begriff „Wohlbefinden"

Heutzutage gilt das menschliche Wohlbefinden als wichtiger Teil der Gesundheit. Gesundheit wird von der WHO als Zustand vollkommenen körperlichen, seelischen und sozialen Wohlbefindens und nicht bloß als die Abwesenheit von Krankheit und Gebrechen beschrieben (vgl. http://www.sgipt.org/gipt/krabeg0.htm#7, 2004). Wohlbefinden kann ohne zeitweiliges Vorhandensein eines negativen Zustandes nicht existieren.

Eine konkrete Definition des Wohlbefindens erweist sich als schwierig, da viele Konstrukte, wie die des Glücks, der Lebenszufriedenheit, der Lebensqualität usw., eng mit dem Begriff des Wohlbefindens verknüpft sind. Das Wohlbefinden entspringt aus subjektiven Einschätzungen, drückt sich aber auch in objektiven Variablen aus.

Becker (1994) schlägt die Unterteilung des subjektiven Wohlbefindens in das aktuelle und das habituelle Wohlbefinden vor: Die augenblickliche Befindlichkeit wird als „aktuelles Wohlbefinden" beschrieben, dagegen ist „habituelles Wohlbefinden" eine relativ stabile Eigenschaft. Der Unterschied zwischen Wohlbefinden als Zustand (aktuelles Wohlbefinden) und als Disposition (habituelles Wohlbefinden) soll hier kurz beleuchtet werden.

❏ *Aktuelles Wohlbefinden* ist ein Oberbegriff und charakterisiert das momentane Erleben eines Menschen. Dieser Begriff umfasst das Fehlen von Beschwerden sowie positiv getönte Gefühle, Stimmungen und körperliche Empfindungen einer Person. Gefühle sind im Allgemeinen von kurzer Dauer und beziehen sich in der Regel auf bestimmte Situationen, Personen oder Erlebnisse. Stimmungen dagegen sind länger anhaltend und meist schwächerer Intensität. „Wohlbefinden im Sinne einer Stimmung wäre mit dem Konzept der ‚positiven Stimmung' gleichzusetzen" (Abele u.a. 1994, 14).

❏ *Habituelles Wohlbefinden* ist das für eine Person typische Wohlbefinden und lässt sich als relativ stabile Eigenschaft bezeichnen. „Habituelles Wohlbefinden scheint Ausdruck eines ‚gelungenen' Lebens bzw. der Fähigkeit zur ausgewogenen Bewältigung externer und interner Anforderungen zu sein" (vgl. Becker & Minsel 1986, zit. nach Abele u.a. 1994, 43).

Familienrelevante Faktoren und deren Einfluss auf das Wohlbefinden

Im folgenden Abschnitt wird auf Rahmenbedingungen und Ressourcen hingewiesen, die für die Familie im Mittelpunkt stehen. Einzelne Bereiche wie z.B. innerfamiliäre Faktoren können sich entweder stabilisierend oder destabilisierend auf das Wohlbefinden der Familie bzw. eines einzelnen Familienmitglieds auswirken. Nicht jeder Faktor wird als Ressource in einer Krise erkannt und somit genutzt. In diesem Zusammenhang soll betont werden, dass große Belastungen nicht automatisch zu Störungen des Wohlbefindens führen müssen. Viel entscheidender ist nach einer Studie von Brücker (1994, zit. nach Bucher 2003, 27f.), wie diese Belastungen verarbeitet werden.

Man unterscheidet zwischen inneren und äußeren Ressourcen, die das Wohlbefinden beeinflussen. Innere Ressourcen können beispielsweise die Art und Weise sein, wie innerhalb der Familie mit Konflikten umgegangen wird, oder aber der allgemeine Interaktionsstil im Familiensystem. Auch spielt hier die Beziehungsqualität eine wichtige Rolle. Familienunterstützende Angebote, ein unterstützendes Sozialnetz sind dagegen äußere Ressourcen, die zum Wohlbefinden beitragen können.

Partnerschaft

Der innerfamiliäre Faktor der Partnerschaft spielt eine entscheidende Rolle für das Wohlbefinden, da er die größte Belastungsquelle darstellt. 1995 wurde in einer Studie von Bodenmann (zit. nach Bucher 2003, 34) herausgestellt, dass die Zufriedenheit innerhalb der Partnerschaft sehr stark mit der

Belastungsempfindung innerhalb dieser zusammenhängt. Glückliche, zufriedene Paare fühlen sich weniger belastet als unzufriedene Paare.

In einer Partnerschaft geht es im Prinzip um das gegenseitige Geben und Nehmen, so dass beide Partner das Gefühl haben, dass ihre jeweiligen Bedürfnisse befriedigt werden. Hier spielen die subjektive Werthaltung der jeweiligen Partner und die individuellen situationsabhängigen Variablen eine zentrale Rolle. Anhand dieser können Aussagen darüber gemacht werden, ob der Prozess des gegenseitigen Gebens und Nehmens funktioniert. Dieses Prinzip wird in der Forschung als „Soziale-Austausch-Theorie" (Exchange Theory) bezeichnet.

Nach Acock und Demo (1994, zit. nach Bucher 2003, 29f.) verfügen Menschen, die in einer (intakten) Partnerschaft leben, über ein höheres Wohlbefinden als solche, die partnerschaftliche Probleme haben. Diese These leiten sie von einer Theorie ab, die besagt, dass eine Person, die zum Wohlbefinden ihrer Familie beiträgt, mehr von den anderen für ihr persönliches Wohlbefinden erwarten kann (vgl. ebd.).

Nicht nur das gegenseitige Nehmen und Geben spielt eine große Rolle innerhalb der Beziehungsqualität, sondern auch die Verteilung von Familien- und Erwerbsarbeit. Um eine für beide Partner zufrieden stellende Arbeitsaufteilung zu erlangen, muss die Partnerschaft ein hohes Maß an Beziehungsqualität aufweisen. Heutzutage steht nicht mehr ausschließlich die traditionelle Rollenaufteilung im Vordergrund, bei der die Frau sich um Hausarbeit und Kindererziehung kümmert, sondern in zunehmendem Maß die egalitäre Rollenaufteilung (vgl. Bucher 2003, 35ff.).

Insgesamt kann gesagt werden, dass die partnerschaftliche Zufriedenheit mit dem Wohlbefinden korreliert, was eine Ressource in kritischen Lebenssituationen darstellen kann.

Wohn- und soziales Umfeld

Nach Walden (zit. nach Bucher 2003, 57) verbringt der Mensch pro Tag durchschnittlich 17 Stunden in seiner Wohnung. Demnach sind für das Wohlbefinden sowohl das Wohnumfeld als auch die Wohnung selbst von großer Bedeutung.

Um das Wohlbefinden innerhalb der Wohnung zu gewährleisten, hat jeder Mensch individuelle Ansprüche. Sowohl Schutz, Sicherheit, Vertrautheit, Ästhetik wie auch Ordnung, Funktionalität, soziale Bedürfnisse nach Zusammensein und Zusammenzugehörigkeit können hierfür Kriterien darstellen. Die Erfüllung dieser Ansprüche evoziert das Gefühl der Privatsphäre und des „Sich-zu-Hause-Fühlens" (vgl. Bucher 2003, 59).

Ungünstige Wohnbedingungen beeinträchtigen nicht nur das Wohlbefinden und die Wohnzufriedenheit, sondern es können auch psychische (beispielsweise durch zu wenig oder fehlende Privatsphäre) und/oder physische (beispielsweise durch Umweltstressoren wie Lärmbelästigung) Belastungen entstehen, die das Wohlbefinden beeinträchtigen (vgl. Bucher 2003, 61).

Nicht zu vernachlässigen sind auch Nachbarn, Verwandte, Bekannte und Freunde, die das Bedürfnis nach sozialem Kontakt erfüllen und somit die Wohnumgebung stark beeinflussen. Eine gute Nachbarschaft hat eine positive Wirkung auf das Wohlbefinden, da z.B. Nachbarschaftshilfe durchaus entlastend und stresslindernd sein kann (vgl. Bucher 2003, 63f.).

Finanzielle Situation

Die finanzielle Absicherung spielt für das menschliche Wohlbefinden eine nicht zu unterschätzende Rolle. In der Familienplanung stellt eine stabile finanzielle Lage durchaus eine Stressminderung dar, die Organisation der Betreuung der Kinder durch Fremde wird erleichtert und materielle Anschaffungen, die im Übergang zur Elternschaft anstehen, sind möglich. In der Regel wird durch die Geburt eines Kindes die finanzielle Situation der Eltern verschlechtert (vgl. Bucher 2003, 67f.).

Eine Verschlechterung der finanziellen Situation muss sich nicht immer negativ auf das menschliche Wohlbefinden auswirken. Dabei spielt die subjektive Bewertung der finanziellen Situation eine ausschlaggebende Rolle. Einer amerikanischen Studie zufolge wirkt sich die subjektive Einschätzung des eigenen Familieneinkommens wesentlich auf das Wohlbefinden aus: „Je kleiner die Personen ihr Familieneinkommen einschätzen, desto geringer war auch ihr Wohlbefinden" (Elder, Eccles, Ardelt & Lord 1995, zit. nach Bucher 2003, 69).

Ein unzureichendes Familieneinkommen kann zu familieninternen Spannungen führen, da gewisse (materielle) Wünsche in der Partnerschaft nicht erfüllt werden, die sonst eine harmonisierende Wirkung haben würden. Häufig ist die Thematik der Finanzen in Partnerschaften Anlass zu Konflikten, da nicht nur materielle Wünsche unerfüllt bleiben, sondern auch die Wohnsituation oder die Freizeitangebote nicht angemessen gestaltet werden können.

Eng verbunden mit der finanziellen Situation ist auch die berufliche Zufriedenheit. Kritisch ist das Wohlbefinden in Familien, in denen Erwerbslosigkeit vorherrscht. Häfner (vgl. 1990, zit. nach Bucher 2003, 69f.) stellt fest, dass es Zusammenhänge zwischen der Erwerbslosigkeit und dem physischen und psychischem Wohlbefinden gibt.

Resilienz

Unter „Resilienz" versteht man die Fähigkeit von Individuen oder Systemen (z.B. Familien), erfolgreich mit belastenden Situationen umzugehen.

Der Begriff der Resilienz stammt aus dem Englischen und beschreibt die Fähigkeit einer Substanz oder eines Gegenstandes, in die vorherige Form zurückzukehren.

Im psychosozialen Kontext handelt es sich um die psychische Widerstandfähigkeit und die Fähigkeit, schwierige und widrige Lebensumstände sowie Not und Traumata zu überwinden. Die Anpassung der Menschen an solche Situationen wird durch die Wechselwirkung von bestehenden Risikofaktoren, belastenden Lebensereignissen und protektiven Faktoren beeinflusst.

Resilienz kann zu jedem Zeitpunkt im Leben entwickelt werden und dazu beitragen, auch in schwierigen Lebenssituationen Lösungswege zu finden. Resilienz wird am einfachsten in den ersten zehn Lebensjahren erlernt. Doch auch im Erwachsenenalter kann die Widerstandsfähigkeit geschult werden (vgl. Nuber 1999, 23). Nuber (vgl. ebd., 23ff.) stellt die typischen Merkmale resilienter Menschen heraus:

❏ Resiliente Menschen akzeptieren die Krise und die damit verbundenen Gefühle.

❏ Resiliente Menschen suchen nach Lösungen.

❏ Resiliente Menschen lösen ihre Probleme nicht allein.

❏ Resiliente Menschen fühlen sich nicht als Opfer.

❏ Resiliente Menschen bleiben optimistisch.

❏ Resiliente Menschen geben sich nicht selbst die Schuld.

❏ Resiliente Menschen planen voraus.

Diese Merkmale, die die Resilienz bestimmen, sind sehr wichtig für die psychische und physische Gesundheit des Menschen. Ein Mensch, der in eine schwere Lebenskrise gerät und keine Ausdauer und Widerstandfähigkeit hat, wird mit hoher Wahrscheinlichkeit physisch und/oder psychisch krank. Menschen benötigen die Fähigkeit der Resilienz nicht nur in Krisensituationen, sondern sie ist auch eine wichtige Unterstützung gegen die zunehmenden alltäglichen Stressoren.

Schwere Lebenskrisen, wie die zu frühe Geburt eines Kindes, bewirken zunächst ein Gefühl der Leere und Hilflosigkeit bei den Betroffenen. Entwickeln sie nicht rechtzeitig Widerstandskraft, Stärke und Energie, die sie in der ausweglos erscheinenden Situation positiv stärken, so laufen sie Gefahr, ihren Lebensmut und somit Halt, Stabilität und Normalität in ihrem Leben zu verlieren. Ein resilienter Mensch hat die Fähigkeit, sich den neuen Lebensverhältnissen anzupassen, ohne dabei die Kraft und den Mut zu verlieren (vgl. Nuber 1999, 22).

Der Familientherapeut H. Norman Wright vergleicht einen resilienten Menschen mit einem Boxer, der im Ring zu Boden fällt, anschließend ausgezählt wird, wieder aufsteht und danach seine Taktik von Grund auf verändert. Wäre dieser nicht resilient, würde er seine Kampftaktik nicht ändern und sich aufs Neue niederschlagen lassen (vgl. Nuber 1999, 23).

Ergebnisse der Untersuchung zum Wohlbefinden bei Vätern frühgeborener Kinder

Leitfragen der Untersuchung

Folgende Hypothesen sollen überprüft werden:

1. Je besser die Partnerschaftsqualität ist, desto höher ist das Wohlbefinden des Vaters.

2. Wenn ein Vater über ein gutes Wohn- und soziales Umfeld verfügt und dieses als Ressource nutzt, wirkt es sich stabilisierend auf sein Befinden aus.

3. Je besser die finanzielle Situation ist, die mit einer beruflichen Zufriedenheit einhergeht, desto positiver wirkt sich dies auf das Befinden des Vaters aus.

4. Je resilienter ein Vater ist, desto höher schätzt er sein subjektives Wohlbefinden ein.

Teilnehmer der Untersuchung

Diese Untersuchung beschränkt sich auf den dritten Erhebungszeitraum (T3), ein Jahr nach der Entlassung des Kindes aus der Klinik[1]. Berücksichtigt werden alle Väter frühgeborener Kinder, die an allen drei Befragungen teilgenommen haben.

Es ergibt sich eine Stichprobe von insgesamt 40 Probanden. Davon sind 31 (77,5%) Väter frühgeborener Einlinge, 9 (22,5%) Väter frühgeborener Mehrlinge.

Das Wohlbefinden der Väter frühgeborener Kinder ein Jahr nach der Entlassung des Kindes

Für diese Untersuchung wurden die Väter in zwei Gruppen aufgeteilt. Zur ersten Gruppe zählen alle Väter, denen es in ihrer gegenwärtigen Gesamtsituation gut geht („Wohlbefinden") und zur zweiten Gruppe die Väter, die ihrer Gesamtsituation eher als problematisch darstellen („kein Wohlbefinden"). Die beiden Vätergruppen werden im Laufe der Auswertung miteinander verglichen und im Folgenden verkürzt als „Väter mit Wohlbefinden" und „Väter ohne Wohlbefinden" bezeichnet.

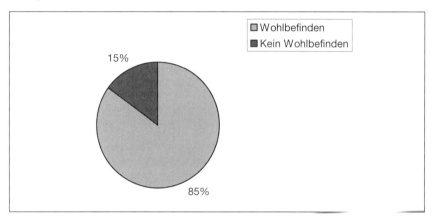

Abb. 1: Wohlbefinden von Vätern frühgeborener Kinder ein Jahr nach der Entlassung des Kindes

Einflussfaktoren auf das väterliche Wohlbefinden nach einer Frühgeburt

Partnerschaft

Auf die Frage nach der Beschreibung der gegenwärtigen Gesamtsituation der Partnerin gaben 3,8% der Väter mit Wohlbefinden an, dass es ihrer Partnerin „sehr gut" gehe, 39,6% gaben an, es gehe ihr „gut", 15,1% sagten, sie sei „ausgeglichen", 30,2% berichteten, dass die Partnerin „zufrieden" sei, und 11,3% gaben an, ihre Partnerin habe „einige Probleme".

Im direkten Vergleich beider Gruppen zeigt sich, dass bezüglich der Beschreibung der Gesamtsituation der Mutter keiner der Väter ohne Wohlbefinden die Gesamtsituation der Partnerin als „sehr gut" oder „gut" bezeichnete. 16,7% der Väter ohne Wohlbefinden bezeichneten den Gemütszustand ihrer Partnerin als „ausgeglichen". Dass die Partnerin „zufrieden" sei, gaben 16,7% der Väter ohne Wohlbefinden an. Auffallend ist, dass 50,0% der Väter ohne Wohlbefinden berichteten, dass bei ihrer Partnerin „einige Probleme" vorhanden seien. 16,7% gaben an, die Partnerin habe „viele Probleme".

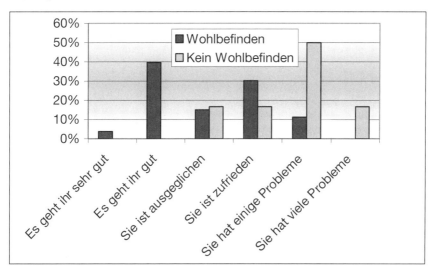

Abb. 2: Gegenwärtige Gesamtsituation der Partnerin in Abhängigkeit vom Wohlbefinden des Vaters

Die Mehrzahl der Partnerinnen der Väter mit Wohlbefinden hatte keine gesundheitlichen Probleme (93,3%), dagegen litt eine nicht zu unterschätzende Anzahl der Partnerinnen der Väter ohne Wohlbefinden unter gesundheitlichen Problemen bzw. Komplikationen (66,7%).

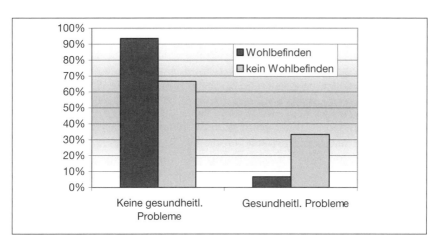

Abb. 3: Gesundheitliche Probleme der Partnerin in Abhängigkeit vom Wohlbefinden des Vaters

Bezüglich der Einschätzung der Partnerschaftsqualität und dem Wohlbefinden des Vaters scheint jedoch kein Zusammenhang zu bestehen.

Wohn- und soziales Umfeld

Die Mehrheit der Väter mit Wohlbefinden (73,5%) gab an, durch ihre jetzige Situation neue Kontakte aufgebaut zu haben. Nur 26,5% verneinten die Frage. Bei dieser Frage zeigen sich auffällige Unterschiede zwischen beiden Vätergruppen. Im Gegensatz zu den Vätern mit Wohlbefinden gab die Mehrheit der Väter ohne Wohlbefinden an, keine neuen Kontakte durch ihre jetzige Situation geknüpft zu haben. Eine Minderheit von 33,3% berichtete davon, neue Kontakte durch ihre Situation aufgebaut zu haben.

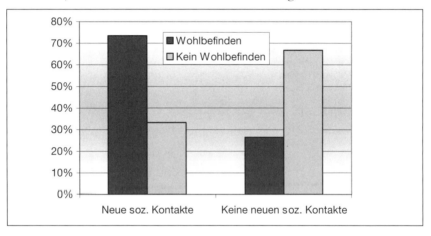

Abb. 4: Aufbau neuer sozialer Kontakte in Abhängigkeit vom Wohlbefinden des Vaters

Bezüglich des Kontakts zu bestehenden Freunden und Bekannten sind jedoch keine weiteren Auffälligkeiten zu erkennen.

Finanzielle und berufliche Situation

Von den Vätern mit Wohlbefinden antworteten auf die Frage nach der Zufriedenheit mit der aktuellen beruflichen Situation 5,9%, dass sie „sehr zufrieden" seien, 50,0% gaben „zufrieden" an, 38,2% bezeichneten ihre Zufriedenheit als „wechselhaft" und jeweils 2,9% geben „mäßig" bzw. „unzufrieden" an.

Auffällige Unterschiede zeigten sich in den Angaben der Väter ohne Wohlbefinden. 33,3% waren zufrieden mit ihrer beruflichen Situation, dagegen empfanden 50,0% die Situation als „mäßig" und 16,7% gaben „unzufrieden" an.

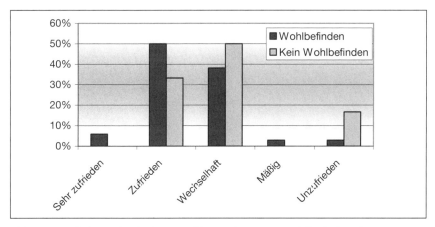

Abb. 5: Berufliche Zufriedenheit in Abhängigkeit vom Wohlbefinden des Vaters

Die Väter wurden gefragt, ob sie eine berufliche Veränderung planen. Von den Vätern mit Wohlbefinden verneinten 70,6% diese Frage. 14,7% berichteten von der Planung einer beruflichen Veränderung, um sich zu verbessern, 2,9%, weil sie Elternzeit nehmen möchten, 8,8%, weil berufliche Probleme bestehen, und 2,9% bejahten die Frage ohne Angabe von Gründen.

Bei den Vätern ohne Wohlbefinden planten 80,0% keine berufliche Veränderung. 20,0% teilten mit, dass sie eine berufliche Veränderung planen, weil sie sich verbessern möchten.

Auf die Frage nach der finanziellen Situation gaben von den Vätern mit Wohlbefinden 30,3% ein monatliches Nettofamilieneinkommen von 1501

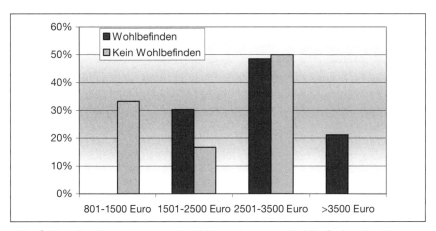

Abb. 6: Nettofamilieneinkommen in Abhängigkeit vom Wohlbefinden des Vaters

bis 2500 € an, 48,5% ein Nettofamilieneinkommen von 2501 bis 3500 € und 21,2% gaben über 3501 € an.

Die Angaben der Väter ohne Wohlbefinden unterschieden sich von denen der Väter mit Wohlbefinden. Hier gaben 33,3% ein monatliches Nettofamilieneinkommen von 801 bis 1500 € an, 16,7% gaben 1501 bis 2500 € an und 50,0% ein Einkommen von monatlich 2501 bis 3500 €.

Resilienz

Menschen, die trotz der schwierigen Lebenssituation der Frühgeburt eine psychische Widerstandsfähigkeit aufweisen und den Umgang mit der Situation meistern, können als resiliente Menschen bezeichnet werden.

In Bezug auf die Stressbelastung zeigt sich ein auffälliger Unterschied zwischen beiden Gruppen. Bei der Gruppe der Väter mit Wohlbefinden fühlten sich 47,1% stressbelastet, die Mehrheit von 52,9% dagegen nicht. Bei der Vätergruppe ohne Wohlbefinden berichteten 100% davon, dass sie sich durch die augenblickliche Lebenssituation stressbelastet fühlen.

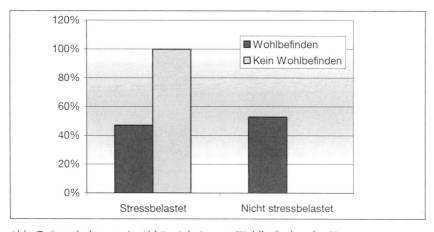

Abb. 7: Stressbelastung in Abhängigkeit vom Wohlbefinden des Vaters

Eine weitere Fragestellung zielt darauf ab, wie die jeweiligen Vätergruppen speziell mit diesem Stressfaktor umgehen.

Von den Vätern mit Wohlbefinden berichteten 3,8%, dass sie den Stress verdrängen, 7,7% gaben an, den Stress in sich hineinzufressen, jeweils 3,8% suchten Gesprächspartner im Freundeskreis bzw. in der Familie und 11,5% suchten das Gespräch mit ihrer Partnerin. 3,8% der Väter mit Wohlbefinden nahmen professionelle Hilfe in Anspruch, 11,5% suchten dagegen körperlichen Ausgleich, 7,7% traten beruflich kürzer, 15,4% antworteten „Sonstiges", 7,7% versuchten die Umstände zu ändern und eine Mehrheit von 23,1% versuchten die Umstände zu akzeptieren.

Die Mehrheit der Väter ohne Wohlbefinden (25,0%) gab an, den durch die augenblickliche Lebenssituation entstandenen Stress zu verdrängen. Jeweils 12,5% gaben an, den Stress in sich hineinzufressen, suchten professionelle Hilfe, körperlichen Ausgleich, versuchten die Umstände zu ändern oder die Situation zu akzeptieren. 12,5% antworteten mit „Sonstiges".

Ein sehr wichtiges Merkmal resilienter Menschen ist, dass sie sich selbst nicht die Schuld an der krisenhaften Situation geben. Aus diesem Grunde wurde in der Stichprobe auch nach diesem Zusammenhang gefragt. Es stellte sich heraus, dass keiner der befragten Väter Schuldgefühle bezüglich der Frühgeburt hatte.

23,3% der Väter mit Wohlbefinden bejahten die Frage, ob ihr Kind Phasen habe, in denen es ohne erkennbaren Grund schreit und sich nur schwer wieder beruhigen lässt, doch eine Mehrheit von 76,7% berichtete, dass solche Phasen nicht auftreten.

Auffällige Unterschiede zeigten sich in den Antworten der Väter ohne Wohlbefinden. Aus dieser Gruppe gab die Mehrheit der Väter (85,7%) an, dass solche Phasen auftreten, und nur 14,3% berichteten, davon nicht betroffen zu sein.

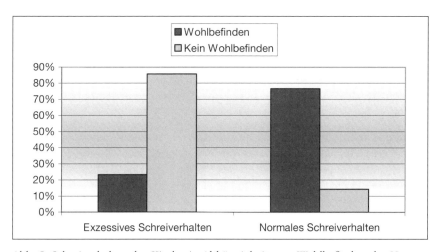

Abb. 8: Schreiverhalten des Kindes in Abhängigkeit vom Wohlbefinden des Vaters

Den Vätern wurde weiterhin die Frage gestellt, ob ihr Kind eine Entwicklungsverzögerung bzw. Behinderung habe. Die Mehrheit der Väter mit Wohlbefinden (70,7%) verneinten die Frage. 19,5% berichteten von einer motorischen Entwicklungsverzögerung, jeweils 2,4% gaben eine geistige Entwicklungsverzögerung bzw. eine Sehbehinderung an und 4,9% berichteten von einer sonstigen Behinderung.

Lediglich 25,0% der Väter ohne Wohlbefinden verneinten die Frage, dagegen berichtete die Mehrheit (62,5%), ihr Kind habe eine motorische Entwicklungsstörung. Schließlich antworten 12,5% der Väter dieser Gruppe, ihr Kind habe eine Sehbehinderung.

Zusammenfassend lässt sich feststellen, dass die Väter ohne Wohlbefinden tendenziell vermehrt von Regulationsstörungen ihrer Kinder berichteten, die darin bestehen, dass sie unruhiger schlafen, häufiger schreien und sich nicht einfach beruhigen lassen. Die Mehrheit dieser Kinder weist zudem eine motorische Entwicklungsstörung auf.

Die Frage, ob die Situation der Frühgeburt generell für Väter eine Belastung darstellt, bejahte die Mehrheit der Väter mit Wohlbefinden (75,8%). Nur 24,2% waren der Meinung, die Situation der Frühgeburt stelle keine Belastung dar.

Bei den Vätern ohne Wohlbefinden waren alle (100%) der Meinung, dass die Frühgeburt generell eine Belastung darstellt.

Fazit und Ausblick

Bezüglich der Partnerschaft hat sich gezeigt, dass die Einschätzung der Partnerschaftsqualität keinen Einfluss auf das Befinden des Vaters hat. Daher kann die erste Hypothese, die besagt, dass das Wohlbefinden des Vaters umso höher ist, je besser die partnerschaftliche Qualität ist, zurückgewiesen werden. Beide Vätergruppen gaben an, dass sich ihre Partnerschaft nicht verändert habe.

Betrachtet man die Ergebnisse aus diesem Themenkomplex, kann festgehalten werden, dass sich der Gesundheitszustand der Partnerin durchaus auf das allgemeine Wohlbefinden des Vaters auswirkt. Auch die Gesamtsituation der Partnerinnen wird von den Vätern ohne Wohlbefinden tendenziell negativer dargestellt als von den Vätern mit Wohlbefinden. Daraus kann man schließen, dass sich der Gesundheitszustand der Partnerin auf das Wohlbefinden des Vaters auswirkt, im positiven wie im negativen Sinn.

Auch die zweite aufgestellte Hypothese kann nicht bestätigt werden. Verfügt ein Vater über ein gutes Wohn- und soziales Umfeld, muss sich dies nicht unbedingt auf sein Befinden auswirken. Auf beide Vätergruppen scheint die Intensität des gegenwärtigen Kontakts zu Verwandten, Freunden und Bekannten keine Auswirkung auf das Befinden zu haben.

Es wurde deutlich, dass die Väter, die sich in ihrer Situation wohl fühlen, scheinbar offener sind und somit problemlos neue Kontakte schließen können. Diese neuen Kontakte können sich als sehr hilfreich und stabilisierend erweisen, vor allem wenn es sich um Eltern in ähnlichen Lebenssituationen handelt. Mit diesen Eltern sind ein Erfahrungsaustausch und ein gegenseitiges Verständnis möglich, was in einer krisenhaften Situation von Bedeutung ist.

Dagegen wird deutlich, dass die Mehrheit der Väter ohne Wohlbefinden keine neuen Kontakte aufgebaut hat. Möglicherweise haben diese Väter genügend andere „Sorgen" und sind dementsprechend nicht für neue soziale Kontakte bereit, die in gewissem Maß mit Verpflichtungen verbunden sind.

Die aufgestellte Hypothese zur finanziellen Situation, die besagt, dass sich eine gute finanzielle Situation, die mit einer beruflichen Zufriedenheit einhergeht, positiv auf das Befinden auswirkt, konnte anhand der Auswertung bestätigt werden.

Der finanzielle Wohlstand scheint eine nicht zu unterschätzende Rolle bei der Empfindung und Beschreibung der Gesamtsituation und des Befindens zu haben. Die Väter mit Wohlbefinden stehen finanziell besser da als die Väter ohne Wohlbefinden. 33,3% der Väter ohne Wohlbefinden haben ein relativ geringes Einkommen zur Verfügung. Bei den Vätern mit Wohlbefinden gaben dagegen 21,2% die Höchstgrenze an, so dass sich diese Väter über eventuell eintretende finanzielle Engpässe keine Gedanken machen müssen.

Auch scheint sich die Zufriedenheit mit der aktuellen beruflichen Situation durchaus auf das Befinden des Vaters auszuwirken. Bei den Vätern mit Wohlbefinden scheint die berufliche Situation keine Auswirkung auf ihr Befinden zu haben, da einige von ihnen „mäßig" und „unzufrieden" angaben und sich trotzdem in ihrer Gesamtsituation wohl fühlten. Bei den Vätern ohne Wohlbefinden könnte die Zufriedenheit mit der beruflichen Situation Auswirkungen auf ihr Befinden haben, da 50% aller Väter „wechselhaft" und 16,7% „unzufrieden" angaben. Diese berufliche Situation trägt dazu bei, dass sie ihre Gesamtsituation eher negativ einschätzen.

Die Väter ohne Wohlbefinden, die mit ihrer beruflichen Situation unzufrieden sind, scheinen keine berufliche Veränderung zu planen, die sich – wenn sie angestrebt würde – durchaus positiv auf ihr Wohlbefinden auswirken könnte. Obwohl die Hälfte aller Väter ohne Wohlbefinden auf die Frage nach der Zufriedenheit mit der aktuellen beruflichen Situation „wechselhaft" angaben, planten nur 20% eine berufliche Veränderung. Bei den Vätern mit Wohlbefinden scheint eher eine Bereitschaft vorhanden zu sein, eine berufliche Veränderung anzustreben. Sie scheinen ihre wechselhafte bzw. mäßige oder gar unzufriedene berufliche Situation ändern zu wollen, was dafür spricht, dass diese Väter ihre Probleme nicht verdrängen, sondern sich mit diesen auseinander setzen, um Veränderungen anzustreben, die sich stabilisierend auf ihr Befinden auswirken können.

Auch die vierte Hypothese, dass resiliente Väter ihr subjektives Wohlbefinden höher einschätzen als Väter, die nicht resilient sind, konnte bestätigt werden.

Zusammenfassend zu diesem umfangreichen Themenkomplex lässt sich sagen, dass die meisten Väter mit Wohlbefinden – im Gegensatz zu den Vätern ohne Wohlbefinden – versuchten, die Umstände ihrer augenblicklichen Lebenssituation zu akzeptieren und nicht zu verdrängen. Dies sind deutliche Merkmale resilienter Menschen. Außerdem suchten sie das Gespräch mit Menschen in ihrer nahen Umgebung.

Erstaunlich ist, dass keiner der befragten Väter sich oder jemand anderem die Schuld für die Frühgeburt gab. Diese Tatsache stellt ein wesentliches Merkmal eines resilienten Menschen dar.

Über die Gesamtsituation des Kindes berichteten beide Vätergruppen, dass diese im Allgemeinen gut ist. Dennoch zeigten sich im Laufe der Auswertung Differenzen, als nach bestimmten Verhaltensweisen der Kinder gefragt wurde. Die Kinder der Väter ohne Wohlbefinden haben häufiger Phasen, in denen sie ohne erkennbaren Grund schreien und sich schwer beruhigen lassen, als die Kinder der Väter mit Wohlbefinden.

Ein auffälliger Unterschied zeigte sich auch bei der Frage nach einer eventuellen Entwicklungsverzögerung bzw. Behinderung. Die meisten Kinder der Väter ohne Wohlbefinden hatten eine motorische Entwicklungsstörung. Auch die Kinder der Väter mit Wohlbefinden wiesen Entwicklungsstörungen oder Behinderungen auf, doch lässt sich vermuten, dass sich die Entwicklungsverzögerung bzw. Behinderung nicht auf das Befinden der Väter auswirkt. Vermutlich liegt dies darin begründet, dass sich diese Väter mit ihrer Situation auseinander gesetzt und gelernt haben, die Umstände zu akzeptieren. Die Mehrheit der Väter ohne Wohlbefinden berichtete über ein stressiges, forderndes und belastendes vergangenes Jahr.

Beide Vätergruppen gaben mehrheitlich an, dass die Frühgeburt eine Belastung darstelle, doch scheinen diese Vätergruppen unterschiedlich damit umzugehen. Die Frühgeburt mit den Folgen, die ein Jahr nach der Geburt des Kindes noch zu spüren sind, scheint ein wichtiges Kriterium für das fehlende Wohlbefinden bei diesen Vätern zu sein. Die kindlichen Einflussfaktoren im Zusammenhang mit der Frühgeburt scheinen also eine nicht zu unterschätzende Rolle für das väterliche Befinden zu spielen.

Aufgrund der geringen Anzahl an untersuchten Väter ohne Wohlbefinden empfiehlt es sich, weitere Untersuchungen durchzuführen, um ein repräsentatives Ergebnis zu erhalten.

---

[1] Eine genaue Beschreibung der Projektstudie sowie des gesamten Datensatzes befindet sich im einleitenden Beitrag dieses Buches.

Norbert Müller-Fehling

Sozialmedizinische Nachsorgemaßnahmen – eine Leistung auch für Familien mit einem frühgeborenen Kind

Mit der Einführung des § 43 Absatz 2 SGB V – durch das am 1. Januar 2004 in Kraft getretene Gesundheitsmodernisierungsgesetz (GMG) – wurde die Möglichkeit der sozialmedizinischen Nachsorge für schwerstkranke und schwerstbehinderte Kinder geschaffen.

Bei chronisch kranken und schwerstkranken Kindern erweist sich die häusliche Versorgungssituation nach der Entlassung aus der stationären akuten Versorgung oder einer Rehabilitationseinrichtung oft als sehr schwierig. Eltern und Betreuungspersonen sind mit der Versorgungssituation im häuslichen Bereich häufig überfordert. In diesen Fällen kann die sozialmedizinische Nachsorge als Hilfe zur Selbsthilfe unterstützend wirken, indem sie eine sektorenübergreifende Funktion einnimmt, die sich in Art, Umfang und Dauer an der Schwere der Erkrankung und am Interventions- und Unterstützungsbedarf des Kindes orientiert. Durch die im Einzelfall erforderliche Koordinierung der verordneten medizinischen Leistungen sowie die Anleitung und Motivierung zur Inanspruchnahme soll der stationäre Aufenthalt verkürzt oder durch die Sicherung der ambulanten Behandlung eine erneute stationäre Aufnahme vermieden werden.

Anspruchsberechtigt sind chronisch kranke oder schwerstkranke Kinder, die bei Beginn der Nachsorge das 12. Lebensjahr noch nicht vollendet haben und bei einer gesetzlichen Krankenkasse versichert sind. Sozialmedizinische Nachsorge kann nur verordnet werden im unmittelbaren Anschluss an die stationäre Krankenhausbehandlung oder an die stationäre Rehabilitation und wenn die Nachsorge wegen Art, Schwere und Dauer der Erkrankung notwendig ist, um stationäre Aufenthalte und verkürzen oder eine anschließende ambulante ärztliche Behandlung zu sichern. Die Indikation für die Inanspruchnahme der Leistung ergibt sich aus einer Kombination von schweren Beeinträchtigungen sowie einem daraus resultierenden aufwendigen medizinischen Versorgungsbedarf, der besondere Anforderungen an die Betreuungspersonen stellt.

Zum Personenkreis gehören z.B. transplantierte Kinder, Kinder mit Anfallsleiden oder Kinder mit Schädel-Hirn-Verletzungen. Ihr gesundheitlicher Status ist gekennzeichnet durch eine kontinuierliche Überwachung und Unterstützung ihrer Vitalfunktionen, z.B. durch Sauerstoffpflichtigkeit, Sondenernährung oder Monitorüberwachung. Frühgeborene Kinder mit einem entsprechenden Unterstützungsbedarf gehören ausdrücklich zu diesem Personenkreis. Eine weitere Indikation stellt das so genannte Finalstadium einer Erkrankung dar. Voraussetzung ist eine Kombination von schweren Beeinträchtigungen der Funktionsfähigkeit nach ICF (Schädigung und Beeinträchtigung der altersentsprechenden Aktivitäten/Teilhabe) sowie die Notwendigkeit einer umfassenden und eingreifenden Unterstützung der Familie.

Die sozialmedizinische Nachsorge umfasst die Analyse des Versorgungsbedarfs bereits während des stationären Aufenthaltes, ein Entlassungsmanagement, die Planung und Organisation der häuslichen Versorgungssituation sowie die Erstellung und Kommunikation eines Planes für Krisensituationen medizinischer und psychosozialer Natur. Nach der Entlassung steht die Organisation und Koordination der notwendigen ambulanten ärztlichen, medizinisch-therapeutischen, medizinisch-technischen und pflegerischen Versorgung sowie die Anleitung, Unterstützung und Orientierung der Eltern im Vordergrund. Dazu gehören

❑ die Förderung des Krankheitsverständnisses,

❑ Motivierung und Unterstützung bei der Bewältigung alltagsbezogener Anforderungen,

❑ Vermittlung weiterführender Hilfen, z.B. Frühförderstellen, SPZ, Selbsthilfegruppen, Krankenpflegedienste usw.,

❑ Hilfe beim Abbau von Ängsten im Zusammenhang mit der Versorgung,

❑ Ermutigung der Eltern zu selbstständigen Aktivitäten,

❑ Anleitung und Ermutigung des Kindes zur Selbstversorgung,

❑ Begleitung der Eltern bei Ängsten oder Verständigungsproblemen.

Die sozialmedizinische Nachsorge umfasst in der Regel maximal 20 Nachsorgeeinheiten à 60 Minuten. In begründeten Ausnahmefällen können weitere 10 Nachsorgeeinheiten verordnet werden. Verordnungsberechtigt für die Erst- und Folgeverordnung sind der behandelnde Arzt im Krankenhaus, der behandelnde Arzt einer stationären Rehabilitationseinrichtung sowie der behandelnde Vertragsarzt. Die Erstverordnung der sozialmedizinischen Nachsorge erfolgt in der Regel während der stationären Behandlung/Rehabilitation oder im Einzelfall noch innerhalb von 14 Tagen nach Entlassung aus der Einrichtung. Eine Verordnung kann längstens innerhalb einer Frist von bis zu sechs Wochen nach Abschluss der stationären Behandlung erfolgen.

Die Spitzenverbände der Krankenkassen haben sich auf die Rahmenverein-barung nach § 43 Abs. 2 SGB V verständigt und die Voraussetzungen, Inhal-te und die Qualität dieser Nachsorgemaßnahmen definiert. Darüber hinaus wurden gemäß § 132 c SGB V Empfehlungen zu den Anforderungen an die Leistungserbringer sozialmedizinischer Nachsorgemaßnahmen verabschie-det. Die Rahmenvereinbarung, die Leistungsvoraussetzungen, der Diagno-seschlüssel und die Empfehlungen für die Anforderungen an Leistungser-bringer sind auf der Internetseite www.vdak-aev.de/Sozialmedizinische Nachsorge.htm als Download zu finden.

Zur Leistungserbringung sozialmedizinischer Nachsorgemaßnahmen muss die Zusammenarbeit eines interdisziplinären Nachsorgeteams sowie die Kooperation mit den entlassenden stationären Einrichtungen sichergestellt sein. Die personelle Besetzung richtet sich nach dem Einzugsgebiet und der zu versorgenden Zielgruppe. Mindeststandard ist eine vollzeitbeschäftigte Mitarbeiterin aus den folgenden Berufsgruppen:

❏ Kinderkrankenschwester, Kinderkrankenpflegerin

❏ Diplom-Sozialarbeiterin, Diplom-Pädagogin, Diplom-Psychologin

❏ Fachärztin, Facharzt für Kinder- und Jugendmedizin

Für Teammitglieder, die nicht in der Einrichtung beschäftigt sind, sind Honorar- oder Kooperationsverträge nachzuweisen. Die Leitung der sozial-medizinischen Nachsorgeeinrichtung muss eine Vollzeitkraft übernehmen.

Sozialmedizinische Nachsorgeeinrichtungen können eigenständig oder als Bestandteil anderer Dienste, z.B. Krankenhaussozialdienste, Frühförderstel-len, Kinderkrankenpflegedienste, Familienentlastende Dienste, Familienbe-ratungsstellen, geführt werden.

Die Leistungen der Gesetzlichen Krankenversicherung sind unmittelbar an einen stationären Aufenthalt gebunden und zurzeit auf maximal 30 Stunden pro Fall beschränkt. Sie sind also nicht beliebig auszuweiten. Die Vergütung soll über Fachleistungsstunden erfolgen.

Zurzeit existieren erst wenige Dienste zur Erbringung von Leistungen zur sozialmedizinischen Nachsorge. Nachdem die Spitzenverbände der Kran-kenkassen die Rahmenempfehlung und die Empfehlung zu den Anforde-rungen zur Leistungserbringung zum 01. Juli 2005 in Kraft gesetzt haben, gilt es nun, ein flächendeckendes Netz von Einrichtungen und Diensten aufzubauen. Aus fachlicher Sicht und aufgrund der leistungsrechtlichen Anforderungen ist ein interdisziplinäres Team erforderlich. Um langfristig durch eine angemessene Auslastung eine Finanzierung durch Leistungsent-gelte zu ermöglichen, müssen entweder hohe Fallzahlen erreicht werden oder die sozialmedizinische Nachsorge muss gemeinsam mit anderen Leistungen angeboten werden. Zu berücksichtigen ist, dass so genannte Case-Management-Aufgaben in der Familie und innerhalb eines lokalen Netzes zu erbringen sind, so dass die Einzugsbereiche, abgesehen von unangemessenen Fahrtaufwendungen, nicht beliebig ausgeweitet werden können. Als potenzielle Träger kommen Kinderkliniken, Kinderkrankenpflegedienste, Krankenhaussozialdienste, Familienunterstützende Dienste, Frühförderstellen und Sozialpädiatrische Zentren oder eigenständige sozialmedizinische Nachsorgedienste in Frage.

Literatur

ABELE, A., BECKER, P. (1994): Wohlbefinden. Theorie – Empirie – Diagnostik. 2. Aufl., Weinheim/München.

ABELS, M., BORKE, J., BRÖRING-WICHMANN, C., KELLER, H., LAMM, B. (2003): Entwicklungspsychopathologie. In: Keller, H. (Hrsg.): Handbuch der Kleinkindforschung 3. Bern.

ADLER, S., FREVERT, G., CIERPKA, M., POKORNY, D., STRACK, M. (1994): Wie wird das wohl zu dritt alles werden? Psychosozial 58, 9–24.

ALS, E. et al. (2004): Early experience alters brain function and structure. Pediatrics 113 (4), 846–857.

ARP, D., ROTH, B. (2000): Große Erfolge bei den Kleinsten. Zusammen 20, 13–16.

BAUER, F. (1992): Übergang zur Elternschaft: Erlebte Veränderungen. Psychologie in Erziehung und Unterricht. 39, 96–108.

BECKMANN, H. (1998): Abenteuer Vaterschaft. Die ersten zwei Jahre. Köln.

BETSCHART-SCHELBERT, M. (1992): Vom Paar zur Elternschaft. Dynamik und Prozess. Zürich.

BILLER, H.B., KIMPTON, J.L. (1997): The father and the school-aged child. In: Lamb, M.E (Hrsg.): The role of the father in child development. New York (S. 143–161).

BODEMANN, G. (1998): Der Einfluss von Stress auf die Partnerschaft: Implikationen für die Prävention bei Paaren. In: Hahlweg, K., Baucom, D.H., Bastine, R., Markman, H.J. (Hrsg.): Prävention von Trennung und Scheidung – Internationale Ansätze zur Prädiktion und Prävention von Beziehungsstörungen. Stuttgart/Berlin/Köln, 241–259.

BOSSONG, B. (1999): Stress und Handlungskontrolle. Göttingen.

BOWLBY, J. (1972): Mutterliebe und kindliche Entwicklung. München, Basel.

BRÄHLER, E., UNGER, U. (Hrsg.) (2001): Schwangerschaft, Geburt und der Übergang zur Elternschaft. Gießen.

BRÜDERL, L. (1989): Entwicklungspsychologische Analyse des Übergangs zur Erst- und Zweitelternschaft. Regensburg.

BUCHER, N. (2003): Familiäres Wohlbefinden. Zusammenspiel von objektiven Lebensbedingungen, Zufriedenheit und Belastungen. Freiburg.

BUEHLER, D.M., ALS, H. et al. (1995): Effectiveness of individualized developmental care for low-risk preterm infants: behavioral and electrophysiologic evidence. Pediatrics (5 Pt 1), 923–932.

BUNDESMINISTERIUM FÜR FAMILIE, SENIOREN, FRAUEN UND JUGEND (2002): 11. Kinder- und Jugendbericht – Bericht über die Lebenssituation junger Menschen und die Leistungen der Kinder- und Jugendhilfe in Deutschland. Berlin.

BUNDESVERBAND „DAS FRÜHGEBORENE KIND" E.V. (Hrsg.) (1996): Frühgeborene und ihre Eltern in der Klinik. Herausgegeben zum 150-jährigen Jubiläum des Dr. von Hauner'schen Kinderspitals der Universität zu München am 19. Juli 1996. München.

CANITZ, H.L. VON (1982): Väter – Die neue Rolle des Mannes in der Familie. Frankfurt/Main.

COLMAN, A., COLMAN, L. (1991): Der Vater. München.

COX, M., PALEY, B., PAYNE, C.C. (1998): Der Übergang zur Elternschaft: Risiko- und Schutzfaktoren bei Eheproblemen. In: Hahlweg, K., Baucom, D.H., Bastine, R., Markman, H.J. (Hrsg.): Prävention von Trennung und Scheidung – Internationale Ansätze zur Prädiktion und Prävention von Beziehungsstörungen. Stuttgart, Berlin, Köln (S. 133–146).

DODSON, F. (1991): Väter sind die besten Mütter: Kinder brauchen ihre Väter. 3. Aufl., Düsseldorf.

DROSDOWSKI, GÜNTHER (1989) (Hrsg.): Duden ‚Herkunftswörterbuch'. 2., überarb. Aufl. Mannheim, Wien, Zürich.

EL-GIAMAL, M. (1997): Veränderungen der Partnerschaftszufriedenheit und Stressbewältigung beim Übergang zur Elternschaft: Ein aktueller Literaturüberblick. Psychologie in Erziehung und Unterricht 44, 256–275.

ENDEPOHLS, M.M. (1989): Die Aufgabenverteilung in der Partnerschaft bei der Geburt des ersten Kindes. Geschlechtstypische Verhalten im Erwachsenenalter aus handlungstheoretischer Perspektive. Bonn.

FARMER-LINDENBERG, M.T. (1999): Korrelate von Beziehungserfolg und -qualität in Paarbeziehungen. Heidelberg.

FEDOR-FREYBERGH, P.G. (1987) (Hrsg.): Pränatale und Perinatale Psychologie und Medizin. Begegnung mit dem Ungeborenen. München.

FLEMING, A.S., O'DAY, D.H., KRAEMER, G.W. (1999): Neurobiology of mother-infant interactions: experience and central nervous system plasticity across development and generations. Neurosci Biobehav Rev. 23 (5), 673–685.

FTHENAKIS, W.E. (1985): Väter. Band 1. Zur Psychologie der Vater-Kind-Beziehung. München, Wien, Baltimore.

FTHENAKIS, W.E. (1985b): Väter. Band 2. Zur Psychologie der Vater-Kind-Beziehung. München, Wien, Baltimore.

FTHENAKIS, W.E. (1999): Engagierte Vaterschaft: Initiative Junge Familie – die sanfte Revolution in der Familie. Opladen.

FTHENAKIS, W. E., MINSEL, B. (2002) (Hrsg.: Bundesministerium für Familie, Senioren, Frauen und Jugend): Die Rolle des Vaters in der Familie. Stuttgart, Berlin, Köln.

FTHENAKIS, W.E., KALICKI, B., PEITZ, G. (2002): Paare werden Eltern. Ergebnisse der LBS-Familien-Studie. Opladen.

FUCHS, W. (1978): Lexikon der Soziologie. 2. Auflage, Opladen.

GARBE, W. (2002): Das Frühchen-Buch. Schwangerschaft, Geburt, das reife Neugeborene, das Frühgeborene – praktische Tipps für Eltern. 3., überarb. Aufl., Stuttgart, New York.

GAUDA, G. (1990): Der Übergang zur Elternschaft. Eine qualitative Analyse der Entwicklung der Mutter- und Vateridentität. Frankfurt/Main.

GLOGER-TIPPELT, G. (1985): Der Übergang der Elternschaft. Eine entwicklungspsychologische Analyse. Zeitschrift für Entwicklungspsychologie u. Pädagogische Psychologie, Band XVII, Heft 1, 53–92.

GLOGER-TIPPELT, G. (1988): Schwangerschaft und erste Geburt – Psychologische Veränderungen der Eltern. Stuttgart, Berlin, Köln, Mainz.

GLOGER-TIPPELT, G., RAPKOWITZ, I., FREUDENBERG, I. MAIER, S. (1995): Veränderungen der Partnerschaft nach der Geburt des ersten Kindes. Ein Vergleich von Eltern und kinderlosen Paaren. Psychologie in Erziehung und Unterricht 42, 255–269.

GSTACH, J., DALTER, W., STEINHARDT, C. (2002) (Hrsg.): Die Bedeutung des Vaters in der frühen Kindheit, 43–67.

HEINEN, N. (2000): Frühgeborene und ihre Eltern. Zusammen, 20 Jg., Heft 7, 4–7.

HEINEN, N., SIMON, J. (1998): Frühgeborene Kinder und ihre Eltern in der Frühförderung. Vereinigung für Interdisziplinäre Frühförderung e.V.

(Hrsg.): Frühförderung und Integration. Beiträge vom 9. Symposion Frühförderung, Köln 1997. München, Basel, 87–105.

HEINEN, N., WIGGER-TOELSTEDE, R. (1999): Erwartungen der Eltern frühgeborener Kinder an die Frühförderung. Frühförderung interdisziplinär 18, 59–68.

HERLTH, A., BRUNNER, E.J., TYRELL, H., KRIZ, J. (Hrsg.): Abschied von der Normalfamilie? Partnerschaft kontra Elternschaft. Berlin, Heidelberg.

HIMMELREICH, A. (1996): Familiale Reaktionsformen auf die Frühgeburt von Kindern und auf ihre intensivmedizinische Betreuung. Psychosozial 19/2, 123–141.

HINZE, D. (1992): Väter behinderter Kinder – ihre besonderen Schwierigkeiten und Chancen. Geistige Behinderung 2, 10–13.

HINZE, D. (1993): Väter und Mütter behinderter Kinder. Der Prozess der Auseinandersetzung im Vergleich. 2., veränderte Auflage, Heidelberg.

HOFACKER V., N., PAPOUSEK, M., WURMSER, H. (2004): Fütter- und Gedeihstörungen im Säuglings- und Kleinkindalter. In: Papousek, M., Schieche, M., Wurmser, H. (Hrsg.): Regulationsstörungen der frühen Kindheit. Frühe Risiken und Hilfen im Entwicklungskontext der Eltern-Kind-Beziehungen. Berlin (S. 171–201).

HUNTEMANN, M., SCHULTE, E. (1995): Erfahrungen mit dem Trinkverhalten bei Früh- und Neugeborenen. Das frühgeborene Kind 1/95, 12–16.

HUNZIKER U.A., LARGO, R.H. (1986): Betreuung von Risikokindern: Eltern-Kind-Beziehung im ersten Lebenshalbjahr. Eine deskriptive Studie. Monatsschrift Kinderheilkunde. Bd. 134, 246–252.

JOTZO, M., SCHMITZ, B. (2001): Eltern Frühgeborener in den ersten Wochen nach der Geburt. Eine Prozess-Studie zum Verlauf von Belastung, Bewältigung und Befinden. Psychologie in Erziehung und Unterricht 48, 81–97.

KALLENBACH, K. (1994): Elternarbeit in Familien mit einem schwerstkörperbehinderten Kind auf der Grundlage von Erhebungen über die besondere psycho-soziale Belastungssituation der Väter dieser Kinder. Zeitschrift für Heilpädagogik 45/4, 238–242

KALLENBACH, K. (1996): Zur Vater-Kind-Beziehung heute. Bestandsaufnahme und Literaturüberblick. Psychosozial 19, 77–98.

KALLENBACH, K. (1997): Väter schwerstbehinderter Kinder. Münster.

KALLENBACH, K. (1999) (Hrsg.): Väter behinderter Kinder: Eindrücke aus dem Alltag. Düsseldorf.

KLEINHUBER, G. (2002): Leiser Schrei ins Leben. Süddeutsche Zeitung, Nr. 297, 24./25./26. Dezember, 43.

KLITZING, K. VON (1994): Von der Paarbeziehung zur Elternschaft. Psychosozial 17, 49–59.

KLITZING, K. VON (2002): Vater-Mutter-Säugling – Von der Dreierbeziehung in den elterlichen Vorstellungen zur realen Eltern-Kind-Beziehung. In: Walter, H. (Hrsg.): Männer als Väter – Sozialwissenschaftliche Theorie und Empirie. Gießen (S. 783–810).

KÖCHER, E., NICKEL, H. (1985): Die Berücksichtigung des Vaters in der gegenwärtigen Forschungspraxis. Psychologie in Erziehung und Unterricht 32, 288–292.

KÖHNTOP, B., BRISCH, K.H., KÄCHELE, H., POHLANDT, F. (1995): Die Bedeutung der Väter in der Triade nach der Geburt von sehr kleinen Frühgeborenen. Zeitschrift für Kinder- und Jugendpsychiatrie, 105.

KÖHNTOP, B., BRISCH, K.H., KÄCHELE, H., POHLANDT, F. (1995): Die Bedeutung der Väter in der Triade nach der Geburt von sehr kleinen Frühgeborenen. Zeitschrift für Kinder- und Jugendpsychiatrie. Abstracts. XXIV. Wissenschaftliche Tagung der Dt. Gesellschaft für Kinder- und Jugendpsychiatrie und Psychotherapie. Würzburg, 26.–29.4.1995, 23 Suppl. 1, 106.

KRAPF, S., WONDRACK, M. (2002): Väter frühgeborener Kinder. Unveröffentlichte Examensarbeit. Universität zu Köln.

KUHL, J. (1990): Der Fragebogen zur Handlungskontrolle nach Erfolg, Misserfolg und prospektiv (HAKEMP 90). Fachbereich Psychologie der Universität Osnabrück.

KÜNZEL, W., WULF, K.-H. (Hrsg.) (1997): Frühgeburt. München, Wien, Baltimore.

KÜNZLER, J. (1994): Partnerschaft und Elternschaft im Familiensystem. In: Lacher, D. (1997): Partnerschaft im Test: Psychologische und physiologische Untersuchungen an Paaren. Frankfurt a. M.

LAMB, M.E. (1997): The role of the father: An overview. In: Lamb, M.E (Hrsg.): The role of the father in child development. New York (S. 1–63).

LAUCHT, M. (2003): Die Rolle der Väter in der Entwicklungspsychopathologie. Zeitschrift für Klinische Psychologie und Psychotherapie, 32, 235–242.

LAZARUS, R.S., FOLKMANN, S. (1984): Stress, appraisal and coping. New York.

LAZARUS, R.S., LAUNIER, R. (1981): Streßbezogene Transaktionen zwischen Person und Umwelt. In: Nietsch, J.R. (Hrsg.).: Streß: Theorien, Untersuchungen, Maßnahmen. Wien (S. 213–260).

LENZEN, D. (1991): Vaterschaft. Reinbek.

LEVY-SHIFF, R., HOFFMAN, M.A., MOGILNER, S., LEVINGER, S., MOGILNER, M.B. (1990): Fathers` Hospital Visits to Their Preterm Infants as a Predictor of Father-Infant-Relationship and Infant Development. Pediatrics 86, 289–293.

LINNEWEH, K. (1985): Stress und Stressbewältigung. Der erfolgreiche Umgang mit sich selbst. Stuttgart.

LÖHR, T. (1999): Väterliches und mütterliches Erleben und Bewältigen einer Frühgeburt. Diss., Universität zu Köln.

MARCOVICH, M. (1995): Vom sanften Umgang mit Frühgeborenen – Neue Wege in der Neonatologie. In: Rinnhofer, H.: Hoffnung für eine Handvoll Leben, Frankfurt/Main.

MATZNER, M. (1998): Vaterschaft heute – Klischees und soziale Wirklichkeit. Frankfurt/Main, New York.

MAY, K.A. (1985): Three phases of father involvement in pregnancy. In: Moss, R.H. (Hrsg.): Coping with life crisis. An Integrated approach. New York (S. 115–127).

MOTSCHMANN, E. (1989) (Hrsg.): Väter heute. Männer entdecken ihre Vaterrolle. Stuttgart.

MÜLLER-RIECKMANN, E. (2000): Das frühgeborene Kind in seiner Entwicklung: Eine Elternberatung. 3., neu bearb. u. erw. Aufl., München, Basel.

NEUBAUER, A.-P. (1992): Ärztlich geleitete Frühgeborenen-Elterngruppe. International Journal of Prenatal and Perinatal Studies. 4/3–4, 311–318.

NEUHÄUSER, G. (1990): Zur Entwicklung sogenannter Risikokinder. Ergebnisse einer Längsschnittuntersuchung. Frühförderung interdisziplinär 9, 1–11.

NICKEL, H. (1987): Die Bedeutung des Vaters für die Betreuung und Entwicklung von Säuglingen: Eine empirische Untersuchung über den Einfluß von Vorbereitungskursen für werdende Väter. In: P. G. Fedor-Freybergh (Hrsg.): Pränatale und perinatale Psychologie und Medizin. Begegnung mit dem Ungeborenen. München (S. 45–60).

NICKEL, H. (2002): Väter und ihre Kinder vor und nach der Geburt – Befunde zum Übergang zur Vaterschaft aus deutscher und kulturvergleichender Perspektive. In: Walter, H. (Hrsg.): Männer als Väter – Sozialwissenschaftliche Theorie und Empirie. Gießen (S. 555–584).

NUBER, U. (1999): Das Konzept „Resilienz": So meistern Sie jede Krise. Psychologie heute. 5/1999, 20–27.

OLBRICHT, E., BRÜDERL, L. (1986): Frühes Erwachsenenalter: Partnerwahl, Partnerschaft und Übergang zur Elternschaft. Zeitschrift für Entwicklungspsychologie und Pädagogische Psychologie, Band 18, 189–213.

PAPOUSEK, M. (1996): Frühe Eltern-Kind-Beziehungen: Gefährdungen und Chancen in der frühen Entwicklung von Kindern mit genetisch bedingten Anlagestörungen. Zeitschrift für Klinische Kinderpsychologie 5, 45–52.

PAPOUSEK, M.: Seelische Gesundheit in der frühen Kindheit: Klinische Befunde und präventive Strategien. Vortrag im Rahmen der Tagung „Chancen der frühen Kindheit" (…) am 7.11.1997 in Berlin.

PARKE, R. D. (1982): Erziehung durch den Vater. Stuttgart.

PETZOLD, M. (1990): Eheliche Zufriedenheit fünf Jahre nach der Geburt des ersten Kindes. Psychologie in Erziehung und Unterricht 37, 101–110.

PETZOLD, M. (1992): Familienentwicklungspsychologie. Einführung und Überblick. München.

PETZOLD, M. (1994): Der Vater im Übergang zur Elternschaft. Psychosozial 17, 61–73.

PETZOLD, M. (1995): Ökologie und Übergang zur Vaterschaft – Kommentar zu drei Beiträgen. Psychologie in Erziehung und Unterricht 42, 54–56.

POINDRON, P. (2005): Mechanisms of activation of maternal behaviour in mammals.Reprod Nutr Dev. 45 (3), 341–351.

PORZ, F., 2. Kinderklinik Klinikum Augsburg: Ernährung von Frühgeborenen unter den Aspekten der Entwicklungsfördernden Pflege. Vortrag beim 6. Interdisziplinären Symposium „Individuelle Betreuung von Frühgeborenen und ihren Eltern" am 18.10.2003 in Augsburg.

PORZ, F., VONDERLIN, E., FREUD, W.E. (1998): Psychosoziale Betreuung Frühgeborener und deren Eltern. International Journal of Prenatal and Perinatal Psychologie and Medcine 10/1, 89–96.

RAUH, H. (2002): Vorgeburtliche Entwicklung und Frühe Kindheit. In: Oerter, R./Montada, L. (Hrsg.): Entwicklungspsychologie. 5., vollständig überarbeitete Aufl. Weinheim, Basel, Berlin.

REICH, G. (1988): Partnerwahl und Ehekrisen. Eine familiendynamische Studie. Heidelberg.

REICHLE, B. (1994): Die Geburt des ersten Kindes – eine Herausforderung für die Partnerschaft. Verarbeitung und Folgen einer einschneidenden Lebensveränderung. Bielefeld.

REICHLE, B. (2002): Partnerschaftsentwicklung junger Eltern: Wie sich aus der Bewältigung von Lebensveränderungen Probleme entwickeln. In: Schneider, N.F., Matthias-Bleck, H. (Hrsg.): Elternschaft heute. Gesellschaftliche Rahmenbedingungen und individuelle Gestaltungsaufgaben. Opladen.

RICHTER, H.-E., WIRTH, H.J. (1978): Sieben Jahre Erfahrung mit der analytischen Zwei-Wochen-Paartherapie. Familiendynamik 1, 20–46.

RICHTER, R., VERLINDEN, M. (2000): Vom Mann zum Vater – Praxismaterialien für die Bildungsarbeit mit Vätern. Sozialpädagogisches Institut NRW – Landesinstitut für Kinder, Jugend und Familie (Hrsg.). Münster.

ROSENKRANZ, D., ROST, H., VASKOVICS, L.A. (1998): Was machen junge Väter mit ihrer Zeit? Bamberg.

ROSSI, H. (1994): Die Partnerschaft der Eltern krebskranker Kinder. Studie zur Krisenbewältigung. Münster.

ROST, H., SCHNEIDER, N.F. (1995): Differentielle Elternschaft – Auswirkungen der ersten Geburt auf Männer und Frauen. In: Nauck, B., Onnen-Isemann, C. (Hrsg.): Familie im Brennpunkt von Wissenschaft und Forschung. Neuwied (S. 177–194).

SARIMSKI, K. (1992): Interaktionsprobleme mit frühgeborenen Säuglingen. International Journal of Prenatal and Perinatal Studies. 4/3–4, 281–296.

SARIMSKI, K. (1993): Frühgeborene in den ersten Lebenswochen. Bundesverband „Das Frühgeborene Kind" e.V. (Hrsg.). Heidelberg.

SARIMSKI, K. (1996): Belastung von Eltern frühgeborener Babys nach der Entlassung aus der stationären Pflege. Frühförderung interdisziplinär 15, 28-36.

SARIMSKI, K. (1996a): Elternberatung. In: Bundesverband „Das Frühgeborene Kind" e.V. (Hrsg.): Frühgeborene und ihre Eltern in der Klinik. Herausgegeben zum 150 jährigen Jubiläum des Dr. von Hauner'schen Kinderspitals der Universität zu München am 19. Juli 1996. München. (S. 29–33).

SARIMSKI, K. (1996b): Belastung von Eltern frühgeborener Babys nach der Entlassung aus der stationären Pflege. Frühförderung interdisziplinär, 15, 28–36.

SARIMSKI, K. (1999): Beratung für psychisch besonders belastete Eltern frühgeborener Kinder nach der Entlassung. Frühförderung interdisziplinär 18, 35–41

SARIMSKI, K. (2000): Frühgeburt als Herausforderung. Psychologische Beratung als Bewältigungshilfe. Göttingen, Bern, Toronto, Seattle.

SARIMSKI, K. (o.J.): Frühgeborene in den ersten Lebenswochen. Heidelberg: Bundesverband „Das frühgeborene Kind e.V."

SCHIECHE, M., RUPPRECHT, C., PAPOUSEK, M. (2004): Schlafstörungen. Aktuelle Ergebnisse und klinische Erfahrungen. In: Papousek, M., Schieche, M., Wurmser, H. (Hrsg.): Regulationsstörungen der frühen Kindheit. Frühe Risiken und Hilfen im Entwicklungskontext der Eltern-Kind-Beziehungen. Berlin (S. 145–171).

SCHLEBUSCH, P. (1995): Familienentlastende Dienste und Eltern geistig behinderter Kinder: Streß, Coping und Copingressourcen. Universität Essen, unveröff. Dissertation.

SCHMIDT-DENTER, U. (1984): Die soziale Umwelt des Kindes. In: Albert D., Pawlik, K., Stapf, K.-H., Stroebe, W. (Hrsg.): Lehr- und Forschungstexte: Psychologie 7. Berlin, Heidelberg, New York, Tokyo.

SCHNEIDER, W. (1989): Die neuen Väter – Chancen und Risiken: Zum Wandel der Vaterrolle in Familie und Gesellschaft. Augsburg.

SCHNELL, R., HILL, P.B., ESSER, E. (1999): Methoden der empirischen Sozialforschung. 6., überarbeitete und erweiterte Auflage. München, Wien.

SCHÜLEIN, J.A. (1994): Zur Entwicklung der Elternrolle in modernen Gesellschaften. Psychosozial, 58, 89-101.

SCHWARZER, R. (2000): Streß, Angst und Handlungsorientierung. 4. überarbeitete Auflage, Stuttgart, Berlin, Köln.

SELYE H. (1974): Streß, Bewältigung und Lebensgewinn. München.

STEINHARDT, K., DATLER, W., GSTACH, J. (Hrsg.) (2002): Die Bedeutung des Vaters in der frühen Kindheit. Gießen.

VONDERLIN, E.M. (1999): Frühgeburt. Elterliche Belastung und Bewältigung. Heidelberg.

WENZEL, H. (1987): Der Vater als Bezugsperson im Säuglingsalter. Eine
empirische Untersuchung zur Auswirkung zu väterlicher Vorbereitung auf
den Umgang mit dem Kind. Inaugural-Dissertation. Düsseldorf: Heinrich-
Heine-Universität.

WERNECK, H. (1997): Belastungsaspekte und Gratifikationen beim Übergang zur Vaterschaft. Psychologie in Erziehung und Unterricht 44, 276–288.

WERNECK, H. (1998): Übergang zur Vaterschaft – Auf der Suche nach den
„Neuen Vätern". Wien.

M., WURMSER, H. (Hrsg.): Regulationsstörungen der frühen Kindheit.
Frühe Risiken und Hilfen im Entwicklungskontext der Eltern-Kind-Beziehungen. Berlin (S. 111–145).

ZIEGLER, M., WOLLWERTH DE CHUQUISENGO, PAPOUSEK, M. (2004):
Exzessives Schreien im frühen Säuglingsalter. In: Papousek, M., Schieche,
M., Wurmser, H. (Hrsg.): Regulationsstörungen der frühen Kindheit. Frühe
Risiken und Hilfen im Entwicklungskontext der Eltern-Kind-Beziehungen.
Berlin (S. 111–145).

Internetquellen

Geo-Magazin Nr.1/ Januar 2001: Das neue Bild vom Vater. http://www.vae-
ter-aktuell.de/welcome0008.htm, GEO1.pdf – GEO5.pdf (entnommen:
05.06.2003)

Hofacker v., N., Barth, R., Deneke, C., Jacubeit, T., Papousek, M., Riedesser,
P.: Leitlinien der Deutschen Gesellschaft für Kinder- und Jugendpsychiatrie
und -psychotherapie. Regulationsstörungen im Säuglingsalter. 2003. http://
www.liga-kind.de/pages/pap198.htm (entnommen: 03.06.2004)

http://www.sgipt.org/gipt/krabeg0.htm#7 (entnommen: 06.09.2004)

http://www.stillen.de/vor_61.pdf (entnommen: 01.05.2004)

http://www.uni-duesseldorf.deWWWAWMFllkjpp-028.htm (entnommen:
25.04.2004)

Autorenverzeichnis

Judith Bung   Sonderpädagogin, Bochum

Maren Dittrich   Sonderpädagogin, Berlin

Hagen Gärtner   Sonderpädagoge, Mönchengladbach

Daniel Handke   Sonderpädagoge, Lindlar

Norbert Heinen   Dr. paed., Sonderpädagoge, Priv. Doz.,
                           Heilpädagogische Fakultät der Universität
                           zu Köln

Hartmut Holland   Sonderpädagoge, Köln

Miriam Husseini   Sonderpädagogin, Münster

Kristina Klose   Sonderpädagogin, Düsseldorf

Angela Kribs   Dr. med., Oberärztin, Klinik und Poliklinik
                           für allgemeine Kinderheilkunde der Universität
                           zu Köln

Meike Kühn   Diplom-Heilpädagogin, Köln

Norbert Müller-Fehling Geschäftsführer, Bundesverband für Körper-
                           und Mehrfachbehinderte, Düsseldorf

Valentin Sartor   Sonderpädagoge, Arnsberg

Emilie Thomas   Sonderpädagogin, Köln

Nicolas Wiemeyer   Sonderpädagoge, Kleve

verlag selbstbestimmtes leben
Eigenverlag des Bundesverbandes für Körper- und
Mehrfachbehinderte e. V.
Brehmstr. 5-7, 40239 Düsseldorf
Tel. 02 11/64 00 4-0 • Fax: 02 11/64 00 4-20
E-Mail: verlag@bvkm.de

Titel aus dem aktuellen Verlagsprogramm

Kinder mit cerebralen Bewegungsstörungen – I. Eine Einführung

Die Broschüre informiert grundlegend und verständlich über Entstehung, Formen und mögliche Auswirkungen von cerebralen Bewegungsstörungen auf die Entwicklung eines Kindes. Ein Glossar am Ende der Broschüre informiert knapp über wichtige Fachbegriffe, therapeutische Konzepte und Behinderungsbilder.

Düsseldorf 1993 (4), 40 Seiten, Euro 3,50 (Nichtmitgl.), Euro 2,50 (Mitgl.), ISBN 3-910095-16-x

Kinder mit cerebralen Bewegungsstörungen – II. Förderung und Therapie

In dieser Textsammlung stellen die Autorinnen und Autoren den fachlichen Hintergrund ihrer Arbeit als Krankengymnasten, Ergotherapeuten, Psychologen und Mediziner in der Förderung von Kindern mit cerebralen Bewegungsstörungen vor. Ein Glossar im Anhang erläutert Fachbegriffe. Vorgestellte Therapieformen/Konzepte: Bobath-Konzept/ Vojtatherapie/ Basale Stimulation/ Reittherapie/ Sensorische Integrationstherapie/ Spieltherapie.

Düsseldorf 1993 (4), 52 Seiten, Euro 3,50 (Nichtmitgl.), Euro 2,50 (Mitgl.), ISBN 3-910095-17-8

Ursula Braun (Hrsg.) – Kinder mit cerebralen Bewegungsstörungen – III. Unterstützte Kommunikation

Die Broschüre wurde umfassend überarbeitet. Sie bietet eine Einführung in das Thema und gibt Eltern oder Mitarbeitern in der Rehabilitation und Beratungsarbeit einen knappen und allgemein verständlichen Überblick über die wichtigsten Aspekte der Unterstützten Kommunikation.

Düsseldorf 2005, 40 Seiten, Euro 3,50 (Nichtmitgl.), Euro 2,50 (Mitgl.), ISBN 3-910095-61-5

Ursula Haupt – Kinder mit cerebralen Bewegungsstörungen – IV. Diagnostik: Entwicklung sehen – Förderung erleichtern

Die Schrift führt Eltern und Interessierte in Grundfragen der Diagnostik bei Kindern mit cerebralen Bewegungsstörungen ein. Psychologische und sonderpädagogische Diagnostik stehen dabei im Mittelpunkt. Übliche Untersuchungsmethoden zur Entwicklung der Kinder werden kritisch hinterfragt, mögliche Abwertungen behinderter Kinder durch Diagnostik besprochen. Es werden neue Wege aufgezeigt, die es erleichtern, dass Diagnostik zum Verstehen der Kinder ebenso beiträgt wie zu einer wirkungsvollen Unterstützung ihrer Entwicklung. Die Eltern spielen in diesem Prozess eine wichtige Rolle.

Düsseldorf 1997 (4), 40 Seiten, Euro 3,50 (Nichtmitgl.), Euro 2,50 (Mitgl.), ISBN 3-910095-29-1

Kinder mit cerebralen Bewegungsstörungen – V. Neue Wege in Förderung und Therapie
Das Kind wird nicht länger als ein Reflexwesen betrachtet, das nur auf seine Umwelt reagiert. Therapeuten und Pädagogen passen sich diesem neuen Bild an und versuchen, die Autonomie des Kindes zu fördern. Statt zu behandeln, handeln sie in einem wechselseitigen Dialog gemeinsam mit dem Kind. Die Beiträge spiegeln das neue Verständnis wider und wollen Eltern, Therapeuten und Pädagogen ermutigen, sich auf den Weg in eine Partnerschaft mit dem Kind zu begeben.
Düsseldorf 2003, 44 Seiten, Euro 3,50 (Nichtmitgl.), Euro 2,50 (Mitgl.), ISBN 3-910095-52-6

Kinder mit cerebralen Bewegungsstörungen – VI. Förderung und Therapie zwischen Fremd- und Selbstbestimmung
Die Broschüre beschreibt Konzepte um die Förderung von Kindern mit cerebralen Bewegungsstörungen. Erklärt werden in verständlicher Sprache u.a. das „Castillo Morales Konzept", die Montessori Pädagogik sowie die Konduktive Förderung. Eine Favorisierung findet dabei nicht statt. Eine wertvolle Orientierungshilfe für Eltern und Interessierte, die sich in das Gebiet einlesen möchten.
Düsseldorf 2005, 60 Seiten, Euro 3,50 (Nichtmitgl.), Euro 2,50 (Mitgl.), ISBN 3-910095-56-9

Gisela Stemme/Doris von Eickstedt – Die frühkindliche Bewegungsentwicklung – Vielfalt und Besonderheiten
Die Entwicklung jedes Kindes ist offen und durch viele Faktoren beeinflussbar. So genannte „Auffälligkeiten" müssen nicht zwangsläufig Zeichen einer drohenden Behinderung sein. Selbst wenn schon eine Behinderung besteht, gibt es viele Möglichkeiten, mit dieser so umzugehen, dass sie in das Leben des Kindes eingeordnet wird, zu ihm gehört und nicht nur als Störung empfunden wird, gegen die es anzukämpfen gilt. Das Buch gibt einen Überblick über die Grundzüge der Bewegungsentwicklung und erleichtert das Beobachten und Verstehen der Entwicklung des Kindes. Rund 120 Illustrationen und Bewegungsstudien der Münchener Bobath-Lehrtherapeutin Anita Laage-Gaupp bereichern dieses Buch.
Düsseldorf 1998, 140 S., 120 Abb., Euro 9,90 (Nichtmitgl.), Euro 6,00 (Mitgl.), ISBN 3-910095-33-x

Monika Aly/Götz Aly/Morlind Tummler – Kopfkorrektur oder der Zwang gesund zu sein — Ein behindertes Kind zwischen Therapie und Alltag
Die überarbeitete Neuausgabe des erfolgreichen Klassikers plädiert für das Wagnis, hirngeschädigte Menschen ihr eigenes Leben entdecken und führen zu lassen. Immer noch wird das Leben behinderter Kinder von Geburt an medizinischen Weltbildern unterworfen. Die Fachkräfte schlagen Behandlungsmaßnahmen vor, und die Eltern müssen stellvertretend für ihre Kinder Entscheidungen größter Tragweite fällen. In Abhängigkeit von Expertenmeinungen – und beeinflusst durch gängige Vorstellungen von Gesundheit und Normalität – sollen sie die Zustimmung zur Behandlung geben, die tief in ihr Leben und das ihres Kindes eingreift. Monika und Götz Aly sowie Morlind Tummler zeigen am Beispiel von Karline, wie sich Eltern eines behinderten Kindes von allgemeinen medizinischen Mustern verabschieden können, die zur Gettoisierung behinderter Menschen beitragen.
Düsseldorf 2005, 132 S., zahlr. Abb. , EUR 9,90 (Nichtmitgl), EUR 6,00 (Mitgl.), ISBN 3-910095-59-3

Christel Bienstein/Angelika Zegelin (Hrsg.) – Handbuch Pflege

Das Handbuch Pflege gibt praktische Hilfen für den Alltag und will einen Beitrag dazu leisten, Probleme im Vorfeld abzufangen. Den Schwerpunkt des Buches bildet die Darstellung pflegerischer Grundlagen und Möglichkeiten. Das Buch eignet sich für den Alltag zu Hause und in Einrichtungen. Die Gliederung nach häufig vorkommenden Fragestellungen und ein detailliertes Schlagwortverzeichnis erlauben einen schnellen Zugriff auf wichtige Themen und Probleme. Umfassende Rechtsinformationen rund um die Themen Pflegeversicherung und Hilfsmittelverordnung helfen bei der Klärung grundsätzlicher Fragen. Ein Verzeichnis wichtiger Adressen von Selbsthilfegruppen und Organisationen befindet sich im Anhang.
**Düsseldorf 1995 (2), 250 Seiten, Euro 14,90 (Nichtmitgl.), Euro 10,00 (Mitgl.),
ISBN 3-910095-25-9**

Andreas Fröhlich/Angela Simon – Gemeinsamkeiten entdecken – Mit schwerbehinderten Kindern kommunizieren

Mit diesem Buch rücken Angela Simon und Andreas Fröhlich die kommunikativen Möglichkeiten von schwerbehinderten Kindern und ihren Eltern in den Mittelpunkt. Die Nöte und Ängste der Eltern, das ungewohnte, oft so schwer interpretierbare Verhalten der Kinder soll ernst genommen werden. Es gibt immer auch Möglichkeiten des Verstehens, Gemeinsamkeiten können entdeckt werden. Wege diese zu entwickeln und zu fördern zeigen die Autoren auf. Kommunikation ist immer etwas, was sich zwischen Menschen ereignet. Kommunikation geht nicht von einem Menschen aus und wird von einem anderen aufgenommen, Kommunikation wird von den Beteiligten gemeinsam erarbeitet. Sie formulieren Regeln, sie sprechen sich ab, was ein Laut, eine Geste, ein Gesichtsausdruck bedeuten soll.Die Autoren füllen mit dieser Schrift eine Lücke, die bislang noch zwischen dem Konzept der Basalen Stimulation und den Angeboten der unterstützten Kommunikation besteht. Sie zeigen, wie unterschiedliche Förderkonzepte doch eng miteinander verbunden sind, ineinander übergehen.
**Düsseldorf 2004, ca. 107 Seiten, EUR 9,90 (Nichtmitgl.), EUR 6,00 (Mitgl.),
ISBN 3-910095-58-5**

Kurt Kallenbach (Hrsg.) – Väter behinderter Kinder – Erfahrungen aus dem Alltag

Dieses Buch hat zunächst für diejenigen Wert und Bedeutung, die sich mit sich selbst und mit der Behinderung ihres Kindes auseinandersetzen. Die Autoren haben sich bemüht, Eindrücke und Gefühle wiederzugeben. Jeder Bericht, so einmalig und einzigartig er auch sein mag, lässt Parallelen zu eigenen Erlebnissen und Begebenheiten zu und hilft den Lesern, verdrängte Ängste wieder aufzudecken oder sich von Schuldgefühlen zu befreien. Sie erleben sich zugehörig zum großen Kreis derer, die mit ihnen die gleichen traumatischen Lebenserfahrungen teilen. Das Buch ist auch für all diejenigen geschrieben, die in unterschiedlichen Rehabilitationseinrichtungen mit behinderten Menschen und ihren Angehörigen zu tun haben. Sie erhalten hier kein Wissen aus zweiter Hand, sondern authentische Berichte und Lebenseindrücke der Betroffenen selbst.
Düsseldorf 1999, 210 Seiten, Euro 9,90 (Nichtmitgl.), Euro 6,00 (Mitgl.),ISBN 3-910095-36-4

Bundesverband für Körper- und Mehrfachbehinderte e.V.

Brehmstr. 5-7, 40239 Düsseldorf,
Tel.: 02 11/64 00 4-0, Fax.: 02 11/64 00 4-20
E-Mail: info@bvkm.de, http://www.bvkm.de

Aufgaben und Ziele

Ein Leben in größtmöglicher Selbstständigkeit für Menschen mit Behinderungen ist unser oberstes Ziel. Im Mittelpunkt steht der einzelne Behinderte, eingebettet in eine für ihn überschaubare Gemeinschaft, die er akzeptiert und die ihn akzeptiert und trägt.

Sozialpolitische Interessenvertretung

In über 220 Mitgliedsorganisationen sind 25.000 Mitgliedsfamilien zusammengeschlossen. Wir sind sachverständiges, kritisches Gegenüber von Gesetzgeber, Regierung und Verwaltung. In dieser Funktion arbeiten wir zusammen mit den Dachverbänden der Wohlfahrtspflege und Behindertenhilfe.

Beraten, Unterstützen, Weiterbilden

Wir beraten unsere Mitglieder in allen Fragen der Rehabilitation und unterstützen sie bei der Gründung von Vereinen und Einrichtungen. Wir organisieren den Austausch von Betroffenen und Fachleuten durch Seminare, Tagungen und Weiterbildunsangebote.

Aufklären, Anregen, Durchsetzen

In unserer Zeitschrift DAS BAND (Auflage 20.000 Exemplare) werden alle aktuellen fachlichen und politischen Fragen dargestellt. Wir betreiben aktiv Öffentlichkeitsarbeit für Menschen mit Behinderung.

Ortsvereine

Eltern und Betroffene haben in ihren Städten und Gemeinden zahlreiche Einrichtungen in eigener oder öffentlicher Trägerschaft geschaffen: Von Frühförder- und Beratungsstellen über familienentlastende Dienste bis zu Schulen, Wohneinrichtungen und Werkstätten. Die unmittelbare Arbeit für und mit behinderten Menschen leisten hier Fachkräfte gemeinsam mit ehrenamtlichen Helfern.

Clubs und Gruppen

Junge behinderte und nichtbehinderte Menschen treffen sich in 50 Clubs und Gruppen und organisieren Gesprächskreise, Kurse sowie Freizeit- und Reiseangebote.

Landesverbände/ Bundesorganisationen

Die 13 Landeverbände koordinieren die Arbeit der Ortsvereine und haben eine Mittlerfunktion zum Bundesverband.

Die richtige Entscheidung: Mitglied werden

Unterstützen Sie die Arbeit eines Vereins in Ihrer Nähe durch Mitgliedsbeiträge und Spenden. Durch die Mitgliedschaft in einem Verein sind Sie Mitglied im Bundesverband. Tragen Sie als Fördermitglied im Bundesverband durch einen regelmäßigen Beitrag zur Verbesserung der Lebenssituation körper- und mehrfachbehinderter Menschen bei. Ihnen stehen sämtliche Serviceleistungen unseres Verbandes zur Verfügung. Sie werden über alle wichtigen Themen und Aktivitäten regelmäßig unterrichtet.

Unser Spendenkonto:

Bank für Sozialwirtschaft
BLZ 370 205 00, Kto. 7 034 203